研究型综合大学学生工作新探

Yanjiuxing Zonghe Daxue Xuesheng Gongzuo Xintan

主　编／周志文　蒲于文
副主编／郝清华　张　爽　朱晓萍　张露洁
编　委／（以姓氏笔画为序）
马　涛　王月琳　邓　薇　田　蕾
白宝芬　卢希芬　令狐波　冉红艳
阳　乐　李　欢　李竹梅　李佳伟
刘伟涛　杨　禾　张俊磊　罗　宏
泽仁卓玛　周若愚　郭一璇　蒋　永
董　薇　彭绍东　谭新禹

四川大学出版社

责任编辑：王 平
责任校对：李思莹
封面设计：墨创文化
责任印制：李 平

图书在版编目(CIP)数据

研究性综合大学学生工作新探 / 周志文，蒲于文主编. —成都：四川大学出版社，2012.9
ISBN 978-7-5614-6171-6

Ⅰ.①研… Ⅱ.①周… ②蒲… Ⅲ.①四川大学—学生工作—文集 Ⅳ.①G645.5-53

中国版本图书馆 CIP 数据核字（2012）第 217733 号

书名 研究型综合大学学生工作新探

主　　编	周志文　蒲于文
出　　版	四川大学出版社
地　　址	成都市一环路南一段 24 号 (610065)
发　　行	四川大学出版社
书　　号	ISBN 978-7-5614-6171-6
印　　刷	郫县犀浦印刷厂
成品尺寸	148 mm×210 mm
印　　张	13
字　　数	377 千字
版　　次	2012 年 11 月第 1 版
印　　次	2012 年 11 月第 1 次印刷
定　　价	35.00 元

◆读者邮购本书，请与本社发行科联系。电 话：85408408/85401670/85408023 邮政编码：610065
◆本社图书如有印装质量问题，请寄回出版社调换。
◆网址：http://www.scup.cn

目　录

大学生思想政治教育

学生管理服务工作

大学生素质教育

大学生思想政治教育

论高校思想政治教育工作中的程序正义原则

姜　华[1]　赵　露[2]
（1. 法学院；2. 校团委）

摘要：程序正义原则是一项重要的法律原则，其核心是通过正当程序实现对个体权利的尊重和保护。在高校思想政治教育中坚持程序正义原则有利于实现思想政治教育的目的，有利于做到以学生为本，有利于加强对学生权利的尊重和保护。程序正义原则已在当前高校思想政治教育的相关政策和具体实践中得以贯彻实施，但还存在一定的不足，应当从理念重视、高校体制/机制改革、思想政治教育工作的改进、辅导员实践水平的提升等方面加以完善。

关键词：程序正义原则　思想政治教育　以学生为本　辅导员

公正，包括实体公正和程序公正，是一项重要的法律观念。它源于英美法系的著名法律格言——“正义不仅应得到实现，而且要以人们看得见的方式加以实现”，对其在法律上的规定最早可以追溯到1215年的英国《自由大宪章》。程序正义的基本含义是指对一个案件的裁判要做到过程公正，要保持过程的正当性、合法性、合理性，其背后体现的是尊重和保护个体权利的重要思想。

高校是育人工作的重要阵地，思想政治教育工作是高校育人工作的重要领域。在以人为本和构建和谐社会的时代背景下，程序正义是高校思想政治教育工作中的一项重要原则。

一、程序正义原则在高校思想政治教育工作中的重要性

（一）有利于思想政治教育目的的实现

“教育的目的不仅应当实现，而且应当以学生易于理解和可接

受的方式实现。”大学生正处于思想活跃的阶段，其独立性、选择性日益增强，对高校大学生的思想政治教育应在一种民主、自由、平等的氛围中，通过思想政治教育过程的合理性、易理解性和可接受性来实现其目的。将程序正义原则所要求的过程正当、思想合理贯穿于思想政治教育的过程，有利于教育目的的实现。

（二）有利于实现教育过程中的以学生为本

思想政治教育以学生为本，就要求提升思想政治教育的人性化。人性化不仅仅要求体现在学生实体权利的实现，更要求在满足和实现学生实体权利的过程中体现对其主体地位的尊重。

（三）有利于学生权利保护的加强

程序正义的核心即是对权利的尊重和保护。在思想政治教育过程中强调程序正义原则有利于高校在学生管理过程中以学生为本，通过合理的、易于被学生接受的方式尊重和保护学生的各项权利。高校大学生的权利意识、自我保护意识在时代发展中得到极大提高，这就要求高校思想政治教育工作要充分尊重和保护学生的正当权利。

二、程序正义原则在高校思想政治教育工作中的体现

程序正义原则的核心理念是对个体权利的保护。程序正义原则不能仅仅简单地理解为处罚过程的公正，实际上它包括一系列的公正要求。在高校思想政治教育工作中，程序正义原则主要体现在三个方面。

（一）工作理念上的体现——实现程序正义的前提

理念是行动的先导。要实现程序正义原则必须在理念上加以强化。高校思想政治教育工作应当将学生权利实现与保护置于要位，这就要求我们在思想认识上作出重要转变，要注意尊重和保护学生权利，这既是程序正义原则的要求，同时也是高校教育理念的要求。

（二）制度设计上的体现——实现程序正义的基础

在思想政治教育的制度设计上，包括管理体制的变革、具体规章政策的制定等都应当体现出程序正义的要求。具体而言，这既要求制度本身在设计过程中的程序正义，同时也要求在运行过程中的程序正义。只有在制度设计上做到程序正义，才可能在实际工作中实现程序正义。

（三）具体工作中的体现——实现程序正义的保证

在具体工作中坚持程序正义原则是实现程序正义原则的重要保证。辅导员是从事思想政治教育工作的一线人员，应当将程序正义的理念具体体现在对学生的课堂教育、组织生活、谈话、奖助学金评定、研究生推荐等各方面。

三、程序正义原则在高校思想政治教育工作中的现状

总结我国高校思想政治教育工作的改革历程，要更加注重对学生权利保护、以学生为本和不断增强思想政治教育工作的人性化。程序正义原则在高校思想政治教育工作中的现状主要体现在以下方面。

（一）进步性的体现

1. 政策导向明确。教育部将以学生为本的理念贯彻体现在了诸多规章和政策中，以指引各高校的学生管理工作。其中，最主要的体现是于2005年颁布实施的《普通高等学校学生管理规定》（以下简称《规定》）。该《规定》体现了法制化、科学化、人性化、民主化的现代学生管理趋势。从思想政治教育的程序正义原则角度出发，我们认为该《规定》的进步性主要体现在五个方面：第一，明确学生管理工作中“育人为本、依法建章、规范管理、加强监督”四个原则；第二，增加了学生的权利与义务专章；第三，对学生处理和违纪处分标准更加明确清晰；第四，对学生违纪处理程序更加规范；第五，确立了学生权益救济制度。《规定》增设了学生对处分享有陈述权、申辩权和申诉权，这体现出了高校学生管理无救济

就无处分的法治思想。以人为本时代理念的程序正义原则在教育部颁布实施的一些具体的规章和政策规定中得到了体现，这对在高校学生思想政治教育工作中坚持程序正义原则起到了非常重要的导向作用。

2. 实践中前进。各高校的学生思想政治教育工作在党中央的具体指引下，在实际工作中不断以学生为本，在以下各方面都坚持了程序正义原则：第一，完善各项规章制度。各高校以教育部最新规章及政策修订完善了学籍管理规定、学生处分条例、宿舍管理规定、奖助学金实施办法等规章制度。第二，加强高校硬件、软件建设。各高校不断加强校园环境建设，进一步满足了当代大学生的利益需求，这实质上是对学生受教育权利尊重的体现。第三，注重程序的正当性。各高校在涉及对学生奖惩事项方面都明显注入了程序正义原则。无论是奖学金的评定发放、各类优秀的评定，还是对学生的违纪处分，都十分注重过程的正当性。第四，进一步加大对贫困学生的帮扶力度。其主要体现在建立了国家、学校、社会等多方面的奖助学金制度，这是对个体权利尊重和保护的重要体现。第五，辅导员工作的改进。作为思想政治教育一线人员的辅导员在实际工作中其自身素质不断增强，这对学生权利的尊重和保护提供了进一步支持。

（二）主要不足

尽管近几年来程序正义原则在高校学生思想政治教育工作中得到不断改进与加强，但由于时代的局限，我们仍然有相当的不足。这一不足主要体现在理念重视仍需提高、制度构建尚需完善、实践水平有待提升。

四、进一步加强程序正义原则在高校思想政治教育工作中的运用

（一）理念上进一步重视

法治社会的实现需要依法治国方略的推进。从程序正义的角度

出发，程序正当化的过程也就是中国法治国家建设的过程。在这样的时代背景下，高校育人工作更应当从理念上重视程序正义原则。因为，只有重视该原则，才会在具体的育人政策和育人行动中做到以学生为本，以正当方式（过程）尊重和保护学生权利。同时，我们还应强调的是该原则不仅仅针对学生工作系统，还应当包括高校中为学生服务的各个部门和具体教职员工。

（二）推进高校体制/机制改革

学生思想政治教育工作制度是高校诸多制度环节中的重要一环，它的功能的发挥与实现还受制于高校其他诸多制度条件。因此，要实现程序正义原则在高校学生思想政治教育工作中的具体落实，就必须进一步推进高校体制/机制进行符合时代发展要求的改革。以学生为本是高校体制/机制改革的重要出发点，只有从根基上做到以学生为本，才能促进教师和学校育人水平的提高，才能真正实现高校的社会功能。

（三）加强高校学生思想政治教育工作的改进

1. 制度建设：我们应当抓住当前的有利时机大力构建和完善高校学生思想政治教育工作的相关制度，实现学生思想政治教育工作在高校育人工作中的重要性保障制度的应用；坚持学生思想政治教育工作本身的科学化、人性化制度构建。

2. 队伍建设：以辅导员工作的专业化和职业化为导向，推动辅导员工作的与时俱进。促进辅导员队伍发展，首先应当改善队伍结构、提高队伍素质，要加强对辅导员综合素质的提升，包括学历提升、工作技能提升、社会经验提升等，为其提供更多的发展机遇和加强待遇保障等。

（四）提升辅导员的具体实践水平

辅导员是高校学生思想政治教育工作的一线人员。程序正义原则能否贯彻实施以及实施得好与不好，这与辅导员具体工作的开展有重要的相关性。因此，辅导员在具体工作中，应当大力提升实践程序正义原则的工作水平。

辅导员要树立育人意识、平等意识、民主意识。辅导员既要坚持师生之间的上下级原则，同时也应当将学生视作朋友。在现实中，若辅导员有浮躁心态和侥幸心理，对学生敷衍和应付了事，则是对学生所享有的受教育权的一种侵害。因此，辅导员在具体工作中应当真正认清自己的工作使命和岗位职责，以一种博大的爱和高度的责任感去关爱学生、培养学生。

参考文献

[1] 徐亚文. 程序正义论 [M]. 济南：山东人民出版社，2004

[2] 教育部高校学生司. 《普通高等学校学生管理规定》解读 [M]. 北京：第二外国语学院旅游教育出版社，2005

[3] 高兆明. 制度公正论 [M]. 上海：上海文艺出版社，2001

[4] 哈贝马斯. 交往与社会进化 [M]. 重庆：重庆出版社，1993

[5] 华东师范大学比较教育研究所. 学会生存：教育世界的今天和明天 [M]. 北京：教育科学出版社，1996

[6] 朱文兴. 论维护公平正义与构建和谐社会 [J]. 国家行政学院学报，2005 (5)

试论高校“以人为本”的办学理念对高校学生思想政治教育工作提出的要求

王　彬　黄小虎
（外国语学院）

摘要：“以人为本”有着强烈的时代感和现实意义，在理论和实践上都具有较大的拓展空间。本文在分析我国高校倡导“以人为本”办学理念的重要意义的基础上，明确了“以人为本”办学理念对高校思想政治教育有着重要的指导意义；同时理论联系实际，探讨了“以人为本”办学理念在高校思想政治教育中贯彻实施的有效途径，并强调坚持“以人为本”对于增强高校学生思想政治教育工作的实效性，对于提升人才培养质量有着非常重要的意义。

关键词：以人为本　思想政治教育工作

一、我国高校确立“以人为本”办学理念的重要意义

办学理念对高校的发展起着至关重要的定向作用，创建一流大学首先要有先进的办学理念作指导。“以人为本”的理念，是现代社会文明的重要标志，也是高校科学发展的本质和核心理念。高校作为知识产生、传播、创新和转化的重要基地，一切活动都围绕着“人”而展开。从目的而言，培养人是高校的根本任务；从途径而言，师资队伍又是人才培养、科学研究和社会服务的根本依靠。在高校构建“以人为本”的办学理念，培养具有自主意识和创新精神的全面发展的高素质人才，是当今世界高等教育共同的研究性课题。世界各国著名的大学大都具有明确体现“以人为本”核心的办

学理念。例如，牛津大学的办学理念是“探测、挖掘和发展学生的潜在能力，激励个人的创造精神”；哈佛大学的办学理念是“促进学术，使之永恒，造福子孙，培养政治领袖和学术领袖”；东京大学的办学理念是“以质取胜，以质取量，培养国家领导人和各阶层的中坚力量”。这种“以人为本”的办学理念是高校持续健康发展的根本，它重视人的价值，注重人的素质提高，立足于发挥人的积极性和创造性，真正做到人尽其才，对高校至关重要。这种办学理念激励着一代代人为实现和保持其奋斗目标而不断努力，最终形成了各具特色的一流大学。

“以人为本”是科学发展观的本质和核心，是对马克思唯物主义史观关于人是历史活动主体理论的继承和发展。我国高校贯彻“以人为本”的思想，就是要“努力实现教育以育人为本，以学生为主体；办学以人才为本，以教师为主体”。面对新的发展时期的机遇和挑战，我国高校要真正解决好“办什么样的大学、怎样办好大学”和“培养什么人、怎样培养人”这两个根本问题，关键在于把“以人为本”理念内化为学校发展的办学理念、教育理念和管理理念。高校只有把“以人为本”、提高人才培养质量、服务学生全面成长成才的办学理念运用到教学、管理和服务中去，才能为学生成长成才创造良好的环境。

二、“以人为本”是新时期高校学生思想政治教育工作必须遵循的理念和法则

在高校学生思想政治教育中遵循高校“以人为本”办学理念的原则，是新形势和新时代对高校思想政治教育的必然要求，也是高校思想政治教育走向科学化和现代化的必然趋势，对增强高校思想政治教育实效，提升人才培养质量有着非常重要的意义。

中央 16 号文件明确提出，高校加强和改进大学生思想政治教育的基本原则，首先要“坚持教书与育人相结合。学校教育要坚持育人为本、德育为先，把人才培养作为根本任务，把思想政治教育

摆在首要位置”。由此可见，“以人为本”已经成为高校学生思想政治教育工作的指导思想。高校思想政治教育工作者应该服务于学生成长成才，服务于人，不仅要成为思想政治理论的传授者和道德风尚的引领者，更应该自觉成为大学生全面发展的服务者、指导者和引路人。高校学生思想政治教育工作必须贯彻落实“以人为本”的教育管理理念，进行教育管理制度的创新，确立学生的教育主体地位，注重学生的个性化发展。切实贯彻落实“以人为本”的教育理念，对进一步加强和改进大学生思想政治教育、全面推进大学生素质教育、促进大学生健康成长成才、做好高校思想政治教育工作具有重要的现实意义。

三、“以人为本”办学理念对高校学生思想政治教育工作提出的要求

从“以人为本”的办学理念出发，就必须在尊重人、理解人、关心人、爱护人、帮助人、造就人这一观点上，展开高校学生思想政治教育的全新视野；从教育的本来意义上，追溯高校学生思想政治教育工作的真正目的；从信息时代的发展要求上，构建高校学生思想政治教育工作的新内涵。

1. 对高校学生思想政治教育工作者来讲，“以人为本”的重点在于发挥积极的引导和辅助作用，解决学生最关心、最直接、最迫切需要解决的生活、学习、心理、就业等方面的问题。要充分关爱学生，尊重学生的能动性、自主性和自觉性。在形势政策课、学生日常管理服务、学生党建、校园文化建设、创新人才培养、学生的就业指导和职业生涯规划、心理健康教育、贫困生资助等方面充分体现“以人为本”的教育管理理念，建立融课堂教育、日常管理、交心谈心、就业指导咨询、心理辅导、服务、保障于一体的高校学生思想政治教育工作平台；充分利用第二课堂开展校园创新活动，加强对学生创新能力的培养；重视对校园文化建设和社会实践活动的指导，使学生通过各种实践活动的锻炼激发潜能、完善人格、提

高综合素质，把学生培养成为具备较强的社会竞争能力，并在个性和人格上都得到健全发展的优秀人才。

2. 坚持“以人为本”的办学理念，就是要求高校思想政治教育工作者在对学生进行教育管理的过程中，充分尊重学生，保证学生与教育管理者地位平等，给予学生充足的“自由空间”，充分尊重学生的主体性和主体地位。确立学生的主体地位，就是尊重学生在整个思想政治教育工作过程中积极性、创造性和主动性的发挥，给他们以平等、自由参与的机会，使高校学生思想政治教育管理过程成为引导学生自我认识、自我发现、自我评价、自我选择、自我发展、自我完善的过程，达到学生有对他人负责、对社会负责意识的教育目的。这对培养学生独立创业者人格和创新精神具有十分重要的意义。

3. 坚持“以人为本”的办学理念，就是要求高校思想政治教育工作者在对学生进行教育管理的过程中，要进行精细化的分类管理、指导和帮助。思政教师应该根据不同学生的特点把自己的工作加以细化，做到学生工作更加有的放矢，从而拉近师生距离，让学生切实感受到自己是作为一个独立的个体被老师关心和关注，老师是在了解自己的基础上来关心、教育和管理自己的，而不再仅仅是“同学们”当中的一员。这将更加有助于提高高校学生思想政治教育工作的实效性。

4. “以人为本”的办学理念还要求高校学生思想政治教育要坚持依法治校的原则，实行学生思想政治教育管理法制化。学生思想政治教育管理应该是以人为本、以学生为本，真正做到一切为了学生，为了学生的一切。高校在依法治校的框架下，应注意将思想政治教育的规律与学生成长的特点相适应和协调，不能背离培养人和教育人的根本目的。要用法律法规来调整大学生个体之间、个体与法人之间的权利和利益关系，减少行政处罚的范围，这样才有利于实现高校大学生行为管理与社会行为管理的接轨，使大学生养成自觉遵守法律法规的习惯，以及运用法律法规来调节、规范自己行为的能力；同时，当大学生的合法权益受到非法侵害时，他们能通过申诉、诉讼等手段及畅通渠道维护自己的合法权益。这样才能为高校人才培养清除障碍，创造良好的环境。

参考文献

[1] 周济. 大学发展与科学管理 [J]. 中国高等教育，2007（5）

[2] 中共中央宣传部宣传教育局. 加强与改进大学生思想政治教育学习辅导读本 [M]. 北京：人民出版社，2005

[3] 林春生. 高校思想政治工作者的角色定位与作用 [J]. 思想教育研究，2009（9）

[4] 闫月勤. 世界一流大学形成研究 [J]. 煤炭高等教育，2003（1）

[5] 张俊，张绍红. 关于构建高校以人为本教育理念的思考 [J]. 江西社会科学，2006（12）

以科学发展观为指导，积极促进研究生思想政治教育工作的发展

邓 丽
（历史文化学院）

摘要：在科学发展观的指导下，作为一名研究生辅导员，在面临各种新形势和新问题的时候，应当以人为本，并通过工作中的不断创新来促进研究生思想政治教育工作的开展。

关键词：研究生 思想政治教育 以人为本

科学发展观，是党在新时代里总结以往经验尤其是改革开放30多年来的建设经验得出的重要理论思想，是对党的三代中央领导集体关于发展的重要思想的继承和发展，是马克思主义关于发展的世界观和方法论的集中体现，是同马克思列宁主义、毛泽东思想、邓小平理论和“三个代表”重要思想既一脉相承又与时俱进的科学理论，是我国经济社会发展的重要指导方针，是发展中国特色社会主义必须坚持和贯彻的重大战略思想。

胡锦涛总书记指出：“科学发展观是指导发展的科学思想。只有求真务实，认识规律，把握规律，才能得其要旨。”“发展要有新思路，改革要有新突破，开放要有新局面，各项工作要有新举措。”胡锦涛总书记的精辟论述，为我们深入理解科学发展观找到了一把钥匙。

要深刻学习理解并全面、完整、准确地把握科学发展观的精神实质和科学内涵，就必须在学习中实践，在实践中学习，归根结底，是要用科学发展观来指导我们的工作，推进我们的工作。

作为专门从事研究生日常思想政治教育和管理工作的研究生辅

导员，就是要以科学发展观为指导，积极促进研究生思想政治教育工作的开展。

一、以人为本，全面把握各年级研究生的特点，促进研究生的全面发展

“以人为本”的思想是科学发展观的灵魂与核心。科学发展观明确把“以人为本”作为发展的最高价值取向，就是要尊重人、理解人、关心人，把不断满足人的全面需求，促进人的全面发展作为发展的根本出发点和落脚点。针对目前研究生分散性、流动性、年龄跨度大等特点，我们在研究生入学之初，就建立起研究生的数据库，涵盖了他们的专业方向、联系方式、家庭背景、经济状况、兴趣爱好及特长等，同时保持不断更新，对学生进行动态管理。对于一年级研究生，我们主要关注他们对新环境的适应以及能否尽快进入自己的专业角色；而到了二年级，则转向他们专业的学习和职业生涯的规划；针对三年级，我们需要关心他们毕业论文的顺利完成和就业问题。针对每个年级不同的特点，我们坚持科学发展观、以人为本的原则，积极帮助研究生解决学习、生活、思想、择业等方面的各种困惑，引导他们树立正确的人生观和价值观；同时，我们还经常与研究生交流，对他们真诚以待，帮助他们解决各方面的困难。总之，作为一名研究生辅导员，要以高度的责任感，通过科学的管理、富有成效的思想教育和优质的服务，为研究生的学习、科研、生活等提供强有力的保障。

二、建立一支可靠的研究生干部队伍，做辅导员的好帮手

要做好研究生的思想政治教育工作，就必须有一支可靠的研究生干部队伍，他们主要包括班干部、党支部干部、研究生会干部以及研究生社团干部等。我院研究生干部的产生，一般是通过多种途径告知全体学生，调动广大研究生的积极性，充分发扬民主，并在他们自愿报名的基础上，选拔出一支群众基础好、工作热情高、工

作能力强的干部队伍；然后，我们对研究生干部进行培训和管理，并通过制度建设和激励机制充分调动他们的积极性，提高他们的责任意识和工作能力。同时，充分发挥研究生会、班委会、党支部、研究生社团等研究生组织在研究生日常教育管理中的作用，开展丰富多彩的科技、学术、文体、社会实践等活动，以活动促管理，以研究生党、团组织建设促管理。

三、重视研究生的心理健康教育和安全稳定工作

面对社会经济的飞速发展，社会竞争的加剧，人际关系的变化，以及学习方式的改变，作为研究生，虽然是比较成熟的成年人，但在学校期间也表现出各种各样的心理问题，如学业问题、恋爱问题等。我院对研究生的心理健康问题非常重视。我院学生工作组安排了一名专职教师作为我院心理健康辅导教师。同时，还要求辅导员加强学生的心理健康教育，关注有心理疾病的同学，加强与学校心理健康中心的联系，做到准确掌握、及时上报、密切关注，对有心理危机的学生进行疏导和教育。针对各年级学生的心理状态进行有针对性的教育：每年研究生新生进校后，都要进行新生心理测试，专门进行心理适应教育，内容包括心理适应、学习适应、大学生人际交往等，通过教师讲授、班级讨论以及邀请心理健康中心教师举办讲座的形式进行，受到学生的欢迎；对高年级学生展开情感、意志、社会价值等方面的教育，鼓励学生关注自我心理健康，学习心理健康知识。我院还积极参与学校的心理健康教育活动：每年的“5·25”心理健康系列活动期间，研究生会都要举办展板比赛、心理漫画比赛，以及发动学生参加心理健康征文比赛等。此外，由于研究生的流动性和分散性，我们还特别加强研究生的安全意识教育，让安全意识真正“入脑、入心”，把加强安全防范变成研究生的自觉行为。

四、创新是做好研究生思想政治教育工作的重要推动力

胡锦涛同志指出："发展要有新思路，改革要有新突破，开放要有新局面，各项工作要有新举措。"而对于研究生的思想政治教育工作，同样需要在新形势下不断创新，才能取得发展。

目前，随着知识经济的到来和社会生活发生深刻的变化，思想政治教育工作的内容、任务、途径等都发生了很大的变化，我们必须与时俱进，创新观念。第一，要用以人为本的新理念来指导研究生思想政治教育工作。根据研究生文化层次呈现多样性、年龄跨度逐渐增大、个体经历有较大区别、价值观念有明显不同等特点，要重点激发研究生的积极性、能动性和自我管理能力。第二，要树立时代观念。走在时代的前列是思想政治教育工作的生命力之所在。要跟上以和平与发展为主题的时代，跟上改革开放不断深化的时代，跟上科技革命迅猛发展的时代，跟上人的自主性和创造性充分发挥的时代。第三，要树立价值观念。人的积极性的调动、思想觉悟的提高、精神境界的升华、工作热情的释放、创造力的发挥，以及群体思想的凝聚、社会行为的整合等，在更大程度上决定着生产力的发展和社会的进步，这正是思想政治教育工作创造的价值，而且所创造的还是一种具有重大意义的社会价值、历史价值、未来价值。第四，要树立科技观念。在科技发展突飞猛进的今天，思想政治教育工作只有不断运用各种现代科技手段，才能发挥思想政治教育工作的作用；只有时刻关注世界科技革命浪潮和知识经济的发展，才能提高形势与政策教育的效力。在具体工作中，我们经常会听到"一代不如一代"，"现在的学生不可思议"等感慨，这正说明，我们需要更新观念，跟上时代的步伐，追寻当代研究生的思想轨迹，做好他们的思想政治教育工作，因为他们是国家的未来和希望。

总之，研究生思想政治教育工作日益受到各高校的重视。作为一名研究生辅导员，应以科学发展观为指导，牢固树立以研究生为

本的观念，在实际工作中不断探索适合研究生思想政治教育工作特点的行之有效的方法，提升研究生思想政治教育工作的效果。

参考文献

[1] 赵秋芳，刘顺喜，孙凤余．坚持科学发展观，促进我校研究生教育发展[J]．科技创新导报，2008（22）：227

[2] 李祖超，夏婷婷．用科学发展观指导高等教育的发展[J]．武汉市经济管理干部学院学报，2005（3）：18－23

[3] 蔡东．高校扩招后的研究生管理工作探析[J]．内江科技，2007（10）：7－8

[4] 黄寒冰，亓鸣，韩君．树立科学发展观，促进研究生教育和谐发展[J]．科技信息：科学教研，2007（35）：229－230

充分发挥导师在研究生思想政治教育中的作用

董春美
(物理科学与技术学院)

摘要：近年来，导师在研究生思想政治教育中的重要性，引起了教育部及各高校的高度重视。无论从实现“科教兴国”战略，还是导师本身的职责，抑或研究生教育阶段的特殊性，都需要加强导师对研究生的思想政治教育。分析导师在研究生思想政治教育中发挥的作用，并采取相应的对策，是强化导师以高度的社会责任感做好研究生思想政治教育工作的重要保证。

关键词：导师　研究生　思想政治教育　作用

随着我国社会的发展，新的经济形势和社会条件对研究生的德育工作提出了更高的要求，充分发挥导师在研究生思想政治教育中的作用显得尤为重要。

一、导师在研究生思想政治教育中发挥作用的重要性

2000年教育部颁布的《教育部关于加强和改进研究生德育工作的若干意见》中明确指出，研究生导师对研究生为学、为人都产生着重要影响，是研究生德育工作的重要力量。研究生导师应在政治思想上、道德品质上、学识学风上，以身作则，率先垂范，为人师表。事实证明，导师在研究生思想政治教育中发挥作用显得尤为重要。

首先是实现“科教兴国”战略的需要。在21世纪，中国要实现腾飞的梦想，必须重视科技和教育。国与国之间的竞争，归根结

底是人才的竞争。研究生教育处在教育的高端，研究生群体承载着“科教兴国”的历史使命，这就决定了研究生不仅要学问高深，而且要品德高尚。《中国学位与研究生教育战略发展报告（2002—2010）》在关于研究生培养方向上，明确指出：“在办学指导思想上，坚持社会主义方向，坚持全面素质教育，努力培养符合社会主义需要的建设者和接班人。”这里的“全面素质”，既包括文化素质，也包括思想道德素质。只有德才兼备的人，才能有益于社会，才能为完成“科教兴国”的历史使命而成就伟大的事业。

其次是导师的职责所在。导师作为“人类灵魂的工程师”，教书育人是其基本职责。《中华人民共和国教师法》第一章第三条明确规定，中国教师“承担着教书育人，培养社会主义建设者和接班人，提高民族素质的使命”。《中华人民共和国教师法》还规定了教师应履行的义务：“对学生进行宪法所确定的基本原则的教育和爱国主义、民族团结的教育，法制教育以及思想品德、文化、科学技术教育，组织、带领学生开展有益的社会活动。”这充分说明，导师对研究生的指导不仅是业务方面，还包括研究生的思想政治教育。

第三，研究生群体的特殊性决定了导师在研究生思想政治教育中的重要作用。与本科生相比，研究生群体的特殊性主要表现在年龄较大，形成了自己的人生观和价值观；有更多的压力，有的研究生甚至要承担家庭的责任；扩招后，研究生生源趋于多样化；面对激烈的社会竞争，一些研究生的人生理念和信仰迷失，甚至影响心理健康。研究生在读期间，与导师的互动频繁，每星期或半个月都能见到导师，特别是理工科的研究生，都以获得导师专业知识和理论指导作为在读期间的最大希望。这就为导师在研究生中开展思想政治教育提供了时间和空间的便利条件。导师因为与研究生接触深入，开展思想政治教育工作更有针对性。尤其是那些德才兼备的导师，他们对研究生的影响有可能改变研究生的一生。

二、加强导师在研究生思想政治教育中的作用可采取的对策

在评聘研究生导师时，经过严格的挑选。遴选研究生导师，不仅应注重业务能力和学术水平，还应看重导师的思想政治素质，特别是对导师的师德、责任心和水平进行认真的考察。导师素质的高低，直接影响研究生的培养质量。

在学校进行的各种量化考核中，将导师对学生的思想政治教育，列为考核导师合格与否的尺度之一。一些导师在科研任务等压力下，更注重学生的学业，对学生思想政治教育工作重视不够。因此，对导师的考核，应加强对导师思想政治教育成果的考核，并且将考核的结果与评优、评职称挂钩，强化导师的德育意识。如今，由于研究生政治工作队伍有待充实，造成研究生辅导员所管学生数量大，要将学生工作做好，就需要导师的密切配合。将思想政治教育质量纳入对导师的考核内容，可加强导师与专职政治工作干部的团结协作，有利于形成思想政治教育的合力。

对导师进行培训，使其采取丰富多彩的形式，以提升思想政治教育的效果。随着社会的发展，研究生获取信息的渠道增多。以传统的说教和灌输的方式对学生进行思想政治教育，难以收到预期的效果。因此，需要对导师进行专门培训，特别是新任导师，更要认真学习开展思想政治教育的方式、方法，充分认识当代研究生的思想、行为特点，用学生喜闻乐见的形式有的放矢地开展工作，方可取得工作的实效性。

研究生是高层次的人才，对研究生的教育成功与否，直接关系到国家教育的成败。而对研究生进行思想政治教育的成效，则事关“科教兴国”的战略能否实现。因此，研究生的导师要主动承担这一历史使命，以高度的社会责任感做好研究生的思想政治教育工作。

参考文献

[1] 教育部关于加强和改进研究生德育工作的若干意见. 教社政〔2000〕3号，2000—04—06

[2]《中国学位与研究生教育发展战略报告》编写组. 中国学位与研究生教育战略发展报告 [J]. 学位与研究生教育，2002（6）

[3] 佟福锁. 浅析导师在研究生德育工作中的地位与作用 [J]，学位与研究生教育，2006（2）

[4] 赵祖地. 高校德育评估概论 [M]. 杭州：浙江人民出版社，2003

[5] 彭娟，姚利民. 对我国研究生教育规模快速扩张的思考 [J]. 中国研究生，2007（1）

新形势下高校学生党建工作的思考

杜晓燕　谢　均　王智猛
（化学学院）

摘要：高校基层党组织建设在高校党建中占据着重要地位。近年来，在高校扩招的背景下，学生党员队伍迅速扩大。本文针对新形势下高校学生党建工作出现的一系列问题，提出了改进和加强大学生党支部建设的有效措施。

关键词：学生党建　问题　措施

学生党建工作作为高校党建工作的重要组成部分，是高校学生思想政治教育工作的载体，对推动高校各项工作，实现党的育人目标起着重要作用。加强高校党组织的建设，特别是基层学生党支部的建设，对于扩大党在青年学生中的群众基础，将更多优秀的青年学子吸引到党组织中，提高高校党组织的执政能力和执政水平，都有着重要的意义。与此同时，高校学生党员的教育和管理出现了一些新情况。由于受到各种客观因素的影响，学生党建工作的开展也受到了一定程度的限制，因此必须采取一些有效措施切实加以解决。

一、高校学生党建工作面临的问题

（一）学生党建工作所处的环境更为复杂

当前国内外形势正在发生深刻变化。经济全球化使世界范围内各种思想文化激荡、冲突，西方敌对势力分化、西化的企图也从未改变，青年学生成长环境的主导影响受到了很大的冲击。随着市场经济体制的逐步建立，大学生的主体意识、价值取向、思想观念、生活态度和行为选择发生了深刻的变化。部分学生的入党动机日益复杂化，表现出一定的盲从和功利的倾向。

（二）课程修读自主化，学生统一管理难度加大

随着高校开展学分制教育，学生选课自由，同一年级和专业的学生上课时间不统一，但是积极分子的培养和教育，必须有集中教育和统一指导的过程。如果这个过程因学生选课不能统一而在同一地点、不同时间重复进行，则不仅人力不够，而且也失去了集中教育的氛围，难以达到预期的效果。

（三）学生党员分布结构矛盾突出

高校学生党员往往比较集中在三、四年级，尤其是在毕业班中，而低年级（尤其是一年级）中党员人数极少甚至为零，这一结构性矛盾在高校中普遍存在，它对党员发展步伐的规划有一定影响。造成这一矛盾的原因主要有两个方面：一是中学阶段的党建工作较滞后，不少普通中学的党建工作是空白的，致使大学新生无论在行动上或在思想上对入党问题的认识非常肤浅。二是由于大学的党建工作缺乏紧迫感，没有用创新的思维去对待新生入党问题，常常固守于传统工作模式，致使大学新生入党积极性不高。

（四）学生党员的发展工作需要进一步规范化

在近几年的扩招大潮中，高校学生党员发展力度大大增强，但对在学生中发展党员缺乏科学的整体规划。迅速扩大的入党积极分子队伍与相对薄弱的党务干部队伍出现了矛盾，学生党建工作量增大，学生党建工作面临着人手短缺的窘境，学生党建工作队伍结构存在着单一性和局限性，使得对学生党员的教育管理跟不上形势的发展要求。

二、加强高校学生党建工作的对策

（一）坚持用科学发展观指导高校学生党建工作

坚持用科学发展观指导高校学生党建工作，增强运用科学发展

观推进学生党建工作的自觉性和坚定性。用科学发展观指导学生党建工作，要求我们必须以高度的责任感和使命感做好高校学生党建工作，把优秀青年学生吸收和凝聚到党的队伍中来。要把学生党员发展工作作为一项最重要的任务来抓，本着积极而慎重的态度，在保证党员质量的基础上，加大党员发展工作力度，把学生党员发展工作列入学校发展规划，列入党组织的目标管理中去。

（二）充分发挥学生党员的模范带头作用

通常情况下，党组织的概念是抽象的，学生党员的形象是具体的，青年学生往往通过学生党员的外在形象和具体表现来认识党组织。如果我们的发展质量不高，学生党员不能在日常的学习、工作、生活中发挥其应有的作用，就必然会造成青年学生对党组织的曲解，打击他们入党的积极性。建立党员学习培训制度，健全教育保证机制；完善党建制度，健全质量保证机制；完善组织建设制度，健全管理机制；建立考评制度，健全监督机制。对学生党员必须加强教育和管理，保证学生党员入党前与入党后始终保持党员先进性和榜样示范性。只有学生党员具有良好的影响力，党支部才能具有号召力。

（三）注重创新，增强党建工作活力

面对新情况、新要求，党建工作要注重创新，坚持与时俱进，在继承中发展，在发展中创新，在创新中提高。党建工作的内容、形式、载体、方法要在服务发展的前提下改进与创新。内容上要富有新意，方法上要灵活多样，体现时代感。要突破思维定势、传统工作模式和常规运作方式，不断探索具有时代特征、切实贴近学生实际的有效方法和途径，使高校学生党建工作体现时代性，富于创造性。例如，实现入党教育方式多样化，部分活动采取开放式；实现党建工作向网络的延伸，建立党建专题网站；实现党建工作向公寓的延伸，将党组织的职能进一步扩大到学生公寓；实现党建工作向社团的延伸，进一步扩大党组织的覆盖面和渗透力，充分发挥社团载体对学生党建工作的重要作用；把高年级党建工作向教研室延伸，实现教书育人的和谐统一。

（四）加强辅导员队伍建设

在多数高校中，学生党支部的指导教师由专职辅导员兼任。要加强学生党支部建设，首先要加强专职、兼任政治辅导员队伍建设。学生党支部书记一般由辅导员担任，支委由学生党员担任。选配专职辅导员时，要选思想政治素质好、学历层次高、管理能力强、热心学生工作的教师并进行岗前培训，每年进行岗位考核。学校党委组织部每年对党支部书记进行岗位技能培训，定期进行理论研讨，一年一度的岗位考核评比，使党建工作进入规范的轨道。党建工作的前期培养和教育，可利用形势与政策课程给予学生引导和教育。

（五）调整大学生基层党组织的规模，探索“支部建在班上”的新形式

“支部建在班上”是高校学生基层党组织建设工作在新时期的创新和加强，有助于高校党组织实行有效的领导。做好班级党支部的筹建工作，要完善班级党支部的管理，培养一支素质高、能力强的党员队伍。为保证党员比例和高年级党支部建在班上，就必须注意在低年级特别是大二发展党员时各班党员人数均衡的问题；否则，高年级时很可能出现有的班党员人数过多，有的班连建立党支部的基本条件都没有的问题。因此，做好班级的团组织活动，合理规划各年级和各班的党员发展计划显得十分重要。

我们必须认真研究新形势下高校学生党建工作的特点和规律，积极开辟新途径、探索新办法、总结新经验，努力在高校学生党建工作的内容、形式、方法、机制等方面进行创新，不断加强学生党建工作。只有这样，才能让我们的党永葆青春活力。

参考文献

［1］王颖．浅谈新时期高校学生党支部建设面临的问题及对策［J］．现代教育科学：高教研究，2007（3）

［2］王凤林. 努力做好高校学生党建工作［J］. 中国高等教育，2002（9）
［3］沈文通. 高校学生党建工作面临的问题及对策［J］. 长春工程学院学报：社会科学版，2007，8（2）

高校学生党建工作中的传统继承与方法创新

冉红艳
（学生工作部）

摘要：大学生党建是高校党建工作的核心之一。在当前新的社会形势和挑战下，高校需要调整思路，以更有效的措施来加强学生党建工作。本文通过探讨加强批评与自我批评，解放思想、实事求是，密切联系群众等党的优良传统，以及完善党员发展体系，引入马克思主义元典阅读，将思想道德教育与心理引导相结合等工作思路的创新，以使高校学生党建工作实现新的突破。

关键词：高校　学生党建　传统继承　方法创新

大学生党建是高校党建工作的重要核心，做好大学生党建工作，具有非常重大的现实意义。随着社会的发展，高校学生党建工作遇到新的问题和挑战，高校党组织需要以新的思路和有效的措施来加强学生党建工作，力争实现新的突破。一方面，要加强我党在长期发展过程中形成的优良传统和思想武器，使之在新时代获得新的生命力；另一方面，随着当前社会的迅速发展，要求学生党建工作一定要与时俱进，不断探索符合客观条件的新的建设体系，以应对新的形势和挑战。

一、做好学生党建工作，需要加强党的优良传统和思想武器

（一）加强批评与自我批评的思想武器，保持党的先进性建设

批评与自我批评是我党在总结正反两方面历史经验的基础上得出的宝贵经验，也是我党在新形势下自我更新，继续保持旺盛生命

力的重要保证，体现了中国共产党对待自身的科学态度。早在19世纪70年代，马克思、恩格斯就提出了无产阶级政党发展的一般规律，即无产阶级政党是在内部斗争中发展起来的。他们指出，党的内部斗争是不可避免的，只有通过正确的内部斗争，才能达到真正的团结统一，使党发展壮大。

在社会发展进程中，作为共产党人的三大优良作风之一，批评与自我批评有淡化之势。具体到高校学生党建工作中，主要有以下表现：第一，片面理解“和谐”，扭曲了“批评”与“团结”的辩证关系，认为批评就是破坏团结；第二，一些党员同志明哲保身，一团和气，批评过于委婉，谨慎有余，魄力不足，丧失了共产党人敢作敢为的宝贵品质；第三，部分党员同志不当地进行批评。由于理论水平的缺失，批评与自我批评流于形式，抓住鸡毛蒜皮的小事不放，不涉及原则与理论问题，从而使批评与自我批评庸俗化、浅薄化。[1]

加强批评与自我批评的优良传统，首先要从理论上认识到这一优良传统的重要性。批评与自我批评，是我党保持先进性、自我更新的制度基础；批评的目的是解决问题，教育人、团结人、帮助人、鞭策人，统一思想认识，达到新的团结。

（二）加强解放思想、实事求是的优良传统，有效解决学生党建中的各种问题

面对学生在思想上、行动上出现的问题，正确的做法是正视问题，加强引导，疏而不堵。毋庸置疑，实事求是是开展党内批评的基础。只有树立实事求是的态度，才能够正确地面对问题，解决问题。当前学生党建中存在一些问题，比如入党动机功利化、基础理论薄弱化、考察程序形式化等。对于这些问题，只有首先承认和面对，然后才能有效地解决。

基层党建工作者要努力培养民主、活泼的组织氛围，鼓励组织成员解放思想，畅所欲言，相信真理是愈辩愈明的。同时，也只有在深入讨论的过程中，党建工作者才能真实地发现组织成员的观点

以及他们感到困惑的地方。在党内讨论中，应减少甚至避免人为设置的思想禁忌，敢于正视问题，敢于讨论问题。也只有这样，才符合新一代大学生的思维特点，党建工作才更有针对性，才能收到好的效果。

（三）密切联系群众，完善群众评价制度

建立广泛的民主监督制度和渠道，加强对学生党员的监督，这是增强学生党员的党性意识、保持党员先进性、认真履行党员义务、保证学生党员质量的有效途径。要维持学生党组织在学生群体中的影响力，就需要了解群众的想法和关注点，通过实行不同级别的群众满意度评比来加强基层党组织建设。满意度评比，一方面可以成为基层党组织成长的一面镜子，对基层党组织建设起到督促、监督作用；另一方面，也加强了基层党组织与群众的互动联系，提高了群众参与组织活动的积极性，有利于工作的开展，以更好地为群众服务，起到更好的宣传、带动作用。

二、做好学生党建工作，需要与时俱进，不断创新

（一）完善和创新党员发展体系，突出实践与成效

党校在党员发展过程中起着重要的作用。作为党员培养的有效载体，党校需要在坚持中创新完善。要改变单纯讲授理论知识的一维模式，引入社会实践环节。引入实践环节，就意味着要改变以往在党员发展过程中“听其言，信其行”的简单模式，代之以“听其言，观其行”的客观评价体系；在学习过程中则要突出讨论交流，消除人为的思想禁忌，在基本理论学习之外，多引入社会热点问题，搭建理论与现实之间的桥梁。[2]

（二）引入马克思主义元典阅读，加强党员理论指导

问道经典，解现实之惑。青年学生在现实实践中遇到困惑，需要理论上的解释和精神上的支持，进而寻找信仰作为生命与行动的支撑。马克思主义恰恰为他们提供了这样一种途径，也成为越来越多青年学生的选择。那么，马克思主义如何解决青年学生思想上的

困惑，为他们的人生提供指导，以及马克思主义的魅力从何而来？无疑，马克思主义元典阅读是一个极为有效和直接的途径。马克思主义经典理论著作在不同时期的阐释中不断获得新的生命力，在继承中发展，是活的思想。同时，马克思主义元典阅读也能够在组织发展过程中对发展对象进行有效甄别，使之更清晰地认识自己、剖析自己，体现组织的严肃性；元典阅读，能够从理论高度解释社会发展的规律，在新的组织成员心中形成以社会发展为己任的责任感和荣誉感；能够有针对性地解决青年学生思想上的困惑。

实行元典阅读，就要求高校在党建过程中，着力培养一批具有较高理论修养的基层党建工作人才，这对基层工作者的素质和理论水平是一个很大的挑战。笔者在此提供几种方案，以供参考：

1. 学校定期举行党建基层工作者培训，以提高师资水平。

2. 充分发挥各高校中政治学院的带动作用，学术与应用相结合，在理论教学一线教授专家的引导下进行元典阅读。

3. 将元典阅读引进党校培训课程。

4. 在基层党组织中提倡元典阅读，并组织形式多样的交流活动。

（三）将思想道德教育与心理健康教育相结合，加强心理引导

在基层党建过程中，不仅要重视思想道德教育，同时也要重视学生党员的心理引导。实际上，学生的心理与思想有着千丝万缕的联系，在许多思想问题的背后，往往有着复杂的心理因素，有些看起来是思想、道德问题，其根源、实质却是心理障碍所致。[3]这些障碍虽不一定是病理性的表现（多数只是认知、态度上的问题），但仍发挥着巨大的消极作用。只有正视这些问题，并采取有针对性、创造性的措施，才能够更好地为党建工作服务，收到更好的效果。

（四）与时俱进，探索在新的历史环境下，学生党员先进性的现实要求与体现

党的先进性具有时代性，要求随着时代发展不断赋予新的内

涵。时代主题、时代特征不断变化，党的先进性也应与时俱进、因时而新，根据不同时期的历史任务和时代特点不断丰富其内涵。党的先进性还必须以党员个体的先进性为基础，通过每个党员的先锋模范作用来体现。学生党员的先进性，只有在高校生活的现实中得到体现，才具有模范作用，才能充分发挥高校基层党组织的带动、宣传和服务功能。

具体到学生党建工作中，就是要积极探索在大的经济、社会环境下，先进性建设在高校学生党员中的现实要求与具体体现。例如，在2008年“5·12”四川汶川地震的抗震救灾中、2008年北京奥运会中，学生党员积极组织的各类志愿者服务工作；在寝室生活中，学生党员要努力带动一个积极向上的生活氛围的养成；在学习实践中，学生党员更要加强专业学习，形成模范带动作用；在荣誉利益面前，学生党员要有大局意识、服务意识，不过分计较个人得失。这些都是在特定时期、特定范围内，学生党员先进性的体现。总之，学生党员的先进性，需要在生活中培养，在困难中磨砺，在考验中升华。

高校学生党建工作是一个复杂的系统工程，需要充分调动各种资源并加以整合利用，最大限度地为人才培养服务。在新形势的挑战下，高校学生党建工作只要将我党长期积累的宝贵经验和创新精神与时代要求相结合，以科学发展观为指导，就一定能取得新的突破。

参考文献

[1] 方玖胜，凌取智. 加强高校学生党建“批评”建设，提高学生党员质量[J]. 学理论，2009 (20)：264—266
[2] 马蓓蕾. 新形势下对大学生党建工作的新思考 [J]. 中国教育发展研究杂志，2009 (9)：197—199
[3] 庄乾坤，孙红，邹军. 高校学生党建工作中存在的问题及对策 [J]. 人力资源管理：学术版，2009 (3)：128，130

浅谈大学生思想教育与能力教育①

倪胜巧[1]　邓　薇[2]
（1. 计算机学院；2. 学生工作部）

摘要：科学发展观强调，一切从实际出发，尊重客观规律，充分发挥人的主观能动性和创造性，这为大学生思想教育与能力教育提出了新的方法和途径。科学发展观强调，加强并改进大学生思想教育与能力教育要遵循大学生思想教育与能力教育的规律、大学生成长成才的规律、大学生特殊年龄段的心理特征，并结合当代社会政治、经济、文化快速发展和不断碰撞的事实，注重观察社会新闻对大学生的综合影响。教育工作者要牢固树立“德智体美，德育为先，学校教育，育人为本”的思想，把大学生思想教育与能力教育作为工作重点，把育人贯穿到教育教学的各个环节之中。

关键词：科学发展观　大学生　思想教育　能力教育

一、大学生思想、能力现状浅析

大学时光是大学生从学校生活到社会生活的最后一个阶段，无论是教育教学氛围还是学校管理制度，大学的教育生活环境相对于中学的教育生活环境都开放了许多，给了同学们更多自主选择的机会和自由，也更能培养和锻炼同学们的独立自主意识。因此，大学的教育对大学生日后的社会生活有着至关重要的影响。大学四年里，同学们的思想逐渐成熟，各种能力和技能得到进一步锻炼和提高，开始具备完整的人格和思考能力。思想教育与能力教育是高校教育工作的重点，做好这两项工作将会为同学们的成长成才奠定良好的基础。

① 本文受四川大学中央高校基本科研业务费研究专项项目（sksz201127）资助。

作为一个社会人，有德有才才是大学培养的最终目标，也只有这类人才能够为社会、为国家作出突出的贡献。有德无才虽然能够踏实地去做每一件事，但缺乏基本的能力基础和创意，难成大事；无德无才是不折不扣的废物，注定碌碌无为，平庸一生；而有才无德，稍有不慎，则会误入歧途，对社会危害极大。

因此，对大学生的思想教育与能力教育便成为当下高校教育最紧迫的头等大事。大学生的思想和能力都正处于进一步的培养提升阶段，在大学时代，人的思想和能力的可塑性也相对较高，大学四年的学习和交流会对其今后的人生产生巨大的影响，他们最需要被给予正确的引导和教育。加强正确的思想教育，能够帮助大学生完善其自身的人生观、价值观、世界观，也有助于强化大学生热爱祖国、服务社会、服务人民的精神。完善的能力培养能够帮助大学生掌握一技之长，更好地适应并立足于社会。

二、加强大学生思想教育与能力教育

通过对当今大学生思想教育与能力教育存在的种种问题和现象的分析，如何加强对大学生的教育这个问题凸现在我们面前。是延续我们所强调的课堂教育在大学生思想教育与能力教育上的重要功能和至关重要的意义，还是在此基础上探寻一些更加科学、更加客观、更加完善的方式方法呢？

通过仔细分析，结合自身多年的教学管理经验，以及对新时期建设中国特色社会主义的各种方法的学习，体会到党的科学发展观是指导大学生思想教育与能力教育的一把利器。坚持以人为本，树立全面、协调、可持续的发展观，促进经济社会和人的全面发展的思想，是推进我国经济发展、社会进步的指导思想，也是加强并改进大学生思想教育与能力教育的指导方针，同时它为大学生思想教育与能力教育提出了新的更高要求。科学发展观要求人、自然、社会三者在不断优化的前提下，相辅相成，相互促进，谋求和谐共生，持续发展。“以人为本”、“全面协调”、“统筹兼顾”是科学发展观的关键字，同时也是大学生思想教育与能力教育的核心所在。

（一）在科学发展观的指导下，加强对大学生思想教育与能力教育的重要意义

科学发展观是辩证的发展观，也是全面统一的发展观。当代大学生肩负着全面建设小康社会与和谐社会，实现中华民族伟大复兴的重任。他们的素质，尤其是思想素质与能力素质不仅仅关系到大学生自身的健康成长，也直接影响到国家和民族的兴衰。正因为如此，以科学发展观为指导，加强和改进大学生思想教育与能力教育是提高大学生综合素质的重要保证。同时，在当前和今后一个时期内，大学生思想教育与能力教育要提高到新的水平、开创出新的局面以及取得新的成果，就必须以科学发展观为指导。科学发展观，对于加强大学生思想教育与能力教育有着战略性的意义。

（二）在科学发展观的指导下，加强对大学生的思想教育与能力教育

1. 思想教育与能力教育要坚持以人为本。“以人为本”是科学发展观的核心内涵，同时也是大学生思想教育与能力教育在过程维度上应有的状态。坚持以人为本，就是要求教育工作以实现大学生的全面发展为目标，尊重大学生的主体地位，维护大学生的利益，为广大学生的健康成长成才服务。这就要求我们要突出大学生的主体地位，尊重同学们思想、性格、能力的多样性和多元性，结合其自身兴趣爱好和理想，给予尊重、理解、支持、关怀和一定的指导帮助。在条件允许的情况下，尽可能多地为同学们创造自主选择、自我管理的环境和机会。从广大学生的角度出发，倾听他们的心声，维护他们的权益，解决他们的困难，提升他们的能力。坚持以人为本，就是要引导大学生学会做人，学会做事，加大专业知识积累，重视学生视野开阔，注重大学生创新精神和创新能力的培养，同时还要注重大学生智力因素与心理因素、知识与才干以及身心的和谐发展，培养德才兼备的社会主义接班人。

2. 思想教育与能力教育要坚持全面协调可持续发展。“全面协

调”是科学发展观的基本要求，同时也是大学生思想教育与能力教育在空间维度上应有的状态。全面协调，要求促进大学生思想政治素质、科学文化素质和健康素质全面发展，把其培养成为中国特色社会主义事业的合格建设者和可靠接班人。尤其是在全球经济一体化进程加快，不同经济、政治、文化思想不断交流碰撞的21世纪，思想教育与能力教育成为大学生教育的重中之重。新时期做好大学生思想教育与能力教育工作，需要科学的管理来规范调控，严格管理是做好思想教育与能力教育的保证，能使思想教育与能力教育更有成效。把对大学生的思想引导与行为规范相结合，在开展思想教育与能力教育的同时，通过建立健全各种规章制度，规范大学生的行为，把所提倡的思想观念、道德标准融于各项管理工作之中，渗透到大学生的学习和生活之中，充分发挥管理在思想教育与能力教育中的作用。

3. 思想教育与能力教育要坚持统筹兼顾。“统筹兼顾”是科学发展观的根本方法，是在大学生思想教育与能力教育时间维度上应有的状态。大学生思想教育与能力教育的主要策划者和实施者是广大教师，他们是人类灵魂的工程师，是学生成长进步的导师，是最接近广大同学生活、能够最直接深刻理解同学们心里和生活状态的人。为了进一步加强大学生的思想教育与能力教育，必须加强对教师的思想教育与能力教育。广大教师需要在态度上做到认真负责，提高自身的政治责任感，自觉地承担起对同学们思想教育与能力教育的重大责任；在能力上不断完善，努力提高自身的思想政治素质和能力素质，以积极进取的态度，努力提高工作能力，以良好的思想、道德、品质和人格，给予同学们最好的影响和教育。

三、结束语

以上是笔者在多年学生管理工作中得到的对大学生教育的一些浅显感悟和体会。大学生教育，是一个很大的话题，它还需要我们高校工作者不断地用科学、完善、合理的方法去实践和提高。坚持科学发展观为指导，坚持以人为本为核心，坚持全面协调发展观为基础，坚持统筹兼顾的根本方法，是加强并改进大学生思想教育与能力教育，提高大学生综合素质的重要途径和保障。

参考文献

[1] 蒋祖发. 构建社会主义和谐社会与当代大学生思想政治教育 [J]. 湘潭师范学院学报：社会科学版，2006（2）

[2] 曹敏. 当代大学生的思想特征及其成因与对策 [J]. 国际关系学院学报，2004（3）

[3] 常利平. 大学生思想政治教育的有效途径 [J]. 政工研究动态，2006（1）：34—36

[4] 旷勇，宁曼荣. 大学生思想政治教育工作的新视野 [J]. 思想理论教育导刊，2005（7）

实践出真知，勤奋砺党性

——通过科学和积极的社会实践加强学生党员的党性教育

董柯平[1]　韩　芳[2]
（1. 计算机学院；2. 电气信息学院）

摘要：党性是一个政党固有的本性，是阶级性最高和最集中的表现。大学生党员作为党和国家事业的接班人，提高其党性具有重要的战略意义。而当代大学生由于社会变化，有其特殊的时代性，有其必然的弱点。为了提高大学生党员的党性，结合党中央、团中央、教育部的指导方针，笔者在党支部工作和团委工作中，努力尝试培养砥砺大学生党员的党性，做出了一定的探索。

关键词：党性　教育　大学生　社会实践

马克思主义认为，党性是阶级性的升华——“党性是高度发展的阶级对立的结果和政治表现”。

党性是一个政党固有的本性，是阶级性最高和最集中的表现。

中国共产党是中国工人阶级的先锋队，是中国各族人民利益的忠实代表，是中国社会主义事业的领导核心。它所固有的明显区别于其他政党的特性，构成了我们党的党性。刘少奇曾指出：“共产党员的党性，就是无产者阶级性最高而集中的表现，就是无产者的最高表现，就是无产阶级利益最高而集中的表现。”党性的内容一般有以下几个方面：

1. 以马列主义、毛泽东思想作为自己行动的指南；
2. 坚持党的最高纲领，愿意为共产主义奋斗到底；
3. 大公无私，全心全意为人民服务；

4. 具有严格的组织性、纪律性，保持思想上政治上的高度一致，维护党的团结和统一；

5. 密切联系群众，坚持群众路线；

6. 认真开展批评与自我批评，勇于承认和改正自己的缺点和错误。

党性还具有鲜明的时代特征，它是千百万共产党员为了完成党在各个时期的任务，英勇奋斗、忘我牺牲、开拓进取的实践的升华。

近年来，党中央大力加强对青年大学生的培养和教育，在高校中强调占领思想阵地，为社会主义事业培养合格的接班人。因此，各大专院校培养发展党员力度加强，吸收了大量优秀大学生加入中国共产党。然而，如何在人数大量增加的情况下做好大学生党员的继续教育和培养工作，如何保证我们发展的党员的质量，保证我们向社会、向祖国的各个岗位输送合格乃至优秀的共产党员，值得我们深思，也产生了新课题。

当前在校大学生是在改革开放的成果中长大的，是在中华民族的崛起中长大的。虽然有良好的物质环境和精神环境，但他们大多没有经历过苦日子、艰苦奋斗的过程，因此普遍表现出一些政治不成熟、认识不清楚的情况。比如，一些大学生的入党动机不纯或不明，虽然经过党校等教育后在理论上有了提高，但入党后还是比较缺乏理论联系实际的经验，对劳动人民缺乏真正的接触和认识，对党的事业、社会主义建设事业缺乏感性认知，因此也较难真正理解何为共产党员的党性，难以在校园学习生活中深刻领会、实践和提高党性。

同时，教育部、团中央都在不断加强大中学生社会实践的力度。例如，中央宣传部、中央文明办、教育部、团中央、学联在2009年联合下发的《关于开展2009年全国大中专学生志愿者暑期文化科技卫生“三下乡”社会实践活动的通知》中明确指出：2009年暑期“三下乡”社会实践活动要坚持以深入学习实践科学发展观为核心，以服务地方经济社会发展、服务青年学生成长成才为主线，引导青年学生坚持理论联系实际，在社会实践中得出正确的社会观察结论，真正实现“受教育、长才干、作贡献”。

笔者在2003年开始担任学生党支部书记时，便开始思考大学生党员的继续教育和培养问题，并在带领大学生参加暑期社会实践工作中发现了这一教育的良好契机，因此开始有意识地将大学生党员党性教育与社会实践相结合。自2004年开始，笔者先后组织、带领了5支社会实践团队前往边远地区、地震灾区进行志愿者服务和考察调查等社会实践活动。在活动中，由于充分融入了党性教育，因而取得了较好的效果。在此，笔者重点结合党性的6个方面，就其中一次社会实践作一阐述。

党性的6个方面中，前两个方面是核心内容，较为深刻，重点放在党校、形势教育、组织生活等课堂上进行理论教育。因此，在社会实践中重点学习和实践的是后四个方面的内容，即：大公无私，全心全意为人民服务；具有严格的组织性、纪律性，保持思想上政治上的高度一致，维护党的团结和统一；密切联系群众，坚持群众路线；认真开展批评与自我批评，勇于承认和改正自己的缺点和错误。

2005年7月16日至8月1日，四川大学计算机学院赴四川省凉山彝族自治州喜德县开展了“希望起跑线·走进凉山”的社会实践活动。团队由15名本科生、1名研究生、1名带队教师组成。其中，包括2名喜德县本地的同学，这样便于团队在当地开展活动。团队成员经过报名、推荐、审批等过程的层层筛选，每位成员都具有一定的组织能力、良好的分析处理问题的能力以及对公益活动极大的热情。

团队组织及管理

团队分工

这次活动主要分为5个项目小组：

项目一，关于农村贫困、留守儿童现状及心理状况的调查。

项目二，社会主义新农村的现状及结合当代大学生就业的调查。

项目三，农村信息教育现状以及知识普及和素质拓展培训。

项目四，建立“政府—农户”、“家长—学生”之间的信息管理系统。

项目五，有关当地环境保护方面的问题调查。

筹备阶段

1. 拟订初步计划、活动申报书，向学校、学院提交活动申请。

2. 确定团队成员，组建项目小组。

3. 形成正式、详细的项目计划书。

4. 联系、购买成员人身保险。

5. 制订初步开展活动的方向及时间表。

6. 定期召开工作会议，每个小组汇报各自准备进度。

7. 购买所需物资，包括给当地学生的捐赠物品。

实践期间

1. 到达初期，根据当地实际情况确定工作方案和时间进程。

备注：前期主要以支教形式开展活动，建立与当地学生的感情，建立与当地人之间的感情和信任，以便今后开展各项目小组的活动。

2. 提出在当地的纪律要求：

（1）不能私自或带领学生到附近山上、河流处玩耍。

（2）为保证大家的安全，女生白天不能单独行动，晚上出门一定要有男生陪同；男生晚上不能单独行动。

（3）学生个人避免和当地政府、教育局、学校发生正面接触，遇到问题通过翁古阿合（当地人）或带队教师向他们反映。

（4）上课和进行调查时一定要注意自己的人身安全及学生的安全。

3. 每天晚上举行一次交流会，交流每个小组、每个成员当天的工作进度，其中也包括当天个人的见识与感受。作出团队次日的具体安排。同时，也对自己、同学的工作进行评审、反思、批评与自我批评。

通过这种形式，不仅可以有效监督各项目小组的进度，而且大家在交流中可以互相学习、互相提出意见和建议，在很大程度上增强了团队凝聚力，建立了团队成员间良好的感情。

4. 各小组之间的相互配合协调和相互帮助。例如，数据库小组在当地的任务不是很重，所以要协助其他小组成员完成授课，并牵头实施环境问题调查项目等。

5. 确定临时活动计划，包括到石门村的调查走访、到幸福村的支教活动、环保签名活动等。

6. 与当地政府合作，建立长期的教育基地和环保基地。

后期工作

1. 各项目小组完成项目报告书。

2. 各成员完成个人总结。

3. 总结团队成绩，制订将来发展计划，完成团队报告书。

4. 编辑活动中的影音资料。

这次社会实践团队的队员们能够顺利地完成所有的调研项目，与当地政府有关部门的大力支持和积极配合是密不可分的。喜德县人民政府、喜德县规划与建设环保局、喜德县教育局、喜德县公安局等政府部门对实践团队所开展的活动表示了热烈的欢迎和大力的支持。在双方的共同努力下，我们在当地建立了长期合作的环保实践基地和教育实践基地。

总之，在社会实践中，我们紧扣党性后四个方面的内容，进行了充分的实践：针对“大公无私，全心全意为人民服务”，我们在实践中贯穿始终的就是服务贫困的民族地区；针对“具有严格的组织性、纪律性，保持思想上政治上的高度一致，维护党的团结和统一”，我们在彝族地区的实践中始终强调并最终形成了这支有严格组织纪律性，严守法纪、队规以及国家民族政策的实践队伍；针对“密切联系群众，坚持群众路线”，我们始终在团队内部实行民主，共同商讨团队工作，并充分吸收当地民众、当地学生的意见，不断调整和修改工作计划、工作方式；针对“认真开展批评与自我批评，勇于承认和改正自己的缺点和错误”，我们在每晚的团队总结会、领队总结会上都同时对自己和团队的每个成员当天的工作进行评审、反思、批评与自我批评。

让笔者感触最深的是，在这次社会实践过程中，我们走访了一些居住在海拔3000～4000米的高山地带上的彝族同胞家庭。这样的海拔，连玉米都无法生长，有的家庭终年以土豆为食，一年难见荤腥。在这样贫困的状况下，可爱而坚强、乐观而自信的彝族同胞丝毫没有怨天尤人，而是告诉我们，他们无比地感谢党把他们从奴隶主手下解救出来，感谢党的扶助政策；他们流着眼泪背诵着毛主席的话，回忆着毛主席的关怀；他们坚信，在党的领导下，一年以后，五年以后，他们这里的生活会越来越好、越来越富裕。对此，同学们深受感染，思想上存在的一些疙瘩也顿然解开了。有一个大学生党员，曾经为家乡一些党员干部的贪腐问题得不到纠正而抱怨、失望，现在看到了这些最朴实、最底层的山民的言行，深受教育。同学们深深地体会到，党的执政能力，党的生命力，不是“天之骄子”们在象牙塔里就能理解的，而是要真正走进社会，走进艰苦的地方，走进真正的人民中，才能够真正体会到和理解到！

大学生党员作为党和国家事业的接班人，他们的党性如何，关系到我们党的未来、国家的昌盛和民族的复兴。我们要一如既往地高度重视大学生党员党性观念的培养，根据党中央、团中央、教育部的指导方针，继续努力探索各种适合新形势、适应大学生新特征的方式进行引导、教育，不断提高大学生党员的党性观念，为党和国家培养高素质的合格建设者和可靠接班人作出应有的贡献。

参考文献

[1] 列宁. 列宁全集：第11卷 [M]. 北京：人民出版社，1963
[2] 刘少奇. 论共产党员的修养 [M]. 北京：人民出版社，1949：94—95
[3] 中青联发〔2009〕20号，中国共青团网

以科学发展观为指导 创新高校学生党建工作

熊　伟
（校长办公室）

摘要：加强大学生党建工作是党的事业长远发展的需要。本文分析了加强和创新高校学生党建工作的重要性，提出了通过建设一支高素质的学生党建工作队伍，建立健全党员培养教育机制，创新基层学生党支部工作，提高基层党支部的活力、创新力、凝聚力等方面的措施，以创新工作平台，开辟更多有效途径，努力开创高校学生党建工作新局面。

关键词：高校　大学生党建　改革创新

胡锦涛总书记提出的“科学发展观”，对21世纪高校大学生党建工作提出了新要求。要探索新时期大学生党建工作的新思路，就必须坚持以科学发展观为指导，在制度、机制、措施上进行创新，使高校党建工作真正做到“以人为本，全面、协调、可持续”发展，为实现“十二五”规划目标提供坚强有力的思想、政治和组织保障。

一、加强和创新高校学生党建工作的重要性

一个有远见的民族，总是把关注的目光投向青年；一个有远见的政党，总是把青年看作推动历史发展和社会前进的重要力量。高校是优秀青年集中的地方，高校基层党组织学生党建工作在提高整个党员队伍素质方面具有战略意义，关系到建设有中国特色社会主义事业的成败；高校基层党组织学生党建工作在创建模范力量方面

具有重要作用，是巩固和发展先进性活动成果的必然要求；高校基层党组织学生党建工作是学生发挥工作执行能力的平台，是实施人才强国战略的迫切需要，是学生党员实施思想感染的场所，是建设一流大学的内在要求。

（一）加强和创新高校学生党建工作是党的事业发展的需要

大学生群体是具有较高科学文化素质和较强创造力的群体，是建设中国特色社会主义现代化的中坚力量。培养大学生的共产主义理想和信念，及时把大学生群体的优秀分子吸纳到党的队伍中来，为党的事业发展不断提供新鲜血液，是新时期大学生党建工作的重要职责和使命。

（二）加强和创新高校学生党建工作是应对社会转型期的文化冲突、利益格局调整、信仰危机的需要

当前，伴随着改革的不断深入，我国的社会经济结构、价值取向、就业方式、利益关系等发生了深刻变化，西方多元意识形态也通过多种方式日益影响着大学生的思想观念。以大学生党建工作为核心，坚守社会主义主流意识形态阵地，弘扬中国特色社会主义核心价值观，不断提高大学生党建工作的影响力和覆盖面，不断提升党建工作的实效性，是应对当前各种社会挑战的迫切要求。

（三）加强和创新高校学生党建工作是高等教育事业快速发展的需要

近几年来，我国高等教育获得了快速发展，高等教育的组织形式、课程体系建设、教学模式和人才培养方式等都发生了全新的变革，作为附着在大学生日常管理和培养基础上的大学生党建工作也面临着许多新的情况和特点。加快高校党建工作的创新与发展，实现与高等教育事业发展相协调，不断促进大学生党建工作质量和水平的提升也是新时期大学生党建工作面临的重要课题。

二、以改革创新精神做好高校学生党建工作

（一）通过优化队伍，建设一支高素质的学生党建工作队伍

一是本着精干、高效原则不断加强党务干部队伍建设，选好配强学生党总支书记和党支部书记。可探讨低年级学生党支部书记由教师担任，高年级学生党支部书记由优秀学生干部担任，充分发挥学生党员的积极性，做好自我教育、自我管理、自我服务。定期对党务干部进行教育、培训，加大考核和监督的力度，使他们深刻理解“中国特色社会主义理论”的思想内涵，深刻理解党在新时期的路线、方针、政策，提高自身的政治理论水平，提高驾驭党支部建设和党员教育工作的能力。

二是充分发挥学生辅导员的作用。学生辅导员直接担负学生思想工作，与学生党员接触最为密切，对学生党员思想变化可以明察秋毫，通过他们的教育，可及时把学生党员的某些不良想法消灭在萌芽中。针对辅导员队伍不稳定、流动性大，要制定相关政策，加强对辅导员的教育、培训，提高思想政治素质和工作能力，切实关心和爱护辅导员队伍，解决他们的职务、职称、待遇以及工作和生活中遇到的实际问题，引导他们安心本职工作，加强学习，提高思想修养。

三是招聘一些优秀教师党员做班主任，原则上按照“三个必须”（必须是党员，必须是优秀青年教师，必须热爱学生工作）的要求配备，协助学生党总支搞好党建工作。这些教师理论素养和政治素养过硬，教学质量好，在学生中有较高的威信，讲的道理学生容易信服，有利于抓住学生党员的心理。

（二）建立健全党员培养教育机制，着力造就高素质学生党员队伍

一是建立健全日常管理机制。要以加强党员教育培养制度的建设为突破口，针对入党积极分子、预备党员、党员开展分层次的系统教育，建立起完善的党员教育体系，改变以往“重发展、轻培

养”的现象。积极创新教育形式和载体，引入网络等现代科学技术，调动校内外资源，结合大学生关心的、与大学生利益和发展息息相关的重要时代命题开展系统教育，激发起大学生的学习热情，形成共鸣，触动思想，深化教育效果，不断提升大学生的政治理论素养和党性修养。同时，还要积极建立健全党组织定期协商、研讨的例会制度，常态化的组织生活制度，党员值班制度等，形成稳健、高效的日常管理机制。

二是建立健全目标导向机制。根据新时期大学生党建工作的要求，建立内涵丰富的目标体系，实现长远目标和短期目标、总体目标和具体目标的和谐互动。结合学校的特色和新的时代内容，及时把相关特色性、创新性内容纳入党建工作目标，把大学生党建工作与高校学科建设、科学研究、教学改革、校园文化建设等统一起来。例如，要鼓励大学生党员在学生科研上出成绩，既要在政治理论素养上过硬，也要在专业技术上拔尖，只有这样才能更好地服务于社会主义现代化建设事业；要把加强党建工作、营造社会主义核心价值观作为校园文化建设的精神内核，带动校园文化建设整体质量的提升；通过党建工作带动高校人才培养模式的改革，进而赋予大学生党建工作更多的内涵。

三是建立健全监督约束机制。通过民主评议会制度、民主生活会制度、综合测评制度、述职答辩制度、公示制度、党员承诺制度、党员挂牌制度、党员预警制度等，建立起公开、公平、公正的党员监督约束体系，在党建工作中切实做到有章可依、有章可循、照章执行、违章必究，为大学生党建工作的开展提供政治保障。

（三）创新基层学生党支部工作，提高基层党支部的活力、创新力、凝聚力

一是创新党建工作思路，把党支部建在班上。高校学生的数量急剧增加，学生党员的队伍也在不断壮大，虽然学生辅导员和学生党支部书记也在增加，但由于从事学生工作的是党员的辅导员有限，支部工作中的细致性和准确性不够，很难避免出现“重数量，

轻质量”的现象。党建工作必须适应新形势、新任务的要求，以学生支部建设为重点，形成“一年级有年级党支部、二年级有专业党支部、三四年级有班级党支部”的学生党建工作新格局，党团班级三位一体，以支部为工作核心形成全力，有助于青年学生在大学时代就确立党是我们事业领导核心的思想，有助于通过党支部的各项工作加强对党员培养和教育的力度，使学生支部成为班级团结进步的核心力量。

二是创新学生基层党支部的文化。学生党支部不要仅仅局限于创建学习型党支部，还应该开展以凝练支部理念为契机的支部文化建设活动，结合组织文化创建理论，设计出一套适合本支部的文化创建实施方案，如支部目标、支部精神、价值观念、成员信念、行为准则、行为趋向等，并通过宣传落实，形成特有的支部文化并发扬传承，提升党支部在同学中的影响力。

三是创新学生基层党支部组织生活模式。以前学生党支部组织生活多采用集中学习讨论型，内容和形式都较单一。现在的大学生积极性、主动性、创新性、实践性增强，思维活跃，我们的组织生活也应该适应学生党员发展变化的特性，通过理论创新、实践总结，结合学风建设、能力培养和职业生涯规划等设计出一个能培养支部成员理论水平和综合素质的支部理论学习和组织生活模式。支部可以放眼全校，甚至走出校园深入到社区、单位或公共场所开展有意义的特色支部活动，学习型、交流讨论型、公益服务型等都可以，既开阔学生党员的视野，又提高学生党员的影响力。

四是创新基层党建工作载体。学生党支部应加强阵地建设，通过创新活动载体、创新工作方法，增强支部党建活力。培育切合实际、创设多样化的工作载体，搭建党建工作新平台。例如，突出“组织载体”优势，丰富“活动载体”内容，挖掘“文化载体”内涵，推进“网络载体”建设，发挥“社会实践载体”效用等，不断增强党建工作的渗透性和影响力。

加强大学生党建工作是党的事业长远发展的需要，也是全面建设小康社会、实现中华民族伟大复兴的需要。时代的发展赋予了新时期大学生党建工作新的内涵，提出了更高的要求。我们的党务工作者只有以主人翁的责任感和使命感，坚持从战略高度和全局视角，树立科学发展观，开辟更多的有效途径，创新工作平台，才能更好地促进高校基层党建工作，才能更好地为我们党建设有中国特色社会主义伟大事业培养更多合格、优秀的接班人。

参考文献

[1] 王传旭. 从战略高度重视大学生党建工作 [J]. 中国高教研究，2006 (1)

[2] 赵渊. 新时期大学生党建工作的创新与发展 [J]. 新西部：下半月，2007 (12)

把握时代特色，引领学生思潮，切实做好新时期大学生思想政治教育工作

孙伯雷
（建筑与环境学院）

摘要： 大学生是祖国的建设者和接班人，因此对大学生开展思想政治教育工作尤为重要。本文分析了在社会迅猛发展的今天，大学生思想政治教育工作面临的挑战，以科学发展观为指导，立足基础，开拓创新，探索在新形势下开展大学生思想政治教育工作的方式方法。

关键词： 新形势　大学生　思想政治教育　以人为本

党的十一届三中全会召开以来，我国在政治、经济和文化等各个领域都发生了翻天覆地的变化。社会经济由计划经济向市场经济的成功过渡和转型使今天的市场经济日益成熟，社会经济、政治、利益等结构的快速变化，深刻地影响着人们的思想观念、价值取向、伦理道德标准和生活方式。作为未来社会建设者和接班人的大学生也在感受着社会的变化，并且接受着这种变化带来的影响，大学生思想政治教育工作正面临前所未有的机遇和挑战。

在新形势下，把握好时代特征，做好大学生思想政治教育工作，不断加强和改进大学生思想政治教育工作的水平，提高大学生思想政治素质，对于全面实施科教兴国和人才强国战略，确保在激烈的国际竞争中始终立于不败之地，确保实现全面建设小康社会，加快实现社会主义现代化建设的宏伟目标，具有重大而深远的战略意义。

一、新形势下传统大学生思想政治教育工作面临的挑战

（一）迅猛发展的互联网资源成了一把双刃剑

随着现代信息化进程的迅速发展，网络正以难以想象的速度深入到社会的各个层面，深刻地影响到人们的生活、学习和工作，已经成为人们日常生活的一个重要组成部分。

高校作为时代的前沿阵地，在感受着互联网带来便捷的同时，也在一定程度上受到了网络潮流的冲击。网络给大学生带来了一定程度的负面影响，增加了大学生思想政治教育的难度。互联网上混杂着一些色情、暴力等负面信息，这些在日常生活中大学生无法接触的信息垃圾，比较容易在互联网中查到，部分自制力较弱的大学生往往出于好奇、冲动和寻求刺激的心理去寻找这些信息。由于网络具有传播速度快、手段隐蔽的特性，不良信息的扩散范围往往令人始料未及。除此之外，一些西方资本主义国家通过互联网，兜售资本主义意识形态等信息，借“人权问题”、“民族问题”等攻击我国政治体制，在一定程度上毒化影响了大学生。这些无疑对大学生的健康成长和人生观、世界观的形成造成了潜移默化的侵蚀，给高校思想政治教育工作带来了不利的影响。

（二）市场经济发展完善过程中个别大学生的价值观出现了扭曲

科学技术的进步与市场经济的发展引发了社会竞争日益加剧。在竞争中，科技和经济由于直接与人们的物质利益相关，个别大学生受到了个人主义、享乐主义、金钱至上等不良风气的影响，产生了一定的功利心。目前在校大学生基本上都是“80后”、“90后”，独生子女多，家庭条件好，受到的挫折相对较少。进入大学后虽然接触社会的机会多了，但是由于心理的不成熟，部分大学生出现了责任意识淡薄、纪律观念差、合作意识弱等情况，在人生问题上有时候也是相当脆弱，缺乏韧性。另一方面，目前的大学生普遍主体意识强，竞争意识、公平意识、效率意识也有很大提高。但由于生

活经历的单纯，他们中间的部分人存在认知与行为的背离，以自我为中心，社会整体意识、大局意识、团队精神比较缺乏，有些大学生产生了对思想政治工作不听、不信、不服的逆反心理，出现了价值主体自我化、价值取向功利化的现象。

（三）大学生群体的新特点增加了大学生思想政治教育工作的难度

由于高考年龄等限制的取消，在校大学生群体的构成变得复杂，不同年龄、不同经历、不同心理个性的人员组成了新的大学生群体。越来越多的高校采取了多校区办学的模式，不同校区的学习生活条件、氛围存在不同，传统单一的管理模式已经不能满足现状。同时，以学分制为代表的高校教学体制的改革和后勤的社会化，使得大学原有的班级观念越来越淡化，取而代之的是以宿舍为核心的社区人和以众多学生社团为核心的社团人，大学生的可支配时间越来越多，对集体活动的兴趣逐渐降底。此外，源于学业、经济、就业等方面的压力也变得越来越大。

二、如何在机遇和挑战中开展新时期大学生思想政治教育工作

（一）以科学发展观指导新形势下大学生思想政治教育工作

科学发展观对于高校思想政治教育工作具有重大指导意义和很强的现实意义。科学发展观，从本质上说就是坚持以人为本，全面、协调、可持续发展，是促进经济和人类社会全面发展的指南针。高校的思想政治教育工作，就是以实现大学生的全面发展为目标，因此必须用科学发展观来指导。

提倡以人为本，突出人的发展，就是要更好地在大学生思想政治教育过程中体现主观能动性和创造性，围绕大学生的发展、人格和个性的完善，提升大学生的潜能，让他们自主选择、自我发展，突出解决大学生最关心、最直接、最现实的各种各样的实际问题。正如《中共中央国务院关于进一步加强和改进大学生思想政治教育的意见》中指出的“坚持以人为本、贴近实际、贴近生活、贴近学

生，努力提高思想政治教育的针对性、时效性和吸引力”，即一切从学生出发，用科学发展观来指导高校在新形势下思想政治教育工作的开展。

（二）塑造良好校园文化氛围，帮助大学生树立正确价值观

大学校园是大学生成长的具体环境，校园文化蕴涵着师生员工共同的价值观念以及大学的精神、校风、学风等，这些都对大学生的价值观起着潜移默化的作用。良好的校园环境对大学生思想和心理的健康发展起着积极的促进作用，创建一个和谐、优美、宽松、积极向上的育人环境，是教育工作者当前所面临的艰巨任务。我们要充分利用社会教育资源，增强教育者与受教育者心理环境的有效互动，积极构建一个以理想信念教育为核心，以爱国主义教育、社会主义荣辱观教育为重点，以深厚的校园人文底蕴为支撑，以健康向上、形式活泼、主题鲜明的校园文化活动阵地为载体，以营造一个教书育人、服务育人、管理育人、促进大学生全面发展为目标的生态教育环境。

（三）占领网络时代新阵地，充分合理利用网络资源

网络时代虽然提高了我们在思想政治教育工作中的难度，但是无疑也提供了一种新的机遇，充实了大学生思想政治教育的内容。作为大学生思想政治教育工作者，可以利用大量的信息、多样的表现形式，开阔大学生的视野。同时，利用 QQ 群、BBS、微信等方式可以与学生进行及时的沟通，对学生的思想动态能够做到及时有效地把握，为工作的开展提供了许多便利条件，成为学生的良师益友。除此之外，网络信息传递及时，提高了思想政治教育工作的效率。邮件、飞信各种信息管理软件的开发，可以高效地完成工作，管理学生各方面的信息，同样可以把各种信息便捷快速地传达到每一个学生。总之，合理利用网络，把大学生思想政治教育工作做深、做细、做实、做到位，就可以大大地提高工作效率和效果。

新的社会形势下机遇与挑战并存，希望和困难同在。“青年兴

则国家兴，青年强则国家强。”① 大学生们有思想、有激情，在社会飞速发展的今天，就需要我们大学思想政治教育工作者看到自身的责任重大，不断地创新与探索，努力使校园与社会有机结合，使我们的大学生在大学毕业伊始即能适应社会，并迅速融入社会，为社会主义现代化建设事业贡献自己的力量。

参考文献

[1] 杜世文. 对网络时代高校思想政治教育工作的思考 [J]. 辽宁教育行政学院学报，2009 (7)：53—55

[2] 李贵兰. 科学发展观是高校思想政治教育工作的指针 [J]. 山西高等学校社会科学学报，2009 (8)：84—85

① 《江泽民在纪念共青团成立八十周年大会上的讲话》，新华社 2002 年 5 月 15 日。

探索新形势下大学生理想信念教育的有效路径

黄菲娅
（校团委）

摘要：我国高校应该结合新形势下的机遇和挑战，与时俱进，拓宽工作思路，创新工作方法，努力探索新形势下大学生理想信念教育的有效途径，提升大学生理想信念教育的实效性。

关键词：理想信念教育　新形势　创新研究　网络社会化　社会实践

理想信念是人们对未来的向往和追求，一旦形成，就会成为支配和左右人们活动的精神动力。多年来，我国高等教育致力于坚持育人为本、德育为先，把人才培养作为根本任务，把思想政治教育摆在首要位置，不断深化大学生理想信念教育工作。在党和国家的高度重视和社会各界的大力支持下，大学生理想信念教育虽然在适应社会发展需要方面取得了一定的成效，但仍然存在许多不足和缺憾。

一、当代大学生的理想信念现状及存在的问题

当代在校大学生多为在计划生育大背景下于 20 世纪 80 年代末期和 90 年代初期出生的新一代。由于此二十年间中国社会正处于重要的转型时期，他们受社会环境、文化思潮、早期教育、个人经历等诸多因素的影响，其思想呈现出比以往更加多元和复杂的趋向。

（一）能够意识到理想信念的重要性

大学生正处于理想信念成型期，思想活跃，自尊意识突出，成才愿望强烈，他们思想道德的主流是积极、健康、向上的。据相关调查，大部分学生认为大学生应重视对人生的思考和规划，在考虑满足自身现实需求的同时也将个人前途与国家、民族的发展和命运紧密相连。

（二）能够较为辩证地对待个人理想与社会理想的关系

当代大学生普遍认为，个人理想只有在社会理想实现的大环境中才能得以实现。其中大部分大学生更关注个人理想的实现，他们认为只有实现了个人理想才能为实现社会理想奠定坚实的基础。较之盲目追求个人理想实现的功利主义思想，大部分大学生还是能够理性认识、辩证对待个人理想与社会理想的关系。

（三）政治情感理性，但缺乏信念支撑

大部分大学生在政治立场上与国家的意识形态主流保持一致，他们拥护中国共产党的领导；对敏感的外交政治现实的评价少了偏执与主观臆断，更为理性和客观。然而在当前的复杂形势下，大学生这种较为理性的政治情感缺乏强有力的信念作为支撑。

（四）个人理想选择趋于感性和务实

据调查，当代大学生的个人理想愈加趋向于务实和生活化，他们更注重专业学习、自我发展、自我实现，更关注个人健康、幸福、名誉、地位、前途、发展、爱情等，物质追求的利益导向逐渐淡泊了报效祖国等理性层面的道德和政治理想。

（五）独生子女性格特点突出

独生子女独特的生活环境使当代大学生在一定程度上以自我成才为中心，其自我期望值高与现实实现率低的矛盾、对环境高要求与自身低奉献的矛盾表现突出。进入大学以后，许多早期受到过度保护的学生出现或多或少的无所适从，生活自理性不强，面对挫折和新环境自我调节能力较弱。这就使得原来比较直接的“理想目标”教育，对这代大学生难以发挥作用。

（六）理想目标的明确程度存在差异

在大学中，每一个人对于其理想目标的明确程度是不同的。由于早期家庭环境和经济条件的差异会引发人们对社会的认同差异和不同心理期待，个体之间理想目标的确定和明确程度有所区别。再者，刚刚踏入大学校园的大一新生的宏图大志多源于早期社会舆论、家庭教导等客观因素的引导，缺乏现实支撑和实践验证，当意识到理想与现实之间的差距，面临着角色转变带来的种种不适和学业、才干、能力、人际等方面困扰，几乎每一个大一新生都会经历这一段迷茫期。然而，个人的自我调试、积极应对等方面的不同，走出这段迷茫期、明确理想目标所花耗的时间也不尽相同。

二、新形势下大学生理想信念教育的有效途径

（一）以思想政治理论课、哲学社会科学课、形势与政策课为主线，进一步强化课堂教学在大学生理想信念教育中的重要作用

进行马克思主义理论教育是大学生形成正确的世界观，掌握认识事物的方法论的基础，是大学生认识和改造客观世界、主观世界的有力武器。在系统地通过“两课”和“两史”传授中国特色社会主义相关理论知识的基础上，应该充分发挥形势与政策教育引导大学生树立正确的理想信念的作用，贴近社会和大学生生活实际，切实地去分析和解决现实中存在的问题。形势与政策教育课可以分为国际国内形势解析和大学生分类指导两大内容。在大学生分类指导这一环节，授课的辅导员应该在充分调查研究授课对象——学生的普遍特点、个体差异、现实需求的基础上，在不同学期、不同年级有针对性地进行系统授课。针对大一新生，可以开展大一新生适应性教育，引导大学生自主学习和设计大学生生涯规划。针对大二学生，可以鼓励、引导学生积极参与科研训练、科研竞赛，将理论知识学习与科研实践相结合，同时可以为学生介绍大学毕业后所面临的读研、就业等情况，以便于学生提前搜集相关信息，培养专业兴趣，思考未来的目标、方向，做好充足准备。针对大三学生，可以

借助专业教师之力，联系相关校友，为学生介绍本学科的前沿尖端技术和发展前景，以及本学科领域的领军人物，充分发挥典型引导作用。针对大四学生，可以系统地开展就业指导专题讲座，提升就业竞争力。在针对不同年级学生分门别类地开展不同主题的形势与政策教育的过程中，切实解决学生一部分的实际困难和疑问，同时也引导学生寻找、树立、坚定切合实际和积极向上的理想信念，将个人的命运与祖国的命运紧密联系在一起，将个人的发展与社会的需求紧密联系在一起。

（二）主动占领网络思想政治教育新阵地，利用校园网为大学生学习、生活提供服务，对大学生进行教育和引导

网络社会化已成为当今社会发展的重要标志，网络给大学生提供了更多的自由选择，但同时也对大学生理想信念教育，大学生世界观、人生观、价值观的树立，以及大学生人际交往等方面提出了挑战。我们必须从正面引导大学生正确使用网络，强化网络道德意识，让学生以良好的心态和正确的价值取向面对真假、善恶混杂的网络信息，教育学生提高自控能力和自我约束力，科学、合理、适当地使用电脑和网络。首先，学校可以经常性地组织一些有关网络知识、网络道德、网络法律方面的讲座，以及竞赛、征文、讨论等活动，从技术方面普及网络知识，从社会道德、法律层面在学生中树立正确的网络观，规范其网络行为。其次，我们可以开展“两课”网上课堂、网上论坛，增强“两课”教学的吸引力和感染力，在维护网络秩序的前提下，令网络成为宣传马列主义、毛泽东思想、邓小平理论和“三个代表”重要思想，以及党的路线、方针、政策的重要阵地。在对学生进行思想教育的过程中，网上交流的形式可以在一定程度上弥补时空的限制，适当使用网络流行用语，也有助于拉近师生之间的距离。再者，熟悉计算机操作以及网络使用的辅导员可以充分利用新媒体，通过发表博文、开展网上讨论，辅助性地将传统的说教变为图文并茂的心声吐露，与学生之间搭建起信任、关爱的桥梁，从而使得理想信念教育网上网下相结合，多种

形式兼容并蓄，相互取长补短。

（三）深入开展社会实践

首先，社会实践可以提高大学生学习专业知识的效果。社会实践的广泛开展，能使大学生将抽象的理论知识转化为解决实际问题的各项能力，能让大学生看到自身知识和能力结构的缺陷，主动调整知识和能力结构，激发学习的积极性和主动性，以提高自身的业务素质。其次，社会实践可以推进大学生的社会化进程，提高大学生综合素质。学生在社会实践中可以学习如何与他人分工协作、如何恰当地处理各类人际关系，检验自身行为模式、价值观念等是否与社会文化不相协调，以便及时纠正偏差，并内化社会认同的文化规范和价值准则，从而提高自己在社会中的生存能力和适应能力，促使大学生向一个真正意义上的社会人靠近。最后，社会实践可以更好地发挥高校的作用，实现高校的教育目标。服务社会是现代教育的发展使命，除了技术转让、创办科技园区等途径外，组织好学生为社会提供高质量的服务，在育人的同时可以扩大学校的影响，争取更多社会支持，实现高校自身的职能。

高校可以将社会实践纳入学校教育教学总体规划和教学大纲，规定学时和学分，提供必要经费和政策保障，建立健全长效的激励机制。积极探索和建立社会实践与专业学习、与服务社会、与勤工助学、与择业就业、与创新创业相结合的管理体制，增强社会实践活动的效果，培养大学生的劳动观念和职业道德。鼓励、引导学生参加科研训练计划、大学生创新性试验计划等科研训练项目，以及“挑战杯”系列赛事等相关科技创新竞赛。充分利用寒暑假以及周末、节假日，开展例如“三下乡、四进巷”等形式多样的社会实践活动。积极组织大学生参加社会调查、生产劳动、志愿服务、公益活动、科技发明和勤工助学等社会实践活动。重视社会实践基地建设，不断丰富社会实践的内容和形式，提高社会实践的质量和效果，使大学生在社会实践活动中受教育、长才干、作贡献，增强社会责任感。

理想信念教育是大学生思想政治教育的核心，是大学生思想政治教育工作的重中之重。在新时期，面对新的机遇和挑战，我们的理想信念教育需要在继承传统精华的基础上锐意进取、开拓创新，通过建立和健全长效机制，不断强化理想信念教育的地位，通过科学方法手段夯实理想信念教育的基础，通过创新的方式方法拓展理想信念教育的途径，将当代大学生培养成为有能力、有责任、有担当的，能够挺起中华民族脊梁，能够建设中国特色社会主义伟大事业的栋梁。

参考文献

[1] 徐军伟，孙黎明，汪盛科．走出“精英实践”组织模式：对当前大学生社会实践活动的思考［J］．青年探索，2002（2）：24－28

[2] 吴桂花．当代大学生理想信念教育的个体价值［J］．经济与社会发展，2006（4）：199－200

[3] 马秀英，商素，步秀君．80后大学生理想、信念建构研究［J］．河北工程大学学报：社会科学版，2007（3）：59－60

[4] 郭立志．大学生理想信念现状的调查分析［J］．中国成人教育，2007（10）：105－106

[5] 赵利．大学生理想信念教育研究综述［J］．中山大学研究生学刊：社会科学版，2009，30（1）：127－132

[6] 充分发挥社会实践在大学生思想政治教育中的重要作用：访教育部社政司负责同志［J］．思想理论教育导刊，2005（6）：4－6

[7] 何炉进．大学生理想信念教育浅论［J］．今日科苑，2009（6）：238－239

[8] 邱燕，肖辉，贺恩格，等．多元价值背景下大学生理想信念新模式探究［J］．湖南医科大学学报：社会科学版，2009，11（2）：132－133

[9] 唐晓燕．强化当代大学生理想信念教育的教学实践与思考［J］．湖南科技学院学报，2009，30（5）：38－40

积极探索高校研究生党建工作新途径和新方法

杨谨瑗
（化学工程学院）

摘要：研究生党建工作是研究生思想政治教育工作的重要内容。本文通过分析高校研究生党建工作现状，结合研究生特点，提出了新时期改进高校研究生党建工作的新途径和新方法。

关键词：研究生　党建工作

一、高校研究生党建工作的重要性

中共中央、国务院在《关于进一步加强和改进大学生思想政治教育的意见》中指出：要高度重视研究生党组织建设，切实加强研究生思想政治教育。教育部也在《关于加强和改进研究生德育工作的若干意见》中提到：加强党的建设工作是研究生德育工作的重要环节。高校研究生在我国接受着最高层次的教育，是国家进行社会主义现代化建设的重要中坚力量和强大的智力资源，肩负着中华民族和平崛起、国家科技振兴，构建全面、协调、可持续的和谐社会的重要责任，关乎党和国家的前途和命运。

二、高校研究生的特点和党建工作现状

由于高校研究生招生来源广、年龄差别大、专业划分散、学制年限短、学生个人阅历丰富等原因，研究生教育的方式方法应有别于本科生教育。同样，由于研究生党员人数较多、人员分散、知识层次较高等现状，研究生党建工作也应不同于本科生党建工作。就拿我院研究生党员情况来看，我院现有 523 名在册研究生，共有 6

个研究生党支部，305 名党员，占研究生总数的 58.32%，其中一年级党员比例为 49.55%，二年级党员比例为 59.49%，三年级党员比例为 70.42%。可见，研究生党员的数量较大，使得工作重点已不仅仅是发展和考察新党员，而是要求我们党务工作者开展内容更丰富、形式更多样的组织生活来满足新时期研究生党员的需要。但是，现阶段高校研究生党建工作还存在以下一些不足。

（一）研究生党员专业知识水平高，但是政治理论教育和党员意识培养还有待加强

高校研究生的专业知识水平已处在较高层次，严谨的治学态度和敬业的科研精神要求研究生应专注于科研和专业学习。这就使得部分研究生疏于学习政治理论，对党的基础理论掌握不够，对党员意识领会不深。

（二）研究生党员个体差异大，入党动机教育还有待提高

由于社会的高速发展，科技、经济的突飞猛进，高校研究生就业环境和去向发生了变化。近年来，许多用人单位对大学生的思想政治素养提出了新的要求，学生党员、学生干部等综合素质较高的学生在就业时受到了需求单位的青睐，公务员、教师、国有大型企业的工作岗位在招录时，往往也倾向于学生党员。这些都使得一部分研究生申请入党的主要目的是为了提升政治资本，今后好就业，造成了入党动机不够纯正。

（三）研究生党建工作制度体系建设不够完善

由于研究生较为分散、科研任务重，外出考察、做课题时间多，造成党支部组织生活缺席现象突出，使得党支部一些工作不能顺利开展。而研究生党支部的设置没能跟上新形势，队伍庞大、人员松散，监督和管理、奖励和惩罚等工作制度不够完善，使得一些研究生党员觉得反正都已入了党，党组织生活可来可不来。

（四）党支部活力不强，组织生活内容形式单调，没能很好地结合研究生特点

研究生党建工作开展难度大还有一个原因是党支部活力不足，

组织生活内容形式单调，缺乏吸引力和时代感，往往只是完成党员发展任务，读读文件、念念资料，没能结合研究生的特点开展大家感兴趣的支部活动。

（五）研究生党建工作经费投入需要加强

高校研究生党建工作较难开展还在于部分高校、院系对研究生党建工作的经费投入不足。活动经费难以保证，难以开展大型、影响深的活动，这在一定程度上造成了研究生党支部组织生活内容形式单调，缺乏凝聚力和影响力。

三、对新时期高校研究生党建工作的探索

（一）完善组织机构建设，结合研究生特点建立健全基层党组织

研究生党支部的建立，需要结合学院和专业特点，在尽量保证顺利开展党支部工作的基础上，更加高效、严谨地开展思想政治教育工作。我院研究生党建工作采取的是校党委—院党委—研究生党支部的机构设置，基层党组织即为按专业建立的各研究生党支部。由于近年来研究生扩招，研究生党员人数也在快速增加，现在6个研究生党支部中，人数最多的达到100名，最少的也有20余名。由于工科学院研究生科研任务重，经常外出考察、做项目，时间难统一等原因，一些党员经常缺席组织生活，不能按时参与支部活动，这在一定程度上影响了支部工作的开展。针对以上情况，我院已着手调整各研究生党支部，按专业及教研室（课题组）来建立党支部，将各党支部的人数控制在10～30人之间，以保证党支部工作的有效进行。

同时，研究生党支部工作的顺利开展，党的相关政策的有效上传下达，取决于一支政治素质高、业务水平高、组织能力强、学习成绩好的研究生党支部干部队伍。党支部干部的自律性不高、工作不负责，将严重影响党支部工作的开展，所以选拔和培养一支能力突出的研究生党支部干部队伍是党建工作的重要保障。另外，院系

可以邀请一些专兼职和有经验的思想政治辅导员、导师，以及离退休老党员、老教师担任研究生党支部的组织委员和入党介绍人等，以加强党支部的政治性和规范化建设。而导师、辅导员、离退休老同志的加入，也为研究生了解党的光荣传统、学习老党员的先进事迹起到了言传身教的作用。结合学院和专业特点，邀请导师、辅导员、离退休老同志加入，建立党支部这一结构模式的工作在我院已开展多年，并取得了一定的成效。

（二）严格组织纪律，制定奖惩制度

一些研究生党支部在开展党组织生活的时候，纪律不严格、发展党员程序不严谨、党员材料书写不规范。各党支部应结合自身特点，严肃党支部组织生活纪律，加强党员意识和义务教育，将日常考勤和参与活动的积极程度与评优、评奖学金等挂钩，开展多种形式的奖励活动，对不遵守党支部组织纪律的党员要批评和教育。

（三）开展党内民主评议，加强党员再教育工作

党内民主评议是我党的优良作风，积极开展批评与自我批评也是不断改善自我、认识自我的需要。每学期，研究生党支部都应该召开党内民主评议工作，学习先进、改正缺点。

在多数高校，学生入党积极分子均会参加党校培训，学习党的知识和理论。但是，多数是研究生和本科生一起学习，采用一样的教材，接受一样的培训。针对研究生与本科生在知识水平和人生阅历等方面的差别，我们应对研究生开展针对性的培训，结合学科和专业特点，邀请该领域专家、优秀党员担任授课教师，对其进行培训。同时，针对预备党员和正式党员的再教育也应加强，高水平理论研讨、专题讨论、调研等就是很好的培训方式。

（四）丰富党支部组织生活内容和形式，提高党支部活力和凝聚力

一些研究生党支部组织生活内容只局限在党员发展和读文件等，使得组织生活单调、乏味，党员积极性得不到提高，党支部凝聚力得不到加强。新时期研究生党支部组织生活应该更多地走向社

会、走进大众，社会实践、社区公益服务、红色旅游等活动同样也能够对广大研究生党员的“三观”、社会主义荣辱观、共产主义道德等起到很好的教育作用。另外，研究生党建工作可以借鉴大学生素质拓展教育方法，为每名学生党员发放《党员手册》，记录下他们在党组织中的表现，参与的工作、取得的成绩，并且每学期或每年由上级党组织进行考核，形成规范化的材料，作为研究生党员今后就业、评奖、中期考核（分流）的一个有效指针，鼓励研究生党员用高标准严格要求自己、注重党员形象、努力学习本领，以更好地为人民服务。

2012 年，我院结合学院特点和研究生的优势，组织了部分优秀研究生党员参与本科生党建工作，担任兼职组织委员、入党介绍人等，在党员发展过程中给予本科生指导和考察，并对本科生的学习、科研、成才等提供帮助和引导，弥补了本科生在新校区缺乏学术氛围和优秀学长的不足。这对于研究生党员来讲，既丰富了他们的社会工作经历，提高了与人交往的能力，也在帮助别人的同时加深了自己对党的理论的学习和理解。

（五）利用网络优势，探索理论学习新途径

现在高校研究生的学习和科研都离不开电脑和手机，日常的交流和沟通也常常通过 E-mail、QQ、飞信、MSN 以及手机短信完成。由于研究生一起坐下来学习的时间难以统一，我们就可以充分利用通讯、网络的便捷和高效的优势，开展网上学习和交流，建立网上党校、网络理论研讨，通过 E-mail 和短信宣传党的知识，以加强研究生党员对理论知识的学习。

加强和改进研究生党建工作是研究生思想政治教育的重要内容，是增强综合国力、建设创新型国家的重要政治保障。新时期研究生党建工作应与时俱进、勇于创新，认真贯彻科学发展观，充分发挥研究生的特点和优势，将思想政治教育与素质教育、大学生生涯发展规划教育相结合，探索研究生党建工作新途径和新方法，努力培养一批政治素质高、专业成绩好、综合能力强的社会主义现代化建设接班人。

参考文献

[1] 王建英. 论新时期研究生党建工作 [J]. 太原理工大学学报：社会科学版，2001（12）：115－116

[2] 张军，吕秀玲. 做好研究生党建工作 [J]. 河北理工大学学报：社会科学版，2007（8）：109－121

[3] 郭巧玲. 结合研究生特点探索高校研究生党建工作对策 [J]. 学位与研究生教育，2008（2）：27－31

[4] 吴姝妍，张涛. 落实科学发展观，探索创新求发展：高校研究生党建工作现状分析和创新探索 [J]. 长春理工大学学报：社会科学版，2009（3）：291－293

构建寝室党建与院系党建联动机制，探索大学生党建新思路

刘小娟[1]　陈明惠[2]　李　慧[3]
（1. 社科处；2. 图书馆；3. 轻纺与食品学院）

摘要：高校学生党建是高校学生思想政治教育的重要内容。随着高校一系列改革的实施，高校学生党建面临着新的情况。笔者所在的学院结合自身实际，在推进学生党建进寝室工作中，积极探索，勇于实践，形成了“1+2+2”寝室党建与院系党建的联动机制。

关键词：高校学生党建　寝室党建　院系党建

高校学生党建不仅是党的建设的一个重要组成部分，也是高校学生思想政治教育的重要内容。近年来，全国各高校实施的一系列改革，使高校学生党建工作面临着新的情况。为此，我们需要不断创新高校学生党建载体，开创学生党建工作新局面。

一、寝室党建的必要性

（一）寝室党建的重要性

目前，各高校为适应社会发展要求纷纷开始实施学分制教育教学管理模式。学分制是以学分作为学习量的计量单位，学生根据自己的实际情况选择课程、选择教师、选择修业年限。学分制的实施使原来一个班一张课表变成每个学生一张课表，学生自由度增大，班级成员的流动性增强，给思想政治教育和集体活动的开展造成较大困难，使高校原有的以班级、专业为单位进行的学生基层党组织建设在一定程度上受到削弱。

学分制的实施加大了学生上课教室的分散性，而我国高校普遍实行大学生集中住宿，又促成了一个班的学生相对集中的场所由教室到寝室的转变。随着高校学生拥有电脑数量的增加和高校网络的发达，学生待在寝室的时间比以前大大增加，以住宿为纽带形成的生活群体逐渐成为学生开展集体活动的重要载体，学生寝室作为学生党建及思想政治教育阵地的功能日益凸显。

（二）寝室党建中存在的问题

目前，虽然不少高校都开展了学生党建进寝室的工作，希望以此作为院系党建的补充，从而增强学生党建工作的有效性，但从开展的工作中看，主要存在以下一些问题：

1. 开展寝室党建的力量有限，除高年级学生党员和思政辅导员外几乎没有其他力量，因此学生寝室开展党建和思政教育工作的力量十分薄弱。

2. 寝室党建缺乏监管，没有专门的机构在寝室开展党建工作；学生党员在寝室内处于一种无人监管的状态，容易出现老师眼里的党员和生活中的党员表现不一致、普通同学对党员学生评价不高等情况。

3. 寝室党建与院系党建之间出现脱节现象。

二、构建“1+2+2”寝室党建与院系党建的联动机制

通过分析研究众多高校学生党建进寝室的做法，我们发现其共同点是：在原有院系党建模式外，另起炉灶重新开辟一种模式来进行学生寝室党建。在借鉴众多高校学生党建进寝室做法的基础上，四川大学化学工程学院结合自身实际，在推进学生党建进寝室工作中，积极探索，勇于实践，形成了“1+2+2”寝室党建与院系党建的联动机制。“1”是指坚持一条主线，前一个“2”是指完善两个机构，后一个“2”是指强化双向考核。通过构建“1+2+2”寝室党建与院系党建的联动机制，我们在探索高校学生党建新思路的过程中，不断创新，勇于实践，取得了好的效果。

（一）坚持一条主线

与众多高校学生党建进寝室模式不同，我院在开展寝室党建工作中始终坚持一条主线，即以现有院系学生党建模式为基础和主体，寝室党建是现有学生党建模式的有力补充，与现有模式相辅相成。我院经过多年的探索与实践，现已形成了由党支部、党校、“求是”学堂、学生“三个代表”重要思想研究会组成的相互融合和补充的工作平台，由学院主管学生工作的党委副书记、辅导员、高年级优秀学生、离退休教师组成的广泛参与和专兼结合的党务工作者队伍，以年级分专业建立党支部的模式。在现有模式基础上，近年来我院又引入学生党建进寝室机制，拓展了学生党建的覆盖面，增强了学生党建的针对性和有效性，成为现有院系学生党建模式不可或缺的补充。

（二）完善两个机构

学生党支部是进行学生党建工作的基层党组织，承担着学生党员的组织发展工作和思想政治教育工作。我院学生人数众多，学生入党愿望强烈，每学期学生党员发展工作的数量多、任务重，而各年级学生党支部力量又有限，因此，常常出现学生党支部只忙于组织发展工作而疏忽了党员的学习再教育工作，对党员的考核也难以做到全面准确的情况。

为缓解学生党支部的工作压力，加强对入党积极分子和学生党员的培养教育力度，我们一方面引入离退休党员教师、学分制导师、优秀研究生党员等多种力量参与学生党建工作；另一方面成立了“学生‘三个代表’重要思想研究会”，作为学生党支部的延伸组织，承担起部分对入党积极分子和学生党员的思想政治教育工作及考核工作。

1. 加强学生党支部工作力量。我院根据高校党建工作形势的变化，在学校率先引入离退休党员教师和优秀研究生，加强学生党支部工作力量。2004 年年初，学院党委聘任了 11 名离退休党员教师担任兼职组织员。目前，学院聘请的兼职组织员数量逐年增加，力争保证每个本科生学生党支部至少有1名兼职组织员。离退休党员教师担任兼职组织员，参与本科学生党建工作，不定期参加学生党支部的组织生活和新党员发展讨论会，对学生党员培养过程及发展程序进行督查；定期指导入党学生填写入党的有关材料并进行抽查；定期与新发展的学生党员谈话，加强学生党员的党性教育。这样不仅壮大了从事学生党建工作的队伍，而且对本科学生党建工作的加强和完善起到了重要作用。在学习实践科学发展观活动中，我院率先提出“积极发挥研究生党员的优势，让优秀的研究生党员进入本科学生党支部开展工作”的设想，并于2009年下半年开始在2009级本科学生第一党支部中试行。此次试行主要是让学院新校区的研究生党支部与2009级本科生第一党支部进行结对交流。研究生党员参与到本科生党支部的组织生活中来，帮助大一新党员提高党的理论知识水平，并与同学们交流学习、生活经验，从而给大一新党员从党性到日常生活方方面面的指导。

2. 组建并完善“学生‘三个代表’重要思想研究会”。“学生‘三个代表’重要思想研究会”（以下简称“三代会”），其前身为1991年成立的学生马列主义学习小组，1998年发展为邓小平理论研究会（简称“邓研会”），2001年在学生“邓研会”的基础上成立了现在的“三代会”。它是学生自愿参加的，利用课余时间有组织有计划学习马克思主义理论、实践“三个代表”重要思想的学生团体，宗旨是用马列主义、毛泽东思想和中国特色社会主义理论体系武装学生的头脑，培养学生自觉运用科学社会主义的理论方法解决实际问题的能力。“三代会”成立至今，坚持以学习研究马克思主义经典著作为主线，倡导一种理性思维、一种思想高度、一种精神升华、一种人生境界；以学习交流、监督考核为主要形式，完善学生党建制度、规范学生党建流程、加强学生党建管理；以寓教于乐、形式多样的实践活动为载体，增强学生的理性思维能力、思想认识能力和实践活动能力，并最终达到服务同学、锻炼自我的目的，逐步构建了较为完善的学生党员教育模式。

（三）强化双向考核

对学生党员的考核应将支部考核与寝室考核相结合，才能更加全面准确地评价学生，把真正优秀的，政治素质高、责任心强的学生吸收到党组织内，同时使学生党员在生活、学习、工作各方面真正起到先锋模范作用。

1. 支部考核：要重点强化管理评价制度；建立完善的学习培训制、考察制、公示制、责任追究制和民主评议制；充分利用组织民主生活会等形式开展批评与自我批评教育活动，使入党积极分子、学生党员有努力的标准和方向。

2. 寝室考核：其目的在于由普通同学监督学生党员、入党积极分子的日常行为表现情况，以此加强对学生党员、入党积极分子的监督考核力度，提升学生党建和思想政治教育工作的实际效果。寝室考核重点要强化党员身份亮相制度和党员结对服务制度。实行学生“党员寝室”挂牌活动，要求“党员寝室”充分发挥先锋模范作用。每位学生党员对所在寝室成员的政治表现、专业学习、生活作风、纪律和心理状况等方面负有直接的责任。学生党员要以身作则、严于律己，团结、引导好本寝室同学，为营造一个良好的生活、学习环境，创造积极进取的寝室生活作风而努力。实行学生党员结对服务制度，学生党员组成不同的服务小组，每一小组与一个寝室结成固定的对子，负责组织该寝室同学进行理论学习和思想交流活动。这样，一方面有利于提高学生党员自身的政治理论素养；另一方面也增强了入党积极分子对党的知识和理论体系的认识水平，推动了学习型寝室的建设。

三、结束语

高校学生党建进寝室为基层学生党建工作补充了新载体，延伸了党建工作的范围，使原来仅在院系班级内对学生党员的培养考察及作用的发挥延伸到了学生生活区。这样有利于促进党员和入党积极分子先进性的发挥，有利于学生党员的组织发展工作，有利于加强对学生党员的全程教育和管理。开展寝室党建是当前形势下加强高校党建工作的新思路，对进一步加强和改进大学生思想政治教育，创新高校基层学生党建工作有着重要意义。

但是，与此同时有一点也要引起重视，即我们在重视和加强学生寝室党建的同时也应注意加强和巩固我们传统的院系党建模式，积极探索寝室党建与院系党建的联动机制，做到寝室党建与院系党建有效互动，良性发展，切不可顾此失彼。通过构建“1+2+2”的寝室党建与院系党建的联动机制，我们在探索大学生党建新思路的过程中，不断创新，勇于实践，取得了好的效果。

参考文献

[1] 陈璐，李猛，姬晓旭. 大学生党建进公寓初探［J］. 时代教育：教育教学版，2009（9）

[2] 陈红. 党建进公寓：高校学生党建工作新视角［J］. 唐山职业技术学院学报，2009，7（1）

[3] 仝东峰，门志平. 对新形势下高校学生党建工作进公寓的模式探讨［J］. 高教高职研究，2007（41）

[4] 宁曼荣. 高校党建工作进学生公寓的探索与实践［J］. 中国电力教育，2009（6）

[5] 侯玉新. 新形势下高校党建工作进公寓的探索与研究［J］. 思想政治工作研究，2009（7）

医学研究生党建工作的现状和思考

郭晓伟

（华西基础医学与法医学院）

摘要：针对当前医学研究生党建工作中普遍存在的一些问题，笔者从以下几个方面提出了一些建议：开展理想信念教育，规范培养过程，改变“重发展，轻培养”的传统观念，开展网络化党建，开展丰富多彩的组织活动。

关键词：医学研究生党建　问题　对策与建议

高校肩负着培养社会主义事业建设者和接班人的重任，医学院校担任着为国家培养德才兼备的医学人才的重任，学生党建工作更是学校党建工作的重要组成部分。培养一批政治觉悟高、业务素质强、能充分发挥先进模范作用的医学生党员，是关系到我党发展壮大、民族复兴、人民生命健康的大事。相比大学生党建而言，研究生党员队伍更庞大，取得了一些可喜的成绩，然而我们也必须清醒地看到研究生党建工作中存在的某些问题和薄弱环节。

一、研究生党建工作中存在的一些问题

（一）入党动机模糊

很多大学生入校以后都递交了入党申请书，研究生阶段后更表现出积极加入党组织的热切愿望。然而学生的入党动机还比较模糊：有的学生认为入党和获得奖学金是同等性质的事情，是对优秀学生的肯定，意味着荣誉和奖励，是一件十分光荣和值得骄傲的事情；有的学生受到功利主义思想的影响，认为入党有利于将来考公务员或者找一份好工作；还有的学生只是随波逐流，看到身边的其

他同学都加入了中国共产党或迫于家庭的热切要求，于是自己也写了一份入党申请书想试一试。入党动机是保证党员质量的首要且关键的环节，上述种种不纯动机，是值得我们注意和研究的。

（二）缺乏扎实的培养过程

申请入党的学生成为入党积极分子后，由支部为他们指定两名入党培养人。研究生平时的学习生活存在着明显的分散性，再加上研究生实行导师负责制，基本上是同一名导师带的几名研究生联系紧密，接触较多，而和非本年级的同学接触少之又少，遑论深入了解、互相帮助了，从而导致培养考察意见内容空泛，千人一面。另外，按照组织发展程序，被培养人需要定期向党支部提交思想汇报，对自己近期的思想动态和各方面表现予以总结和反思。但是很多学生都是照抄网络上现成的模板，不能反映自身的思想状况。

（三）党员预备期及转正后放松要求

学生成为预备党员之后，还有一年的预备期。预备期是保证新党员质量的一项重要措施。学生在入党之前的积极性一般比较高，在各方面的表现也比较优秀。一般而言，入党积极分子的积极性高于预备党员，预备党员的积极性高于正式党员。成为预备党员尤其是正式党员之后，一些学生思想上的警惕性也就随之降低了，认为自己已经是党员了，不需要再努力了，积极性也随之降低了。

（四）开展党内相关活动的难度大

研究生不同于本科生，同一个班里的同学，年龄、生源、素质、背景等差异很大，各自的研究方向也不尽相同。同时，研究生还存在科研任务繁重、实验门诊不方便走开的情况，使得党支部要开展一次集体活动和支部生活很难。此外，在开展党支部活动如批评与自我批评的时候，多是泛泛的表扬，极少深入的批评，导致活动流于形式，无法起到检测自我、改进自我的根本作用。

（五）组织生活形式缺乏活力，形式主义严重

高校研究生党支部活动的主要内容是发展党员、党员转正等，由于很多研究生党支部党员发展任务繁重，党组织活动在很大程度

上成了发展党员的“举手表决会议”。此外，党支部的组织生活又常以学习党的文件或学习党的会议精神为主，形式呆板，照本宣科，互动性不强。由于缺少思想碰撞的激情，缺乏探索互动的乐趣，一些研究生党员失去了参加组织活动的兴趣，流于应付，甚至消极对待党组织生活。

二、加强和改进研究生党建工作的建议

（一）开展理想信念教育

一个人心中拥有了崇高的理想信念，就拥有了不断前进的内在动力。对年轻人而言，共产主义理想信念具有引领人生方向的重要意义。新生入校后，不仅要开展思想道德修养和行为规范的教育，更要加强马克思主义理论教育和开展理想信念教育，特别是共产主义理想信念的引导和教育。

（二）规范培养过程

入党积极分子培养的工作主要由支部书记和入党培养人共同完成。入党培养人由支部中的优秀正式党员担任。在入党培养人开始工作之前，支部应统一组织对入党培养人进行培训，明确他们的工作职责和内容，对他们的工作方法和技巧进行指导。入党培养人需要按照组织发展程序深入接触和了解自己的培养对象，每月定期与培养对象谈心和交流，了解他们的思想动向，并如实做好记录。对入党积极分子应该有比较详细的跟踪记录，至少应该包括他每个学期理论学习、专业学习、思想汇报、参加社会活动等的详细记录以及联系人对他各方面表现的及时评定。支部书记每季度对培养人的工作进行考核，若在记录材料中发现未完成或弄虚作假等现象，则应立即严肃处理。

（三）改变“重发展，轻培养”的传统观念

入党后的教育应该如入党前的教育一样抓实抓硬，加强对预备党员和正式党员的再教育。针对研究生普遍关心的国内外热点问题，深入开展形势与政策教育，加强对研究生爱国主义、集体主

义、社会主义的思想教育，让党员在对具体时间的理性思考中明确自己的政治方向，增强信心，坚定自己的理想信念。要有意识地给党员分配适当的班级工作和社团工作，给他们交任务、压担子，使他们在服务同学的工作实践中经受锻炼，不断提高能力素质，牢固树立全心全意为人民服务的思想。

（四）开展网络化党建

互联网与党建的结合，能解决研究生党员因科研、学习任务繁重而导致的党内集中活动难以开展的部分问题。例如，理论知识学习、政治热点问题探讨：通过构建党建理论研究网站，使研究生党员能在各自方便的时间对党建理论进行学习；在网站上构建理论宣传、教育专题，引导学生通过网络互相交流、探讨；借助 QQ 群、论坛、电子邮件等交互性较强的途径交流自己的思想和看法。

（五）开展丰富多彩的组织活动

开展多种多样的活动，不要墨守成规、迂腐守旧，只把支部活动局限于听报告、写材料、举手表决等方式上。可以组织研究生参观革命历史基地，感受我们党的伟大与光荣，在实践中确立全心全意为人民服务的宗旨和人生奋斗目标，增强研究生党员的使命感和责任感；组织读书活动、征文活动、知识竞赛活动、文体活动、义务劳动等，用活泼的形式承载严肃的主题，吸引学生自觉参与并从中受益，增强支部的凝聚力。

参考文献

[1] 蔡定彬，祝信元，廖少玲. 结合医学生特点 加强学生党建工作 [J]. 南方论刊，2009 (7)
[2] 王悦，靳媛，李连宏，等. 对加强长学制医学院校学生党建工作的探索 [J]. 东北师范大学学报：哲学社会科学版，2011 (1)
[3] 宋静，黄美芳. 结合临床特点 探索医学生党建工作的新途径[J]. 学校党建与思想教育，2004 (7)
[4] 陈卫星. 对加强医学院校学生党建工作的探索 [J]. 川北医学院学报，2006 (6)

［5］肖湘君．医学院校学生党员教育新机制探讨［J］．广西医科大学学报，2007（1）
［6］陈建伟．以科学发展观引领医学院校学生党建工作［J］．高教论坛，2010（11）

高校党建工作促进大学生思想政治教育创新研究

廖浩君
（华西临床医学院）

摘要：高校党建工作在大学生政治思想教育工作中占有中心地位，具有重要作用。文章分析了目前高校党建工作与大学生思想政治教育工作之间的联系，探讨了高校党建工作在促进大学生思想政治教育工作中存在的问题和成因，提出了在以党建工作为核心，在科学发展观指导下，高校党建工作促进大学生思想政治教育工作的创新路径。

关键词：大学生　思想政治教育　党建

近年来，随着社会的深刻变革，在经济全球化及网络普及等因素的共同作用下，大学生思想观念呈现多样化和个性化的特点，新时期高校大学生思想状况的新特点为大学的思想政治教育带来了新的问题和挑战。大学生党建工作是德育工作的龙头，对德育工作起着导向和定位作用。[1]青年学生中最有影响力的优秀群体是大学生党员，大学生党员和入党积极分子的理想远大、信念坚定、政治素质高，这样的一个群体紧紧地围绕在党组织周围，通过榜样的力量在大学生中起到模范带头作用。因此，全面推动大学生思想政治教育工作，要求我们紧密围绕大学生党建工作，以党建促进大学生思想政治素质的提高，努力开创高校大学生思想政治教育工作的新局面。

一、高校党建与大学生思想政治教育之间的联系

加强大学生党建是在高校中做好大学生思想政治教育、和谐校园建设、培养高素质人才的必然要求，也对人才强国、科教兴国战略有着重要的意义。大学生是积极要求进步的青年群体，大学生党员更是其中的精英。要充分认识到大学生党建工作的重要性，使党建工作成为大学生思想政治教育的龙头和动力。

（一）高校学生党建工作是保持我国政治体制稳定，构建社会和谐进步的重要保证

随着改革开放的不断深入，市场经济体制日趋完善，对外交流和依存度越来越深，保持我国的基本政治体制稳定和社会的和谐进步的一个重要工作就是牢记我国基本的国策和制度。高校教育的任务，就是在坚持社会主义教育方向的前提下培养德智体美全面发展的社会主义建设者和接班人。大学生是整个社会最活跃的分子，有着较高的科学文化素质，对国际关系和各类政策有着很高的敏感度，这就要求我们要加强大学生理想信念教育和社会主义核心价值体系教育。构建社会主义和谐社会关键在党，关键在党的建设。加强高校学生党建工作有利于不断壮大党的力量和不断提高党的先进性，为构建社会主义和谐社会提供重要的保证。

（二）高校党建工作是培养高素质人才的迫切需要

江泽民同志指出："思想政治素质是最重要的素质。要成为一个高素质人才首先要有坚定的政治立场和远大的理想，有立志为共产主义事业奋斗的决心。"① 大学时代既是学习专业知识的黄金时代，又是磨炼意志、塑造人格、坚定信仰的关键时期。在这个时期必须注意加强在大学生中发展党员的工作，保护大学生的政治热情，增强党的影响力、吸引力。[2]高校党建工作以培养出大批德才兼备的社会主义建设者和接班人为人才培养目标，这些都与高校教

① 江泽民同志2000年《关于教育问题的谈话》

育的目标是统一和不可分割的，高校党建工作也是培养高素质人才的重要组成部分。

（三）高校党建工作是加强和改进大学生思想政治教育的有效手段

大学生党员政治觉悟高、业务素质优良、战斗力强，能够充分发挥先锋模范作用。学生党建是高校思想政治教育的龙头，是加强和改进大学生思想政治教育的重要保证。高校的思想政治教育工作要充分认识到这一点，把学生的思想政治教育工作放在首位，充分发挥党建工作这一有效手段。

二、高校党建工作在促进大学生思想政治教育中存在的问题和成因

截至 2010 年 12 月 31 日，全国在校大学生党员总数为 251.2 万人。2010 年全国发展大学生党员 123.6 万人，占当年全国发展党员总数的 40.2%。据统计，高校每年发展大学生党员的数量均超过当年全国发展党员总数的 1/3。另外，全国仅有 24.2%的党员具有大专以上学历，不到党员总数的 1/4，说明党员的整体文化程度还不高，积极地在大学生中做好发展党员的工作是提高党员队伍的文化水平和整体素质的有效途径之一。[4]高校大学生党建工作是加强和改进大学生思想政治教育工作的有机组成部分，目前这一工作还存在着两个方面的问题。

（一）大学生党员意识有待增强

党员意识是指政党成员能够时刻铭记党员身份并自觉按照党员标准严格要求自己的一种思想意识。它是政党存在的基础，是政党的生机与活力所在。[5]共产党员的意识是共产党员社会身份、社会地位、社会作用的综合反映和表现。大学生是国家和民族的希望，大学生党员更是未来我国社会的中坚力量，大学生党员的意识问题更应该引起我们的警惕。首先，部分大学生党员服务意识不强。大学生在成长过程中受到各类社会不良风气的影响，部分大学生党员

身上出现了服务意识薄弱的现象，甚至出现了官本位思想。其次，部分大学生党员缺乏奉献精神，有些大学生党员认为奉献只是在战争年代或困难时期需要的品质，这种观念的蔓延会消磨斗志。再次，部分大学生党员缺乏全局意识，在利益面前首先考虑的是自己的得失，个人利己主义思想严重。

（二）大学生党员形象有待提升

中国共产党是中国工人阶级的先锋队，代表着中国工人阶级和全国各民族人民的根本利益。胡锦涛同志曾经指出，充分发挥党组织的核心领导作用和党员的先锋模范作用，是进一步凝聚全国各族人民的力量，共创美好未来的迫切要求，是完成伟大使命的根本保证。广大大学生党员在学校思想政治教育中发挥着骨干带头作用和先锋模范作用，但也有少数大学生党员在思想政治素质上存在着共产主义理想信念动摇的问题。例如，对一些社会不良现象和社会风气不能正确地辨别；只注重自身的发展和提高，缺乏群众基础，在工作上不深入群众，作风浮夸。这些都严重影响着大学生党员和党组织的形象。

三、在科学发展观指导下，高校党建工作促进大学生思想政治教育工作的创新路径研究

目前，全国各高校正深入学习贯彻党的十七届六中全会精神和胡锦涛总书记在纪念中国共产主义青年团成立 90 周年大会上的重要讲话精神，这是大学生党建工作的重要时期。要把握住这一有利契机，通过高校党建工作的创新来促进大学生思想政治教育工作的开展，我们应重点关注以下四个方面。

（一）以科学发展观武装大学生党员的头脑

大学生党员的特质是年纪轻、素质高、有知识、富有创新精神。在当前和今后一段时期，要充分利用全党上下深入学习贯彻党的十七届六中全会精神这一有利契机，在大学校园内积极开展广大同学喜闻乐见的活动，使我党的各项方针政策能够对大学生党员入

耳、入脑、入心，在使先进理论和知识固化为大学生党员个人本领和能力的同时，提升他们的思想政治素质，并通过大学生党员影响更广泛的学生群体。

（二）以科学发展观促进大学生党员综合素质的提高

高校肩负着培养社会主义事业建设者和接班人的重任，要以科学发展观为指导，引导广大学生党员积极学习、深入实践，以学习促发展，以实践促提高，在学习实践活动中不断提升个人的综合素质。一方面，通过学习实践活动促进大学生党员个人理论水平和实践能力的提高；另一方面，大学生党员在提高后能更加科学和高效地对科学发展观进行更加深入的学习和实践。在这个过程中，大学生党员将更加积极有效地发挥先锋模范作用，团结和带领身边更多的同学提升个人思想政治素质，增强个人综合能力。

（三）要特别处理好大学生党员数量与质量的关系

科学发展观的本质是坚持以人为本，是人在实践真理的过程中最大限度地实现个人的理想和价值。面对上述我们所提到的一些问题，现阶段高校党建工作要特别注重发展大学生党员质量与数量的关系。高素质的大学生党员群体能团结和带领更多的同学，但问题党员产生的负面影响将为我们的思想政治教育工作带来更多的负担。高校党建工作需要针对不同学科类别和年级、专业的学生，因此要科学地制定大学生党员的发展办法，以培养出更多更优秀的党员在广大学生群体中发挥更好的作用。

（四）构建“一体两翼”式的高校党建工作模式，推进大学生思想政治教育工作深入开展

“一体两翼”中的“一体”主要指的是党中央和各级党委对高校党建的根本要求和中心工作。高校党建要紧密围绕这些方针和政策的指导，充分组织、科学规划、高效开展高校党建工作。“两翼”指的是高校党建工作中学生思想政治工作队伍和学生干部队伍这两支主要力量。高校学生接触社会较少，学生辅导员是学生的良师益友，以学生为本，服务学生，加强与学生的沟通和交流，以身作

则，引导和教育学生健康成长，因此这支工作队伍的建设非常重要。[6]学生干部队伍是辅导员与普通学生之间的桥梁纽带，是做好学生思想政治教育工作的主要渠道。要建设一支思想觉悟高、可靠性强、综合素质好的学生干部队伍，就必须要坚持学生干部选举大众化和学生干部任用破格化相结合，要不断加强学生干部培训，提高其综合能力。

参考文献

[1] 王传旭. 从战略高度重视大学生党建工作 [J]. 中国高教研究，2006 (1)：62－63

[2] 孙昌增. 新时期高校大学生党建工作的几点思考 [J]. 辽宁行政学院学报，2006，8 (4)：33－34

[3] 杨晨光. 全国在校大学生党员 251 万 5 年来人数稳步上升 [N]. 中国教育报，2011－7－1 (3)

[4] 孟庆恩. 进一步加强高校学生党建工作的思考 [J]. 江南大学学报：人文社会科学版，2005，4 (1)：105－107

[5] 祝信勤. 必须正视党员意识淡化问题 [J]. 求实，2006 (9)：28－30

[6] 赖惠彬，胡小军. 以党建工作推进大学生思想政治教育的思考 [J]. 广东青年干部学院学报，2007，21 (67)：76－79

隐性课程教育：寓思想教育于专业教育的研究生培养机制与方法探析[①]

唐　洁[1]　袁　雯[2]
（1. 华西口腔医学院；2. 校团委）

摘要：研究生教育培养的是国家的高层次人才，作为未来经济文化发展的中坚力量，研究生思想教育成为重中之重。随着研究生数量不断增加，社会环境的变化，国家综合国力的提升，对研究生的培养提出了新的要求，培养具有创新能力的、思想政治过硬的、健康的研究生是当前教育工作的重点。本文通过研究研究生个性特征，分析研究生思想教育工作的现状，提出“隐性课程教育：寓思想教育于专业教育的研究生培养机制与方法”，作为研究生思想教育工作的重要策略。

关键词：研究生思想教育　隐性课程教育

隐性课程教育是行为主体在正式教育或非正式教育活动的某种环境中，有意或无意通过直接体验或间接观察获取非预期的某种经验的过程。

国外在研究生培养过程中很注重在专业教学中渗透思想教育。学习专业课前都要了解这个领域的相关历史与所涉及的社会问题，以及要面对的伦理和道德问题，这些西方国家称之为“隐蔽课程”的教育方式，不仅对学生的思想品德具有良好的导向作用，同时也

① 本文受四川大学学生思想政治工作研究项目课题《专业教育与思想教育有机结合的研究生培养机制的构建与完善》资助。

有助于学生养成良好的学习习惯与态度。这些潜在课程，通过无处不在、无时不在的物质情境、文化情境和人际情境等对学生素质教育产生潜移默化的影响，促进高素质人才与创新人才培养目标的实现。师生关系、教师的教学态度也会对学生产生潜移默化的影响，部分学校对教师的仪表、言谈举止甚至容貌都有规定。

20 世纪 80 年代，隐性课程引入中国高等教育，作为一种新的课程观、教学观逐渐得到高等学校的高度重视。教育工作者从新的视角审视和研究隐性课程，寻找新的研究思路，对隐性课程的研究已渐入微观领域，深入到教学过程、班级建设、各学科中隐性课程因素的开发和利用等方面。教育理论工作者从心理学、社会学、文化人类学、哲学等多角度全方位展开研究。对隐性课程的认同主要源于教育人类学、教育社会学、心理学三方面的理论基础。

一、研究生实施隐性教育的有效性

相对于理论和实验教学的显性课程教学体系，隐性课程是学校课程的拓展和延伸，是通过校园文化、校风校纪、师生关系及同学关系等人际情景、物质情景、文化情景等内外间接的、内隐的教学体系，通过受教育者无意识的、非特定心理反应发生作用的教育过程。

研究生与本科生相比，具有心理独立、封闭性强、思想趋于复杂和个性化、较为松散等特点，不能简单地采用与本科生教育管理相同的模式。而随着研究生招收数量的增加和当代研究生个体意识形态思想的复杂化、深层次化，加上研究生阶段专业教育比重大，学生较重视专业教育的影响因素，对学生道德思维的培养和发展明显欠缺。借鉴国外学校德育的方法，将思想教育渗透于专业教育中，引导学生形成正确的立场、观点、方法和思维模式，有利于正确的道德观念与行为的形成。

二、研究生隐性教育的实施机制

根据研究生的个性特点与群体特征，建立研究生两条线索、四级管理的一体化管理机制（如下图所示）是实践专业教育与思想教育相结合的研究生隐性课程的有效方式。该机制采用了校学生工作部、院学生科、教研室（研究生党支部）、导师四个层次自上而下的思想教育，以及校研究生院、院研究生科、教研室（研究生党支部）、导师四个层次自上而下的专业教育。而研究生隐性教育正是建立在思想教育与专业教育这两条线索上的，院学生科与院研究生科作为管理的组织者、协调者与具体实施者。通过各个层次管理工作与潜移默化的作用，研究生思想教育与专业教育不仅落到实处，隐性课程教育也得到较好实现。

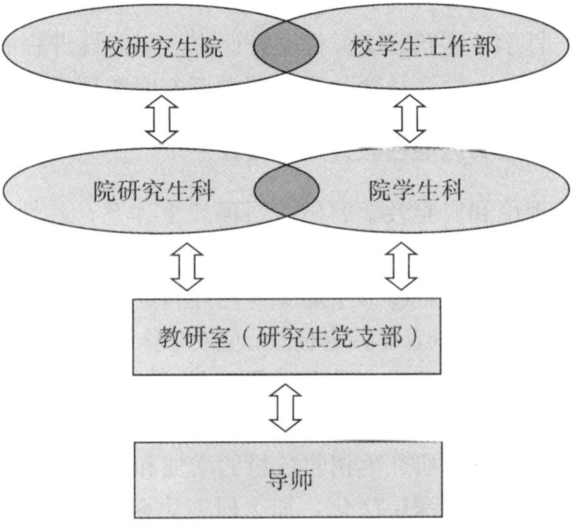

研究生两条线索、四级管理的一体化管理机制示意图

三、寓思想教育于专业教育的隐性教育方法

（一）情景教育

导师作为研究生思想政治教育与专业培养的第一责任人，是研究生在校期间最贴近的人，其行为言语是研究生隐性教育的重要内容，导师的工作、学习、生活态度、作风常常影响学生的思想和行为。

教研室（研究生党支部）、院学生科、院研究生科等管理部门承担着具体落实研究生思想政治教育和专业培养教育工作，也直接面对学生。管理部门的工作作风、和谐氛围也会对学生产生潜移默化的作用。

（二）环境教育

教育环境是教育理念的物化场所，校园环境作为隐性教育的重要阵地，更要注重其建设，特别是在研究生经常出入的报告厅、实验室等场所，营造健康向上、深厚底蕴的氛围尤其重要。同时，学科性博物馆、展览馆、荣誉室、学术走廊等都会对学生思想教育起到积极的引导与激励作用。

网络环境作为现代高科技信息传播的主要途径，我们应该密切关注与利用这一资源。据一定范围调查，90％的研究生每天都要上网，20％的研究生经常上网。网络作为研究生获取信息的主要来源，成为学生学习生活不可或缺的一部分，在时间空间上占据了优势。我们应全面掌控学生的网络交流平台，通过网络宣传，倡导好的风尚，积极实现研究生思想教育的目标。

（三）专业教学中的渗透教育

教学中，以专业课教学、继续教育学分制、社会实践的教育模式作为专业教育与思想教育双管齐下的隐性教育方式，以渗透教育作为思想教育的载体。

学科教学是研究生阶段学习的主体，研究生教育的大部分时间都在进行专业课教学，将思想教育渗透于专业课教学中是研究生思想教育的必要手段。在专业课教学中隐含着思想教育，将“教书”与“育人”有机结合，比一味灌输更加自然，使学生能“亲其道，信其师”，思想教育在潜移默化中得以进行。

继续教育学分制是为研究生提供的一系列包括学术活动、文化沙龙、技能培养、素质拓展等平台。在研究生学有余力的情况下，选择专业外学习的方式，是全面培养学生综合素质与创新能力的隐性教育方法。通过继续教育培养学生组织协调、人际交流、职业道德、法律、情感、尊重权威等能力，在轻松的氛围中实现了隐性教育的目标。

社会实践是培养学生社会责任感的有效方式。在包括医疗卫生下乡、卫生保健宣教、新农村建设、校际交流等实践过程中，专业素养、技能得到了检验与认可，并强化了职业道德建设。同时，通过服务社会、了解社会，通过和谐的氛围引导学生，形成正确的人生观、价值观，倡导爱国主义精神与文明和谐的社会风尚。

研究生有其个体的特征与成长背景，思想教育工作者要善于发现新问题，研究新方法。将思想教育渗透于专业教育是研究生思想教育的突破口，专业教育中蕴含着丰富的思想教育内涵，将两者有机结合起来，是培养研究生专业技能与思想素质的有效手段。

参考文献

[1] 张楚廷. 课程与教学哲学 [M]. 北京：人民教育出版社，2003
[2] 任雪萍. 大学教育中的隐性思想政治教育 [D]. 合肥：合肥工业大学，2002
[3] 向敏青. 论思想政治工作的隐性教育法 [J]. 思想教育研究，2003 (10)
[4] 王义遒. 在专业课程教学中渗透人文精神 [J]. 教学与教材研究，1999 (3)
[5] 张耀灿，郑永廷，吴潜涛，等. 现代思想政治教育学 [M]. 北京：人民出版杜，2006
[6] 姜红军. 浅谈研究生思想政治教育工作 [J]. 山西农业大学学报：社会科学版，2007 (8)
[7] 李艳梅. 研究生思想政治教育现状分析及对策思考 [J]. 辽宁经济，2007 (1)
[8] 方燕. 新时期研究生思想政治教育工作浅析 [J]. 四川教育学院学报，2007 (8)
[9] 邵新建，刘全菊. 研究生思想政治教育状况的调查与思考 [J]. 思想教育研究，2006 (7)

浅谈高等学校本科高年级学生按班级或专业建立党支部的作用

——以四川大学华西公共卫生学院为例

郝清华　陈光清　吴先培　赵雪琴
（华西公共卫生学院）

摘要：为加强大学生的思想政治教育，提高大学生的思想政治素质，落实高等学校本科学生“低年级有党员，高年级有党支部”的学生党建工作目标，四川大学华西公共卫生学院大胆创新，勇于实践，积极探索在本科高年级学生班级或专业建立党支部的工作，并注重发挥党支部的作用。实践证明，高等学校本科高年级学生班级或专业党支部有战斗力、影响力和凝聚力，从而有力地促进了班风、学风和校风建设。

关键词：本科学生　高年级　班级　专业　党支部　作用

一、加强高等学校本科学生党支部建设的重要作用

中共中央、国务院《关于进一步加强和改进大学生思想政治教育的意见》（中发〔2004〕16号文件）指出：“加强和改进大学生思想政治教育，提高他们的思想政治素质，把他们培养成中国特色社会主义事业的建设者和接班人……具有重大而深远的战略意义。”[1]全国高校党建工作会议提出了“一年级有党员、二年级有党小组、三年级有党支部”的学生党建工作目标。四川大学党委提出了本科学生“低年级有党员，高年级有党支部”的学生党建工作要求。工作实践让我们认识到，高等学校本科学生党支部是党在高等学校的最基层组织，是高等学校党的工作和战斗力的重要基础，是实现党对高等学校领导的重要环节，是党联系广大青年学生的桥梁

和纽带。[2]加强高等学校本科学生党支部建设，是大学生党建工作和大学生思想政治教育工作的组织保证，是发挥学生党员辐射作用的重要举措，是高等学校党建工作的重要组成部分。[3]这对于保证党的领导，保持学生党员的先进性，发挥学生党员的先锋模范作用，团结、组织党内外的干部和群众，努力完成本支部所担负的各项工作任务，推进班风、学风和校风建设都具有非常重要的意义。

二、学院在本科高年级学生班级或专业建立党支部的实践

为加强大学生的思想政治教育，落实全国高校党建工作会议精神和学校党委关于学生党建工作的要求，学院党委研究决定，在江安校区一、二年级本科生中，建立一个党支部；在华西校区的三、四、五年级的本科生中，根据正式党员的数量和《中国共产党章程》规定，分别建立年级、班级或专业党支部。学院党委还聘任了三位老领导/老教授担任组织员分别联系三、四、五年级本科生党支部，协助党委指导本科高年级学生党支部的建设工作。学院党委、学生党支部注重对全体学生进行党的理论、路线、方针、政策教育，对入党积极分子的培养、考察和发展，以及对党员的教育和管理。基本实现本科低年级班有党员，高年级年级、班级或专业有党支部的工作目标。

2005 年 11 月，学院率先在 2003 级本科三年级 51 名学生党员中按班级或专业建立了 8 个党支部。之后，学院每年在三年级至五年级的本科生中，根据正式党员的数量，分别建立年级、班级或专业党支部。每个党支部委员会由 3～5 人组成。党支部委员均由支部全体党员大会直接选举党性强、作风正、肯奉献、有能力、热心于党务工作的辅导员或学习成绩优秀的学生党员担任，并报学院党委批准。目前，学院建立了 12 个本科学生年级、班级或专业党支部。实践证明，本科高年级学生班级或专业党支部有战斗力、影响力和凝聚力，从而有力地促进了班风、学风和校风建设。

三、本科高年级学生班级或专业党支部的作用

（一）有利于加强学生党员的教育、管理和监督

坚持不懈地对学生党员和入党积极分子进行党的基本理论、路线、方针、政策和理想信念、纪律教育，是学生党支部思想建设中最基本、最重要的任务。[4]学院有5个本科年级，300名左右的学生。每个年级都有5个专业或专业方向，到了三年级，学生党员人数增多，以年级为一个党支部，经常因专业不同、学习时间不一致、活动场地不合适等原因，影响党员的教育、管理和监督活动。以班级或专业建立党支部，人数较少，学习时间一致，相互了解，能更好地开展党员的教育、管理和监督活动，增强党组织的感召力、凝聚力和影响力；更好地落实党的各项规章制度，如“三会一课”、组织生活、党员发展、民主评议等制度；有利于党员之间的充分交流、沟通，相互监督和管理。例如，2003级党支部曾围绕“提高党员觉悟，弘扬先烈风范”主题，在不同地点、不同时间多次开展形式多样的教育活动。

（二）有利于加强入党积极分子的培养、考察和发展

对大学生的成长而言，加入党组织的过程就是一次深刻的思想教育过程。[5]通过学院党委和党支部对入党积极分子的集中党性教育，使入党积极分子坚信中国共产党的领导，进一步端正入党动机。同一个班级或专业的同学，彼此朝夕相处，相互之间都比较了解，有利于党支部委员和入党介绍人更好地对入党积极分子各方面情况进行全面考察，针对他们思想、学习、纪律等方面的问题和困惑，采取有针对性的措施帮助他们更快地成长进步，为组织发展创造条件。在党支部大会讨论入党积极分子的入党问题时，大家能充分发表意见，有利于按照党员发展的标准和程序对发展对象进行全面考察，提高了发展工作的效率，保证了党员发展的质量。

（三）有利于加强其他学生组织的建设

班级或专业党支部积极指导所在班级班委会和团支部开展活

动，不断提高班级活动的吸引力、创造力和感染力，积极支持和协助学院学生工作组、分团委、学生会和学生社团开展工作。学生党员在班、团活动中，在学校和学院的科技、文化、艺术、体育、社会实践、志愿者服务等各项活动中都发挥了先锋模范作用，增强了班级学生组织的建设和学院、班级学生组织的凝聚力、战斗力和影响力。例如，2003级党支部曾被四川大学党委评为“示范党支部”；2004级医药企业班级曾被评为四川大学“双十佳文明班级”、“五四红旗团支部”；学院连续4年被评为成都市“先进基层团组织”，四川大学“五四红旗团委”、“十佳学生会”、“十佳志愿者服务分队”。

（四）有利于加强班风、学风和校风建设

学生党员有着政治上是党员和生活上是学生的双重身份，他们的言行对普通学生有很强的引导性、示范性。[6]学生党员思想先进、学习态度端正、遵纪守法、工作认真踏实，在各项活动中，模范带头作用好，成绩显著。例如，在2006年四川大学110周年校庆的系列活动中，各支部广大党员自愿组成若干爱心服务小分队，为广大校友提供热情、周到的服务，受到各级领导、来宾和校友的一致好评。在学校本科评估期间，全体学生党员积极完成学校和学院分配的各项任务，并带领全体同学创建了一个纪律严明、态度严谨、思想活跃的学习氛围，发挥了共产党员的先锋模范作用。例如，2004级健康保险班级党支部开展了“党员在班级如何体现先进性”、“就业过程中党员应起带头作用”等主题实践活动，充分体现了党支部的战斗力和党员的先进性。在学院的学生干部中，党员占90%以上；每年推荐免试读硕士研究生的学生中，党员占85%以上；每学年的奖学金获得者中，党员占80%以上。可以说，我院本科高年级学生班级或专业党支部，对构建和谐向上的班风、严谨的学风及优良的校风，作出了积极的贡献。

（五）有利于加强学生群体的稳定

学生党支部和党员是学校内部上情下达、下情上达的纽带。学校和学院的各项工作任务、要求和规章制度，通过他们贯彻落实，通过他们去发动和组织同学们共同完成。同学们的意见、建议，通过他们向年级、学院反映。学生党员思想先进，觉悟高，自觉抵制不良倾向、风气，自觉同各种错误思想和行为作斗争，以爱心、耐心、细心关注每一位同学，尤其是那些经济困难、心理有障碍的同学。有的党员和党员干部还是学校和学院的安全联络员、心理健康教育网络成员，他们随时了解、及时反映同学们的思想情绪和实际困难，并力所能及地帮助他们解决困难，主动做化解矛盾、理顺情绪的工作。对解决不了的问题，及时向教师反映，使矛盾和问题得到及时处理，促进了学生群体的稳定。例如，2003 级卫生检验专业有个同学因患有抑郁症，经常晚上休息不好，早上又不能按时起床。为了帮助这位同学更好地休息和学习，该寝室的党员同学带头，并做好同寝室同学的工作，晚上早熄灯，保持安静，并督促她吃药，按时休息；早上若有课，则适时叫醒她，并在学习上帮助她。现在这位同学已经顺利毕业，并考上了公务员，走上了工作岗位。

（六）有利于培养大批有知识、有文化、有能力、有理想的党务干部

高年级学生党员干部不仅掌握了较为系统的专业基础知识，还带头学习了相关领域的知识。他们不仅积极参加校内的科技、文化、艺术和体育活动，还主动参加社会实践、志愿者服务活动等来培养自己的综合素质，提高了实际工作的能力。尤其是通过学习、宣传和执行党的路线、方针、政策，以及各级党组织的决议，组织实施对学生党员的教育、管理和监督，对入党积极分子的教育和培养，开展党组织活动和引领校园优良学风、校风活动，使得学生党员干部有了更加坚定的理想信念和执著的追求，有了更坚定的党性原则，有了更丰富的党务工作经验，确保了党员先进性。这些大学生党员干部毕业走上工作岗位后必将成为各单位党务干部的后备力量，党的事业的中坚力量。

总之，在本科高年级学生中按班级或专业建立党支部，对促进大学生党建工作和大学生思想政治教育工作的作用明显。由于学院在本科高年级学生中建立班级或专业党支部的实践时间不长，有些工作还有待研究和解决。例如，对学生党支部书记和支部委员的培训工作，学生党员教育的活动形式、内容等。在今后的工作中，我们将按照党的十七大精神和新的《中国共产党章程》的要求，以科学发展观为指导，进一步加强本科高年级学生班级或专业党支部的建设，进一步提高大学生党建和思想政治教育工作的水平。

参考文献

[1] 中共中央国务院关于进一步加强和改进大学生思想政治教育的意见. 中发〔2004〕16号，2004—08—26
[2] 唐红珍. 加强新形势下的大学生党支部建设 [J]. 当代广西，2006 (11)：23—24
[3] 李发光. 新任党支部书记必读 [M]. 北京：国防大学出版社，2004
[4] 杨金廷. 大学生党建工作的角色定位与功能 [N]. 光明日报，2004—11—18
[5] 张桂珍，卢新明，司奉彦. 试论高校大学生党支部建设 [J]. 青少年研究：山东省团校学报，2006 (3)：17—18
[6] 许亚非. 充分发挥大学生党员的示范作用 [N]. 光明日报，2006—02—27

社会主义核心价值体系在大学生思想政治教育中的地位与作用分析[①]

黄　静
（公共管理学院）

摘要：社会主义核心价值体系在整个大学生思政治教育中居于核心地位，发挥着统领作用。当代大学生的自身特点和客观的校园环境为社会主义核心价值体系主导地位的实现和作用的发挥提供了可行路径。大学生思想政治教育应该也必须被充分利用并加以完善，从而实现大学生群体在社会主义核心价值体系指导和规范下健康成长并实现自身的价值。

关键词：社会主义核心价值体系　大学生　思想政治教育

古人云：知行常相须，如目无足不行，足无目不见。论先后，知为先；论轻重，行为重。社会主义核心价值体系作为全民指导性的社会意识形态，需要通过有效途径来加以宣传，使之深入人心，真正发挥潜移默化的指导作用。高校思想政治教育正是指导学生的思想、学习、生活，促进他们全面发展，帮助大学生塑造正确的人生观、价值观和世界观，使之与社会主义核心价值体系相一致的具体行动。因此，高校思想政治教育在以社会主义核心价值体系为指导的同时，也是宣传贯彻社会主义核心价值体系的重要路径，应该担负起社会主义核心价值体系作用于实践的重要任务。

---

①　该文为四川大学哲学社会科学研究校级重点招标项目《社会主义荣辱观与高校思想政治教育》研究成果。

一、社会主义核心价值体系指引大学生思想政治教育

社会主义核心价值体系以马克思主义为指导思想，以社会主义共同理想为主题，以民族精神和时代精神为精髓，以社会主义荣辱观为基础。它是针对当代中国人在面对复杂的国内外形势和不断深入的改革过程中所出现的问题提出来的，在思想领域和价值层面对当代中国人进一步强化与完善，使其坚定信仰与理想，并为之而奋斗。

而当代的中国人，特别是大学生很容易在这种形势下迷失自己。青年大学生一般处于18～22岁之间，正处在人生成长的关键时期、人生修养的形成期，对社会充满好奇的同时又缺乏辩证认识能力，因此外界不良之风极易对他们的成长和发展造成不良影响。

高校作为文化传承创新的重要基地，是先进文化的重要阵地，作为嗣承、传播、发展和创新知识的殿堂，为国家发展培养输送高层次人才，是国家、民族、区域经济、社会可持续发展最重要的知识和人才辐射源。它不仅是青年大学生汲取知识的重要场所，更是塑造其人生观、价值观和世界观的重要基地。因此，清除大学生的思想障碍，使其重新树立正确的人生观、价值观和世界观，是我们高校思想政治教育的主要任务之一。而社会主义核心价值体系也是针对这一障碍而提出的，社会主义核心价值体系所倡导的创新理念、荣辱观标准、共同理想等为高校思想政治教育指明了方向；上述障碍所形成的问题正是对社会主义核心价值体系四方面内容认识不足的表现，这更为高校思想政治教育以社会主义核心价值体系为指导提出了迫切要求。因此，社会主义核心价值体系必须也应该在现代大学生的思想政治教育中发挥主导作用。

二、大学生思想政治教育是社会主义核心价值体系的重要载体

高校思想政治教育指的是高校思想政治教育活动中，接受主体（大学生）对教育者所传递的思想政治教育信息（观念、思想、规范、要求等），通过认识和实践环节，进行反映、选择、整合和内

化，最终形成稳定的人格品质。其中，思想政治教育的内化，是一个接受主体不断感受、分析、选择的过程；而建立在感受和分析基础上的选择，就是接受主体在已经获得的相关知识的基础上，将社会要求的思想观念、道德准则与自己原有的主观或客观的评价标准加以比较，进行判断、筛选、接纳。思想政治教育是一种通过改造人们的主观世界从而改造客观世界的社会实践活动，是对人们的思想意识、政治观点和道德品质施以影响的教育活动。[2]因此，大学生的思想政治教育是社会主义核心价值体系在大学生群体普及中的重要载体，而高校自身的特点和客观环境又进一步促进了思想政治教育中社会主义核心价值体系作用的发挥。

三、在大学生思想政治教育中落实社会主义核心价值观的路径分析

高校大学生思想政治教育是社会主义核心价值体系发挥作用的重要平台。而在当今情势下，社会主义核心价值观的传播与内化，需要高校思想政治教育机构和教育方式的进一步改进与完善。

（一）加强辅导员队伍建设，建立工作评价长效机制

首先，辅导员队伍的建设水平是大学生思想政治建设水平的一个衡量基准。因此，高校应大力加强辅导员队伍建设，从辅导员的选拔、在职培训以及考核奖励等方面入手，不断提高辅导员队伍的整体素质水平；严格把关准入门槛，切实贯彻先培训后上岗机制；注重政治信念、理论修养、实践能力等综合素质，重点强调政治素质建设，形成一批政治素质过硬的辅导员队伍。建立辅导员工作评价长效机制，一定时期采取一定措施对辅导员工作进行考评，考察工作效果。对成绩突出者进行奖励，对成绩欠佳者，帮助其分析差距，找出原因，形成一套完善的奖惩机制，长期贯彻。

其次，高校辅导员要具备洞察时事形势和学生思想动态的能力。外部环境的深刻变化影响了学生的思想政治、学习和生活，辅导员的工作范围也应相应拓展，除了必须具备的思想政治、品质、能力、身体、心理等基本素质外，更要具备时事形势的洞察力和思

想动态的预测能力，以便及时有效地开展思想政治教育，切实扮演好学生思想政治标杆的角色。具备思想动态的预测能力要求辅导员具备一定的心理学知识，善于从学生的言行中察觉他们的思想动态，并采取有效的方法及时进行纠正，保持他们的价值观不偏离社会主义核心价值体系。

最后，辅导员要培育、提升人格魅力。当代大学生是有思想、有文化的一个群体，他们一般都具有自己的个性，潜意识里有不受约束的倾向，单以规章制度等硬性措施作为管理服务的手段，效果可能不会明显，甚至还会收到相反的效果。人格魅力是从学生内心折射出来的对辅导员的爱戴，有人格魅力的辅导员会在学生中形成一种向心力，具有较高的威望。因此，辅导员应以自己的人格魅力为核心，以规章制度为辅助，来管理服务于学生。

（二）以“两课”为主体，开展形式多样的思想政治教育，提升隐蔽课程的作用

建立与社会主义市场经济相适应，与社会主义法律规范相协调，与中华民族传统美德相承接的社会主义核心价值体系，需要继续深化加强“两课”教育，发挥高校思想政治教育的主渠道作用，通过教师理论联系实际的教学方式，使之入耳、入脑、入心。同时坚持“以学生为本”，结合学生思维活跃，追求新事物、新观念的特点，开展形式多样、学生感兴趣的辅助教育，以贴近实际、贴近生活、贴近学生为原则，以具备吸引力、感染力、号召力为目标，努力提高思想政治教育的针对性、实效性。随着网络的普及，大学生对电脑的依赖程度越来越强，课余时间也基本用于网上冲浪，因此，高校思想政治教育工作者要充分利用校园网络这一工具。通过创建班级网站、论坛、QQ 群等，针对生活实际中的道德问题进行探讨；实行时事周周评与每日时事播报相结合，引导学生密切关注社会热点，从而树立、加强社会责任感；利用多媒体教室，组织学生观看具有时代特征的先进报道及历史事迹，从而达到见贤思齐的效果；利用校园张贴栏和校园广播站，使其成为传播文明言行、道

德新风和健康时尚的途径。

隐蔽课程概念是美国学者N. V. 奥渥勒在其课程理论中提出来的。根据隐蔽课程理论的观点，学生在学校的一切活动都是学习的过程（即课程）。全部课程中，可分为通过有意识心理机制获得知识性经验的过程即显著课程和通过无意识心理机制潜移默化获得价值倾向、态度、情感等情感性经验的过程即隐蔽课程。这两类课程互相渗透、互为补充，同存于学生的学习过程中，对学生的成长共同起着教育的作用。隐蔽课程是相对于学校正式课程而言的。黎琳认为，学校教育情景中的隐蔽课程可概括为三个层次：校园文化、课堂教学过程中的隐蔽因素和学校教育中的人际关系。因此，这就要求要注重校园文化的建设，培育健康向上的精神环境和文化氛围，提升课堂教学过程中教师师德，培育教师、辅导员与学生之间良好的互动关系。

综上所述，现代社会中社会主义核心价值体系是所有价值体系的核心，其在高校大学生思想政治教育中占据着主导地位并发挥着重要的作用。因此，高校应该充分利用已有资源，并积极开拓新的教育模式，促进社会主义核心价值体系在大学生教育中发挥出更大的效用。

参考文献

[1] 黎琳，胡弼成．通过隐蔽课程 实施德育论略［J］．教育评论，2000（3）
[2] 李春．高校思想政治教育概论［M］．石家庄：河北教育出版社，1989：2
[3] 魏琳，朱文华．大学生思想道德素质培育中突出社会主义核心价值体系教育研究［J］．西南大学学报：社会科学版，2009（6）
[4] 杨文极．社会主义核心价值体系与普世价值［J］．西安建筑科技大学学报：社会科学版，2009（4）
[5] 朱志明，林春生．社会主义核心价值体系转化为大学生自觉追求途径探讨［J］．思想教育研究，2009（11）

科学发展观统领下的高校研究生党建工作思考

吴　宇
（研究生工作部）

摘要：近十年以来，随着我国研究生教育的跨越式发展，研究生招生规模不断扩大。研究生教育规模的迅速增加给研究生教育管理工作带来了巨大挑战。作为研究生思想政治教育工作的中心环节，研究生党建工作同样面临着许多新的情况和新的问题。当前，如何以科学发展观为指导推进研究生党建工作，成为进一步加强和改进研究生思想政治教育工作的重要抓手。

关键词：科学发展观　研究生　党建工作

一、新时期高校研究生党建工作面临的情况和问题

随着近年来研究生的连续大幅扩招，研究生党员群体结构呈现出复杂化的发展趋势，加之研究生党建工作相对滞后，高校研究生党建工作出现了一些新情况和新问题。

（一）对研究生党建工作缺乏充分重视

部分高校在研究生党建与思想政治教育方面，仍缺乏长远的规划和明确的目标，往往重组织发展，轻培养教育。各级党组织在对研究生党建工作的领导和指导上，还存在要求不严格、指导不到位、方法不适应、效果不明显的问题。一些高校在研究生中培养入党积极分子时，过分追求研究生党员发展的数量及速度，放松对研究生党员、入党积极分子的教育和锻炼。

（二）研究生党支部建设需要进一步完善

随着研究生人数的增加和党员队伍的壮大，部分研究生党支部

没有按照开展支部活动便利的原则进行设置，导致所在支部研究生党员之间平时交往甚少，彼此之间缺乏了解，削弱了党支部的战斗力和凝聚力。部分研究生党支部思想政治工作力度不够，缺乏应有的感召力、说服力，开展活动形式较单一，研究生党员缺乏参与的热情。甚至有部分研究生党支部存在组织涣散、不按规定过组织生活的情况。

（三）研究生党员素质需要进一步提高

目前，部分研究生党员的素质不高，模范作用发挥还不够明显。少数研究生党员政治信念较为淡薄，表现在重视专业知识的学习，轻视政治理论的学习，对党支部的活动消极敷衍或能参加但积极主动性不高。部分研究生党员入党动机不纯，个人价值取向趋于功利化，不愿意主动为集体工作、为同学服务。

（四）研究生党员管理需要进一步加强

研究生学习活动自主性强、流动性大、人员分散，容易造成管理的真空现象，给研究生的管理带来一定的难度。研究生自我认知意识的增强与传统的教育管理模式之间的矛盾，以及网络的普及，使研究生使用网络频繁，接受信息速度快等，这些都在不同程度上对研究生党员的教育管理效果产生了影响。目前，部分高校研究生党支部的党组织生活数量少且质量低，无法有效地担负起研究生党员教育和管理的责任。

（五）研究生党建齐抓共管需要进一步完善

研究生党员在专业学习上与其导师联系较多，研究生导师党员的先锋模范作用更能感召和教育研究生。因此，充分发挥研究生导师党员在研究生党建工作中的作用，形成分管研究生工作的领导、研究生导师、党支部书记、辅导员密切配合和齐抓共管的机制，对研究生党建工作的开展显得尤为重要，是开展研究生党建工作的有效途径。

二、加强和改进高校研究生党建工作的措施和办法

科学发展观统领下的高校研究生党建工作，就是要把研究生培养、造就成为具有较高的思想政治素质、较强的理论素养和实践能力的中国特色社会主义事业的合格建设者和接班人。研究生党建工作作为研究生思想政治教育工作的中心工作，要形成党建工作与教学科研工作有机结合的运行机制，要有实施的规划和具体的目标要求，充分调动研究生党员的主动性、积极性，不断推进研究生党建工作的开展，切实加强和改进研究生党支部的自身建设。

（一）坚持以思想政治教育为主线，促进研究生全面协调发展

加强和改进高校研究生党建工作的关键是通过坚持以思想政治教育为主线，提高研究生党员的思想政治素质，促进其全面协调发展。研究生党员的全面协调发展过程是一项政治性极强的系统工程，需要经历理论提高、认识升华、实践磨炼等多个阶段。要通过思想政治教育帮助学生认清国内外形势，全面准确地理解党的路线、方针和政策，坚定走中国特色社会主义道路的信心和决心。

首先，研究生党员发展始终要按照“坚持标准，保证质量”的原则，坚持成熟一个发展一个，将符合入党条件的优秀研究生吸收到党内来。党支部书记要有意识地交任务、压担子，通过他们在工作中的态度和表现等情况来了解他们。其次，党支部要要求入党积极分子定期向党组织汇报思想，以了解他们的思想状况和入党动机。在对入党积极分子的培养考察阶段，必须充分依靠导师，经常与导师保持联系、交换意见。第三，要给每一位入党积极分子建一个考察期档案，记录各时期的情况以便及时反馈。采用考验和培养相结合的方法，帮助其逐步端正入党动机。最后，要看他们完成学习、科研、工作任务的情况和实际工作能力来考察一名研究生党员是否合格。此外，还要以主题教育实践活动为重要抓手，促进党员先锋模范作用的发挥。用科学的理论武装头脑是党员能够发挥先锋模范作用的前提和基础，可以使研究生党员在丰富的实践活动中和

在为周围群众服务的过程中，更深层次地把握党的各种理论的科学内涵。

（二）提升研究生党组织发展水平，不断改善党员队伍结构

加强和改进高校研究生党建工作的基础是提升研究生党组织发展水平，不断改善党员队伍结构。通过完善和协调研究生党组织，研究生会及社团，班级这三个工作层面，强化研究生党组织在研究生中的影响力和凝聚力，吸引优秀的研究生加入到党的队伍中来。

首先，要结合学校特点、学科性质、学生规模等条件，落实组织机构、人员配置、活动资金等，合理设置研究生党支部。同时，上级党委要定期考核各支部情况。其次，完善民主生活会制度，研究生党建工作中应发扬民主。遇到重大问题时，要全面深入地认识问题，认真研究解决问题的办法，广泛听取党员的意见和建议，形成良好的信息反馈机制，再由科学集中，形成支部决议加以执行。第三，研究生党组织要大力支持研究生会、社团组织和研究生班级建设，充分重视和发挥研究生会、社团组织和研究生班级的教育功能，推动研究生的自我教育。最后，要选拔具有良好的政治素质、思想素质、业务素质和能力素质的党支部书记，要配备专职研究生辅导员，不断提高研究生党支部书记和专职研究生辅导员的能力和素质。

（三）突出研究生党支部的核心地位，增强研究生党员模范作用

加强和改进高校研究生党建工作的重要手段是突出研究生党支部的核心地位，增强研究生党员的模范作用。通过树立研究生党员先锋模范作用的典型，加强研究生党支部、研究生党员在研究生群体中的吸引力和辐射力，充分发挥研究生党员在普通研究生同学中的模范作用。

首先，要增强研究生党员奉献精神和为同学服务的精神，从而影响和带动周围同学。同时，研究生党员要反对学术腐败，杜绝弄虚作假，勇于同学术腐败、科研道德败坏等现象作斗争。其次，要

在学校党委研究生工作部门的领导下建立和完善相应的研究生党建工作机制，加强研究生马克思主义理论教育，突出研究生党支部的核心地位。第三，要注重利用网络思想政治教育平台宣传研究生党组织的工作和优秀研究生党员典型，开展丰富多彩的网络文化建设活动，弘扬主旋律，抵制有害信息的影响。

在科学发展观统领下，加强和改进研究生党建工作是一项既紧迫又长期的战略任务。随着研究生招生规模的不断扩大，高校研究生党建工作要与时俱进、不断创新，积极贯彻科学发展观，更主动关心和担当起对研究生的全面发展教育和综合素质培养的工作，将党员形象教育、专业素质教育、创新意识教育等和党性教育结合起来。研究生党建工作要坚持党的路线方针，以科学发展观为指导，与时俱进，分析新情况，制定新的工作方法，贴近研究生实际，科学规划研究生教育工作，促进研究生的成长成才，为社会培养高精尖人才。

参考文献

[1] 陈晓浪．刍议加强高校研究生党建工作［J］．高教论坛，2006（5）
[2] 李扬．创新党员培养工作 推进高校研究生党建［J］．文教资料，2006（6）
[3] 盛锋．当前研究生党建工作面临的挑战及对策［J］．高校党建，2006（4）
[4] 骆泽松．发展研究生党员要努力提高质量［J］．学位与研究生教育，2000（1）
[5] 王丽华．改进高校研究生党建的探索与实践［J］．共产党员，2005（2）

探索少数民族大学生思想政治教育工作的有效机制

——以四川大学历史文化（旅游）学院西藏班为例

泽仁卓玛
（学生工作部）

摘要：加强和改进少数民族大学生思想政治教育工作具有重大而深远的意义。通过确定理念，在形势与政策课上注入民族文化内涵，积极营造民族和谐的氛围，培养少数民族思想政治教育工作者等多种路径，对少数民族大学生进行有效的思想政治教育。

关键词：少数民族大学生　思想政治教育　西藏班

少数民族大学生作为大学生的一部分，是祖国宝贵的人才资源，他们同样肩负着维护祖国统一和民族团结、全面建设小康社会、实现各民族共同繁荣的多重历史使命。因此，加强和改进少数民族大学生思想政治教育工作，提高他们的思想政治素质，把他们培养成为中国特色社会主义事业的合格建设者和接班人，对于促进民族团结、维护祖国统一都具有重大而深远的战略意义。

四川大学历史文化（旅游）学院西藏班是国家民委、国家旅游局、教育部根据胡锦涛总书记批示精神，开办的为西藏旅游事业培养高级专门人才的班级，预计为西藏培养旅游人才200人。在全校分别来自不同藏区的360多名藏族学生中，西藏班的藏族学生比例占到将近22%。因此，做好西藏班藏族学生思想政治教育工作的意义自然不言而喻。在几年的探索中，历史文化（旅游）学院根据藏族学生特点，并借鉴其他相关兄弟院校的有益经验，逐步形成了一种针对少数民族学生思想政治教育的有效机制。

一、确定理念，注重需求

首先，确立少数民族大学生思想政治教育中的人文关怀理念。胡锦涛总书记在党的十七大报告中指出："加强和改进思想政治工作，注重人文关怀和心理疏导，用正确方式处理人际关系。"这也给少数民族大学生思想政治教育工作指明了方向。人文关怀理念的确定是有效实现少数民族大学生思想政治教育的前提。唯有确定了人文关怀的理念，少数民族大学生思想政治教育工作者才能将此理念运用到具体的实践中去，把理论和实践有效地结合起来，贴近实际、贴近少数民族学生，提高思想政治教育的针对性、实效性、吸引力和感染力。少数民族大学生思想政治教育工作的复杂性和艰巨性，对思想政治教育工作者提出了更高的要求，也需要他们有更多的耐心与细心。西藏班的学生，学杂费全部由国家财政统一负担；学校每学期还要给每人发放600元的生活补贴；奖助学金的名额也适当向他们倾斜；每逢藏历新年，还要组织在校的藏族学生聚餐……这些举措无疑都是在人文关怀理念下提出并实施的。

其次，在人文关怀理念下，应该尊重少数民族大学生的主体地位，重视他们的需要。思想政治教育工作者要学会了解少数民族大学生的需要，进而有针对性地、多方面地满足他们的需要，要"以人为本"，与他们进行心灵上的沟通，"晓之以理，动之以情，导之以行"，真正做到"一切为了学生，为了一切学生，为了学生的一切"。例如，为满足同学们考取导游资格证的需求，为方便各位同学的考试，学院积极与西藏自治区旅游局进行协商，将考试地点做了一定的变通，邀请西藏自治区旅游局的考官专程到学校，组织同学们考试。

二、针对少数民族大学生进行思想政治教育的内容

首先，引导少数民族大学生树立正确的民族观，强化民族团结

意识。在中华民族形成和发展的过程中，56 个民族都为统一的多民族国家作出了积极的贡献。在思想政治教育过程中，思想政治教育工作者要使学生明确党的民族政策，并强调它是马克思主义民族理论和宗教理论与我国多民族、多宗教的实际情况相结合的产物，是符合我国国情的政策。与此同时，要进一步加强爱国主义教育，强化民族团结意识。要让学生充分认识到，作为统一的多民族国家不可或缺的一员，每个民族都有自己的长处，只有充分发挥出各民族的优势和长处才能促进我们这个统一的多民族国家发展和进步。正如江泽民同志所说，“没有民族地区的稳定就没有全国的稳定，没有民族地区的小康就没有全国的小康，没有民族地区的现代化就没有全国的现代化”。古今中外的历史也证明：什么时候国家统一、民族团结，国家就兴旺发达；什么时候国家分裂，民族就遭殃，人民就无法安居乐业。少数民族大学生必须深刻认识到国家是各民族的生存之本、发展之本，民族团结对家乡繁荣、对民族振兴、对国家长治久安的重大意义，牢固树立民族团结的观念，增强对国家的认同和忠诚，自觉成为民族团结的典范。

其次，运用社会主义荣辱观对少数民族学生加强基本道德规范教育。胡锦涛总书记提出的以“八荣八耻”为主要内容的社会主义荣辱观，明确了当代社会最基本的价值取向和行为准则，涵盖了人生态度、社会风尚的方方面面，体现了社会基本道德规范的本质。在思想政治教育过程中，思想政治教育工作者要运用社会主义荣辱观，引领多元思想道德价值观，引导他们知荣耻，培养他们良好的习惯。此外，还应该把诚信教育纳入学校德育体系，贯彻落实到学校教育的各个环节，从入学教育到毕业教育，从德育课到专业课，从日常行为管理到各项校园活动，都要把诚信的内容贯穿其中。

再次，加强成才观教育，注重培养少数民族大学生的竞争意识、创新意识，引导他们树立良好的就业观。思想政治教育工作者应该注重培养学生勤奋务实的学风和勇于实践、艰苦奋斗的精神，同时要加强对学生的学习指导和管理。针对不同学习基础的学生，实施不同的计划和内容，教育学生摈弃“为当前就业而学习”的短视观念，将“终身学习”、“为全面发展而学习”的观念转化为持久的学习动力。少数民族大学生肩负少数民族地区经济、政治、社会、文化教育建设的历史使命，必须培养竞争、开放意识，树立平等、创新、效益等现代化观念，才能使他们胜任未来的工作，为民族地区各项事业的发展作出自己应有的贡献。

三、针对少数民族大学生进行思想政治教育的有效形式

首先，在形势与政策课增加民族文化的内涵。形势与政策课作为少数民族大学生的必修课，也是对少数民族大学生进行思想政治教育的主阵地。每个民族都有自己值得骄傲的文化，寓形势与政策课于民族文化当中，从而既尊重和保护了少数民族的优秀传统文化，又提高了少数民族大学生的学习兴趣，增强了课堂的吸引力和感染力。例如，鉴于西藏班的实际，学院在形势与政策课堂上邀请藏学研究所的老师为同学们讲授藏族文化，受到了同学们的热烈欢迎，取得了良好的效果。需要说明的是，在将民族文化带进课堂的过程中，应该积极选择有利于民族自身发展和民族团结的道德因素，将民族思想道德的优良传统因素传授给学生，并在日常生活中将优秀道德传统再创造，形成新的思想文化因素，潜移默化地影响学生。在课堂讨论中鼓励学生发言，让他们畅谈自己家乡的变化和建设成就等。这样有利于增强学生学习的主动性，减少盲目性，培养民族责任感和使命感。

其次，积极营造民族和谐的文化氛围。少数民族大学生对本民族文化非常热爱，也非常愿意以各种方式表达出来。思想政治教育工作者应该利用学生这种心理，创造条件，以活动为载体，将思想政治教育与民族文化、校园文化结合起来，积极营造民族文化氛围。实践证明，举办民族文化活动，将其纳入校园文化的范畴，既保护了少数民族大学生对本民族文化的热情，促进各民族文化在校园文化中的充分交融，又丰富了校园文化的内涵，提高了校园文化

活动的层次。这比单纯地用命令和说教的方式来限制、改变、左右少数民族大学生的思想、行为以及观念更为有效。同时，老师们也应该热情支持并参与到他们的活动中，通过交流，加深理解，取得他们的信任和支持，为我们的思想政治教育工作打下良好的基础。例如，学院曾专门组织了一场藏族文化展览，西藏班的同学都积极参与其中，为前来参观的同学进行解说。通过交流，极大地锻炼了他们的沟通能力，加深了他们与其他民族同学之间的友谊。

最后，培养少数民族思想政治教育工作者。思想政治教育工作要有威力，不仅要靠真理的力量，更要靠思想政治教育工作者自身的力量。为了更好地开展工作，培养少数民族思想政治教育工作者是一项很好的举措。学生的理解与支持是做好少数民族大学生思想政治教育工作的关键，而少数民族大学生对本民族的教师具有天然的民族认同感和归属感，与汉族思想政治教育工作者相比，他们更有亲和力，更容易拉近与学生的距离，获得学生从内心深处的信任与支持。在选择西藏班辅导员时，学校大胆启用政治素质过硬的藏族教师，使西藏班学生的思想政治教育得到明显的改善和加强。

参考文献

[1] 万明钢，王亚鹏，李继利. 藏族大学生民族与文化认同调查研究 [J]. 西北师大学报：社会科学版，2002（5）：14－18

[2] 赵丽梅. 对普通高校少数民族学生思想政治教育问题的探讨[J]. 教育探索，2007（7）：103－104

[3] 格日勒图，青格勒图. 关于做好少数民族大学生管理工作的几点思考 [J]. 思想工作论坛，2003（3）：49－50

[4] 邓晓琳. 加强少数民族大学生思想政治教育的几点思考 [J]. 西南民族大学学报：人文社会科学版，2005（9）：351－353

[5] 黄羽新. 立足学生实际，加强教学管理和改革：少数民族学生培养模式研究之二 [J]. 广西右江民族师专学报，2004（2）：100－114

加强大学生思想政治教育 推进马克思主义大众化

姜丹蓉[1]　周贵川[2]
（1. 生命科学学院；2. 化学工程学院）

摘要：随着对外开放不断推进和社会主义市场经济的深入发展，当代大学生思想活动的独立性、选择性、多变性和差异性日益增强，一些大学生不同程度地存在政治信仰迷茫、理想信念模糊等问题。面对这一新形势、新情况，本文从青年大学生的思想特点出发，紧紧围绕引导青年大学生确立马克思主义的坚定信念这一目标，把组织学生深入学习和掌握马克思主义理论落实到大学生思想政治教育和日常管理的各个环节中，开辟引导青年大学生确立马克思主义坚定信念的新路径。

关键词：大学生　思想政治教育　马克思主义　大众化

党的十七大报告指出，推进当代中国马克思主义大众化的重要任务是我党结合时代发展实际作出的必然抉择，这对于统一思想、凝聚力量、不断推进中国特色社会主义伟大事业具有重要意义。

当前，随着对外开放不断推进和社会主义市场经济的深入发展，当代大学生思想活动的独立性、选择性、多变性和差异性日益增强，一些大学生不同程度地存在政治信仰迷茫、理想信念模糊等问题。面对这一新形势、新情况，思想政治教育工作者应从青年大学生的思想特点出发，紧紧围绕引导青年大学生确立马克思主义的坚定信念这一目标，把组织学生深入学习和掌握马克思主义理论落实到大学生思想政治教育和日常管理的各个环节中，开辟引导青年大学生确立马克思主义坚定信念的新路径。

一、对大学生进行当代马克思主义大众化教育的意义

当代中国马克思主义是指包括邓小平理论、“三个代表”重要思想以及科学发展观等重大战略思想在内的科学理论体系，它们与马克思列宁主义、毛泽东思想一脉相承，是中国共产党人运用马克思主义思考和解决当代中国问题过程中的创新理论。马克思主义大众化是指马克思主义的基本原理由理论的抽象转化为具体生动的社会实践，由被少数人理解和掌握转变为通俗易懂并为广大群众所理解和掌握的过程。

（一）当代马克思主义大众化是大学生思想政治教育的理论指南和行动要求

当前随着全球经济逐步一体化，思想文化呈现多元化，各种主义、思潮、宗教极大地丰富了大学生的思想文化生活。在这样的历史背景下，大学生的理想信念和精神支柱正在经受着时代发展和社会进步的考验。马克思主义大众化成为大学生思想政治教育的重要内容不仅是思想政治教育本身的内在需要，也是解决大学生精神支柱问题的根本所在，更是牢固树立坚定马克思主义思想，用马克思主义大众化的理论来指导大学生成为祖国合格建设者和可靠接班人的重要保证。推进当代中国马克思主义大众化，有利于当代中国马克思主义为大学生所理解接受，成为大学生努力学习、团结奋斗的共同思想基础，并转化为改造大学生世界观、人生观、价值观的主导力量。所以，在大学生思想政治教育中推动马克思主义大众化是培养优秀大学生的客观需要，也是马克思主义大众化对大学生思想政治教育提出的新的要求。

（二）大学生思想政治教育是当代马克思主义大众化的实施载体和成果体现

大学生是我国青年人才培养的重要群体，也是未来的社会精英，从某种意义上讲，掌握了青年就掌握了未来。当代大学生的思想政治素质决定着国家的性质和发展的方向。用中国特色社会主义

理论体系教育和武装大学生是马克思主义大众化的重要组成部分，也是实现马克思主义大众化的重要过程。而中国特色社会主义理论体系正是大学生思想政治教育的重要内容，所以加强和改进大学生思想政治教育在某种程度上说，就是推动当代中国马克思主义大众化的过程，也是实现马克思主义在大学生群体中大众化的重要载体。以中国特色社会主义理论体系为主要内容的当代大学生思想政治教育，就是马克思主义大众化在实际生活中的成果体现。

二、当代大学生思想政治教育中存在的问题

（一）教学手段落后，学生兴趣不大

目前，高校大学生思想政治教育中，当代中国马克思主义理论是政治性、理论性、科学性、政策性和实践性很强的课程，而目前单一的教学手段和教学方法，很难体现这门课程的生机和魅力。虽然在教学手段领域，多媒体教学、网络教学已逐步开展起来，但在理论课教学中，这些先进的教学手段还没有很好地应用起来。很多教师仍然是照本宣科，讲授缺乏生动性和趣味性，提不起学生的学习兴趣。

（二）教学模式单一，授课效果不好

我国高校中当代中国马克思主义理论主要有两种教学模式：一是大课堂、专题讲座模式。这种教学适应了理论很快进课堂的需要，教学内容有一定深度，但存在着缺乏系统性的明显不足。师生之间缺乏交流，学生弄不清楚的问题无法向老师请教。上课人数众多，课堂秩序难以维持，教学管理难度大，教学效果不佳。二是小课堂、思政教师、辅导员讲解模式。这种教学模式的效果完全取决于教师的水平，而教师水平具有较大差异。部分专职思政教师水平高、教学方法得当，效果较好；但也有个别思政教师和年轻辅导员水平有限、经验不足，教学效果不理想。

（三）教学实效有限，学生收获不大

经过近几年国家对大学生思想政治教育的不断重视和改进，理论“三进”中，“进教材”、“进课堂”的目的已经达到，但“进头

脑”还没有达到理想的效果。学生通过理论学习，都能讲出一些基本原理，明确学习理论的重要性、必要性，但对理论的科学体系和精神实质的掌握不尽如人意。相当一部分学生仅在应付考试，满足于死记硬背一些概念和原理。学生运用理论来分析处理改革开放和现代化建设中新情况、新问题的自觉意识较弱，能力有待提高，容易对改革开放和现代化建设中的新情况、新问题产生困惑。

三、当代中国马克思主义大众化在高校思想政治教育中的实践探索

（一）改进授课方式，促进理论认知度

形势与政策教育课，是对大学生进行系统的马克思主义理论教育，推动当代中国马克思主义大众化的前沿阵地。由于形势与政策教育的课堂讲授具有系统性、专门性和集中性等特征，因而可以成为高校培养学生正确理论认知的主要方式。但这需要辅导员精心组建形势与政策教育课教学计划，及时调整授课方式，积极采用对话型、交流型、探讨型的授课方式。这种教育方式可以改教育者为主体为教育者和被教育者双方互为主体，使学生的被动学习变为积极主动的学习。师生双方可围绕教育主题、理论热点、理论难点开展理论学习和平等交流，拉近师生距离，激发学生学习理论的热情。同时，也可对学生在学习和生活上的认识误区进行疏导，增强理论学习的针对性和思想教育的实效性。

（二）扩展教育平台，赋予教育时代性

随着信息技术的迅速发展，互联网作为信息传播的新媒体，越来越成为高校师生获取知识和各种信息的重要渠道，并对大学生的学习和生活乃至思想政治教育产生深刻的影响。一方面，网络促进了新事物、新思想、新观念的产生和传播，使大学生的思想更加活跃、更加开放；另一方面，良莠不齐的网络观点和内容，导致了大学生思想领域与现实的矛盾和冲突。在推进当代中国马克思主义理论中国化、大众化的进程中，不能忽视网络在学生思想政治教育中的重要

作用，辅导员要牢牢把握马克思主义意识形态在网络中的主导地位，用社会主义核心价值体系引领各类思潮和文化的发展。一是建设思想教育平台，结合高校教育现实和学生思想特点，精心设计主流板块，建立一批在学生中具有较强影响力、深受广大学生欢迎的又具有鲜明社会主义文化特点的红色网站。二是用正确的、积极的、健康的网络思想和网络文化占领高校文化阵地，提高学生上网的点击率，使网络成为宣传思想工作贴近实际、贴近生活、贴近学生的新通道，成为文化服务的新平台，成为提供精神食粮的智慧园。

（三）营造校园文化，增强理论渗透力

高校作为知识的产生和传播之地，是培养学生人格、思想和良知的场所。校园文化是大学生共同的精神家园，辅导员应高度重视校园文化在传播和普及当代中国马克思主义大众化中的重要作用，以积极的校园文化引导学生、熏陶学生、感染学生、教育学生。校园文化建设是一项长期的工程，需要以文化精神实现理论教育的培育和传承，将校园文化与社会主义核心价值体系紧密结合，以社会主义核心价值体系为指导浓郁校园文化氛围，提供大学生健康成长的精神空间，使大学生在潜移默化中接受校园文化精神与社会主义核心价值体系的“不言之教”。

参考文献

[1] 常素芳. 创新高校思想政治教育 推进马克思主义大众化 [J]. 宿州教育学院学报，2009 (8)：56—58

[2] 曹琳. 高职学院当代马克思主义理论教学的改革思路 [J]. 经济师，2006，8 (5)：135—136

[3] 王崎峰. 引导青年大学生确立马克思主义的坚定信念 [J]. 中国成人教育，2009 (16)：45—46

[4] 朱宏. 当代中国马克思主义大众化在高校德育教学中的探索 [J]. 河南职业技术师范学院学报，2009 (4)：79—80

[5] 姜恩来，佟立成. 当代中国马克思主义大众化与新时期大学生思想政治教育 [J]. 德育，2009 (7)：24—26

大学生思想政治实践教育研究

白宝芬
（学生工作部）

摘要：大学生思想政治教育应坚持政治理论教育和实践教育相结合。实践教育在大学生思想政治教育中起着非常重要的作用，并逐步得到重视。实践教育包括了整个大学教育过程中的实践教育思想，它有利于学生发现新知、运用真知，不断提高学生的实践能力、创新创业能力。如何改进当前实践教育中出现的问题，更好地发挥实践教育的作用，是本文研究的重点。

关键词：思想政治教育　实践教育　实践活动

一、大学生思想政治实践教育的必要性

当今世界，竞争激烈。知识储备量的多少已不是判断人才是否优秀的唯一标准，社会实践的能力和经验在优秀人才的选拔中正在越来越受到重视。但是，从当前的教育情况来看，学生社会实践能力还比较欠缺，学生作为“社会人”的能力尚未得到应有的加强。

从哲学的含义上讲，实践是人类在一定社会组织中有目的地认识世界、改造世界的物质活动。从教育的角度来看，实践教育有利于加深对邓小平理论和“三个代表”重要思想的理解，增强历史使命感和社会责任感，有利于深化对党的方针、政策的把握，坚定中国特色社会主义道路。实践教育对于提高学生的动手能力、解决实际问题的能力有非常重要的作用。大学生实践教育不单指教学过程中的实践教育环节，而是包括了整个大学教育过程中的实践教育思想，从能力培养至国情、社情教育，民族使命感和社会责任感的提高，全方位进行的教育。大学生社会实践是高等院校实践教育的重

要组成部分，社会实践有利于弥补学校教育教学工作的不足，不断丰富和深化大学生思想政治教育的实践内容，促进大学生全面发展。

二、大学生思想政治实践教育的现状

2004年，中共中央国务院颁布的《关于进一步加强和改进大学生思想政治教育的意见》（以下简称《意见》）明确指出，把“坚持政治理论教育与社会实践相结合。既重视课堂教育，又注重引导大学生深入社会、了解社会、服务社会”。胡锦涛在庆祝清华大学建校100周年的讲话中指出，要坚持理论联系实际，积极投身社会实践，在基层一线砥砺品质，在同人民群众的密切联系中锤炼作风，在实践中发现新知、运用真知，在解决实际问题的过程中增长才干，不断提高实践能力、创新创业能力，切实掌握建设国家、服务人民的过硬本领，为走上社会、成就事业打下坚实基础。

改革开放特别是党的十三届四中全会以来，大学生社会实践不断得到加强，取得了显著成效，已经成为大学生思想政治教育的有效途径。大学生思想政治实践教育内容比较丰富，开展了理论宣传、教育指导、医疗帮扶、社会调查研究、志愿者服务活动等形式的实践活动。实践团队包括了学生社团、各院系组织的实践团队、志愿者的社会实践服务队、大学生自发组织和进行的社会实践活动等。

以四川大学为例，2011年四川大学围绕“永远跟党走，青春献祖国”的社会实践主题，开展了走进美好新家园、追寻红色足迹、扶贫支教、地震灾区疾病防御控制、优秀校友访谈、学生挂职实习等类别的活动。除此之外，学校还有许多志愿者服务活动、帮扶活动。除专业实习外，社会责任感的教育、民族精神的教育活动也广泛开展，并用专业的理论知识指导一些地区的规划和发展。社会实践活动为青年学生提高自身综合素质搭建了有力平台，学生通过参加社会实践活动学以致用，在实践中“受教育、长才干、作贡献”。

从上述来看，学生思想政治实践教育取得了一定的成效，但是在具体执行过程中仍然存在一些问题。

（一）参与学生数量有限

学校开展了丰富多彩的实践活动，但是申请的学生大部分仍然是平时表现积极、乐于参加各种活动的学生，其中以学生干部和低年级学生为主。而“宅男、宅女”仍然无动于衷，高年级学生参与积极性亦不高。许多学生没有参与的原因：一是可以参与实践活动的学生数量有限，认为申请了也选不上；二是思想没有被触动，对活动不感兴趣；三是课业繁重，没有时间参与。可见，思想政治实践教育在如火如荼地开展，但是仍然存在不少思想政治实践教育的盲区。

（二）实践教育活动不够深入

思想政治实践教育的活动内容集中于表演节目、提供咨询服务、参观文化馆或遗址、科技下乡、扶贫支教等比较简单、浅显的活动，实践时间在一周至十天左右。比如贫困山区支教活动，十余天的支教活动会起到开阔贫困地区学生视野的作用，但是对于他们学习方法的培养、学习能力的提高不会起到很大作用，支教学生的思想教育还需要长期地、持续地进行。时间和经费的不足，导致活动的开展只能是“蜻蜓点水”，主要作用在于引导，而没有深入贯彻，特别是基于大学生创新能力和真正将专业知识运用于实践、指导实践的还比较少。在实践活动中，有些针对实际情况提出了建议，但是后期是否运用于实践，实践效果如何，则很少再进行跟进。四川大学 2011 年赴凉山彝族自治州昭觉县的社会实践中，生命科学学院的博士、硕士研究生重点考察了当地畜牧养殖、经济林培育等情况，并结合所学专业知识提出农牧林发展规划建议，起到了很好的效果。这种比较深入的实践活动应更加广泛地开展。

（三）实践教育经费有限

实践教育的长期稳定大范围开展需要有足够的经费予以支持。

红色根据地教育对于学生的思想政治教育作用显著，但是，活动的组织涉及交通费、住宿费、门票费、餐饮费等大量经费，在经费不足的情况下，只能允许少数学生参与，这样实践教育的效果也就不会很明显。

（四）实践教育评价体系缺乏科学合理性

教育的效果如何，需要一定的考评机制。实践教育的效果是以实践论文完成的质量来确定，还是以实践活动在当地产生的社会效应为评价标准，在一定程度上会影响活动的开展。以假期实践活动为例，现在实践成果大多是以实践报告的形式提交，优秀个人或团队的评选很大程度上基于实践报告的设计，而不去调查实践活动的具体情况。由于没有健全的考评机制，奖惩机制就无法落到实处，也导致了大学生参加社会实践积极性的降低。

三、大学生思想政治实践教育的改进措施

大学生思想政治实践教育的改进方向，要以邓小平理论和“三个代表”重要思想为指导，认真贯彻以人为本、全面协调、可持续的科学发展观，全面贯彻党的教育方针，以长期稳定的实践活动为依托，以了解社会、服务社会为主要内容，遵循大学生成长规律和教育规律，开展丰富多彩的实践活动。

针对上述思想政治实践教育中出现的问题，可以在如下方面进行改进。

（一）充分保证实践活动的开展公平有序

针对平时不参与或少参与活动的同学进行调查，探索同学感兴趣的活动，有针对性地开展活动，并保证活动的开展公平有序。

学生思想政治教育必须做到普遍、细致，对一些日常开展的思想政治教育无法教育到的学生尤其需要关注。在实践教育活动中，应针对平时不参与或少参与活动的学生进行专项调查，研究活动方案，发掘其内心的真实需求，通过不断的关心和有意义的活动，使其感受到集体的温暖和团队的力量，最终积极踊跃地加入到学生实

践教育活动中，使其思想上得到教育。实践活动是由一个个细小的环节构成的，应教育学生从小处着手，注意细节。

实践教育活动应该保证活动程序的公平公正，特别是不能大范围参加的实践教育机会。每位申请的同学通过申请、面试等环节，会更加珍惜实践教育的机会，对活动的目的、意义、内容会有更深入的了解，增强了活动的教育意义。

（二）充分发挥学生的主动性

现在的活动基本都是由组织者直接确定活动主题，制订活动计划后，由学生申请参加。在策划阶段，学生的力量没有得到充分发挥。为了充分调动学生的积极性、主动性，开展内容更加新颖、学生更愿参与的活动，可以仿照“挑战杯”的形式，由学生自由组队，提交活动方案。方案的评审小组也由学生报名参加。通过公平公正和符合学生心理需求的评审，挑选出几项有意义且具有可执行性的活动，然后由提出申请的同学负责具体执行。

通过这种活动，学生的主动性将得到极大发挥。同学的影响力可能会使平时不常参与活动的同学也加入到活动中。另外，通过发挥学生的主动性，也可以开展更多鲜为人知但极具教育意义的实践活动。

（三）多途径解决经费问题

由于高校是非营利组织，无法长期支撑实践费用。为保证活动的开展，学校应努力发掘和整合各类社会可用资源，同优秀的校友、有合作关系的企事业单位、各级地方政府相关职能部门、社区街道等结合起来，既可解决经费的问题，同时也有利于建立和巩固社会实践基地。

参考文献

[1] 陈仕刚. 充分发挥社会实践在大学生思想政治教育中的重要作用 [J]. 科技信息：科学教研，2008（23）：196－197

[2] 薛翠翠. 大学生社会实践创新研究 [D]. 沈阳：沈阳建筑大学，2010

[3] 杜洪涛，彭云龙，李华，等. 大学生社会实践的思想政治教育功能研究[J]. 青少年研究：山东省团校学报，2008（6）

[4] 郭巍. 大学生思想政治教育的重要途径之一［D］. 太原：太原科技大学，2011

[5] 张思军. 大学生思想政治教育实践教育模式的构建与实施［J］. 西华师范大学学报：哲学社会科学版，2007（11）

浅议大学生党员意识培养的途径和方法

胡 刚
（外国语学院）

摘要：加强大学生党员意识的培养是高校党建工作十分重要的内容之一，是大学生党员自我认同、自我肯定的体现。本文针对大学生党员意识培养中存在的问题予以分析，并提出建议，希望对大学生党员发展培养工作提供一定的帮助。

关键词：大学生党员意识　党章意识　身份意识

一、大学生党员意识培养的重要性和必要性

党员意识，是指共产党员对自己所具有的理想信念、使命、权利和义务在思想上的认同、坚信和经常性的省察，是共产党员独特的社会身份、社会地位和社会作用在观念上的产物。大学生党员意识，就是大学生对自身党员身份的认同和坚定，对党和共产主义事业的忠诚在心理和行为上的体现。

加强大学生党员意识的培养，是高校党建工作的重要内容之一。大学生党员作为大学生群体中的优秀代表，无论在思想、学习、生活及社会实践上，相对于普通同学来说都具有更为先进的思想意识、更为积极的行动意识和更强的创新意识，能自觉地遵守学校规章制度和各项具体要求，在各个方面表现出党员应具有的先进性。大学生作为有思想、有知识、有能力、有文化的一代，是我党事业延续和发展强有力的后备力量。他们中的很多人将来有可能成为党的事业的领导者、开拓者和执行者。

近几年，高校加大了对学生党员发展的培养力度，越来越多的

大学生积极要求加入党组织，并被党组织吸收为党员。然而，在追求大学生党员发展数量的同时，却呈现出一些消极现象和问题。第一，入党动机多样化。尽管大多数大学生的入党动机比较纯正，具有坚定的共产主义信念，但仍有极少数大学生的入党动机出现偏差，受社会影响带有较强的功利思想，如出于虚荣心、随大流或是为毕业能找份好工作等。第二，入党前后表现不一。一些大学生党员在入党前表现非常积极，认真撰写思想汇报，主动承担班级和学院工作，热心帮助同学，学习也较为刻苦；但入党之后却在某些方面表现出倒退，一切行为都以自身利益为考量，不再一如既往地为集体和同学服务，不服从组织安排，不按要求参加党组织的活动。第三，大学生党员理论素养欠缺。虽然大学生入党前都要经过党校培养学习，并且接受入党培养人的谈话和教育，但是入党后不再自觉地学习更新党的理论知识，不再关心党的理论发展和创新，甚至对党和国家的最新决策也不予关注。由于理论素养的不足，部分大学生党员对国际国内社会经济文化等时政现象无法正确运用辩证唯物主义理论分析判断，对社会变革也缺乏敏锐的政治嗅觉。第四，极少部分大学生入党后严重降低和放松对自身的要求，不遵守学校规章制度，甚至出现考试作弊、打架斗殴等恶劣行为。第五，极个别大学生党员立场不坚定，不能正确分析看待某些社会不公和腐败现象，以及经不住负面意识形态的影响，对党和共产主义事业失去信心，甚至中途退党。

以上问题的存在，除了受新时期社会经济变革中某些不良社会现象的影响外，笔者认为更为重要的原因在于大学生党员意识的淡漠、衰退和消失。因此，加强大学生党员意识的培养是高校党建工作中紧迫而重要的内容。大学生党员意识的强弱，直接关系到所在党支部的战斗力和号召力，关系到大学生党员自身素质的提高和完善，也会影响到普通同学对党的认知和赞同。

二、加强大学生党员意识培养的途径和方法

加强大学生党员意识的培养，需要结合大学生自身的特点和时代特点，既要认清大学生的不足，也要看到大学生的优点，采用循序渐进的途径和方法，综合运用多种多样的形式。笔者认为，可以通过以下途径和方法培养大学生党员意识。

（一）加强入党积极分子党员意识的培养

首先，根据党员发展要求，入党积极分子入党前都必须经过党校学习和培养，了解党的历史和理论体系，坚定大学生对党的信念和共产主义信仰，明确入党目的，端正入党动机，为最终成为党的一员做好思想理论上的准备。但是，党校学习毕竟时间有限，一般为几个课时的课堂学习和课下讨论，因而很难真正加强和巩固大学生的思想信念。所以，笔者建议在党校学习之后，应该建立入党积极分子理论学习的长期机制。例如，推荐几本党的重要理论著作，由学生选择阅读并做读书笔记，将入党积极分子的读书笔记和思想汇报一并作为考察指标。其次，加强学生党员和入党积极分子的互动，除入党培养人保持与发展对象的联系，观察被发展人的思想动态外，可以考虑让入党积极分子提前参加支部部分集体活动，和党员同学一起参加学习和实践，亲身感受作为党员的荣誉感和责任感，坚定入党的信心。最后，加强普通同学对入党积极分子的监督，随时了解普通同学对入党积极分子的意见和建议，督促入党积极分子始终保持正确的思想和行为。

（二）提高大学生党员理论学习兴趣和政治素养

由于忽视大学生党员政治理论修养培养的重要性，部分大学生党员对理论学习兴趣淡薄，没有掌握也不会运用邓小平理论、“三个代表”重要思想以及科学发展观等先进理论观察分析社会现实，看待问题缺乏大局意识和长远目光，也不能合理地规划自身发展，思考问题较为简单，甚至不能处理生活中的一些小事或矛盾。对于这一问题，首先应该鼓励大学生党员利用业余时间坚持理论学习，

研究党的理论发展，务必使大学生党员意识到学习掌握党的基本理论是党员的重要任务之一，也是区别于普通群众和其他政党成员的重要标志。每一位党员都要努力学习掌握党的先进理论。缺乏先进理论武装的党员不是真正的共产党员。为此，要坚持利用支部学习活动时间开展理论学习活动，由学生党员讲时政、讲理论，组织开展征文、演讲、讨论、参观考察等活动，增强党员理论学习的意识，从而提高大学生党员的理论学习兴趣和政治素质。

（三）着力培养大学生党员的党章意识

《中国共产党章程》是党的全国代表大会，以全党名义，依法定程序制定的党内最重要的法规性文件，是党的整体意志的集中体现，是贯穿于党的一切活动和规范党员思想行为的最高规范。党章意识就是党员关于党章思想、观点、心理的总称。党章意识决定了党员能否将党章的规定化为自身的自觉行为，以及判断党内一切行为的准则。大学生党章意识的培养，必须要求每一位大学生党员了解熟悉党章基本内容，尤其是党章规定的党的性质和纲领、党员的权利和义务以及党的纪律，把党章规定作为自身行动的标准。学生党支部要定期组织党员温习党章的内容，交流学习党章的体会，对照党章的要求开展批评与自我批评，促进大学生党员自觉地把党章作为今后行动的指南。

（四）强化大学生党员的身份意识

党员身份意识是党员对自己拥有党员身份的认同和展现，在日常学习生活工作中时常表现出作为党员的先进性。目前大学生党员中，有部分党员随着入党时间的增加，党员荣誉感开始消失，逐渐缺乏对党员身份的认同，将自身的思想行为降低到和普通同学一样的水平，忘记或有意淡化自己的党员身份，不能严格以党员标准要求自己。这一问题的出现可能与平时展示党员身份的机会较少有关。笔者认为，可采用在学院年级设立党员墙或学生党员宣传栏、寝室标注党员寝室、每学期第一次党支部大会重温一次入党誓词等方式，强化大学生党员的身份意识，创造尽可能多的机会将大学生党员的身份展现在老师和同学面前，时刻提醒大学生党员不要忘记自己具有的党员身份。

（五）坚持党的三大作风和民主集中制在大学生党员中有所体现

理论联系实际、密切联系群众以及批评与自我批评是我党的三大优良传统，是我党革命和和平建设事业长盛不衰的法宝。大学生党员应当自觉地运用这三个法宝，学会运用理论指导自身实践，关心团结同学，并经常自我批评和反省，这对自身的成长和对党的事业的贡献都具有积极的作用。自觉运用这三个法宝，可以使大学生党员意识得到巩固。坚持民主集中制，则能有效地发挥党员的能动性，可以让党员感受到自己作为党的一员应该享有的权利和承担的义务，明白自身所肩负的责任。

（六）完善高校大学生党员处分规定，严肃大学生党员纪律

虽然所有党员在党内都应具有平等的地位，但高校大学生党员由于其所处环境的特殊性，决定其所犯错误也具有一定的针对性。除了学校制定的普遍适用于全校所有大学生的处分规定外，学校党委相关部门也应针对大学生党员出台相应的纪律处分规定。例如，对于考试作弊的大学生党员，除了给予校内处分外，党支部也应该给予一定的党内处分。此外，严格党员退出机制，对严重违纪和不符合党员要求的大学生应劝其退党，严肃纪律，保证党组织的先进性，强化大学生党员的责任意识和自律意识。

参考文献

[1] 周震. 从认知层面加强大学生党员意识教育 [J]. 文教资料，2007（7）

[2] 庄少琼. 大学生党员意识的培养和强化：以艺术院校大学生党员意识现状为例 [J]. 湘潮，2008（11）

[3] 童桂花. 高校发展学生党员面临的问题与对策研究 [J]. 管理观察，2009（9）

[4] 王丹，高丽明. 略论增强大学生党员意识容易忽视的几个问题 [J]. 法

制与社会，2009（8）
[5] 张晓菲. 试论党员党章意识的养成［J］. 深圳信息职业技术学院学报，2006（9）

学生管理服务工作

浅析我国高校学生校内申诉处理制度①

邓　薇[1]　倪胜巧[2]
（1. 学生工作部；2. 计算机学院）

摘要：《普通高等学校学生管理规定》颁布之后，各高校纷纷成立学生校内申诉处理委员会，负责处理学生申诉相关事项，初步建立了高校学生校内申诉处理制度。高校学生校内申诉制度的建立，切实维护了学校学生的合法权益，对于高校贯彻以人为本的理念，培养大学生的民主意识、法制观念具有积极的意义。

关键词：校内申诉处理制度　高校　学生

高校学生校内申诉制度是指大学生在接受教育管理的过程中，对学校给予的处分（处理）不服，或认为学校及其工作人员的有关具体行为侵犯了自己的合法权益，而向学校提请申诉，学校依照有关规定程序进行处理的制度。高校学生校内申诉制度的建立有利于及时纠正学校及其工作人员的侵权行为，切实维护学校学生的合法权益，维护学校稳定的教学环境，实现法治状态下学校的和谐发展。

一、我国高校学生校内申诉处理制度的建立

1995年颁布的《中华人民共和国教育法》第42条第4项规定，受教育者对学校给予的处分不服，有权向有关部门提出申诉，对学校、教师侵犯其人身权、财产权等合法权益，有权提出申诉或者依法提起诉讼。这为我国高校学生申诉制度的建立提供了法律依

①　本文受四川大学中央高校基本科研业务费研究专项项目（sksz201127）资助。

据。2005 年 9 月，教育部开始实施新的《普通高等学校学生管理规定》（以下简称《规定》），首次从高校管理角度明确提出了大学生的权利与义务，增设了学生申诉的有关内容，将学生申诉明确地分为校内申诉和行政申诉，并且对高校学生校内申诉制度作出了详细的规定，内容包括受理机构、申诉范围、申诉时限、决定做出等具体事项。这标志着我国高校学生校内申诉制度的正式建立，体现了法制化、人性化的现代学生管理的总趋势，对于高校贯彻以人为本的理念，培养大学生的民主意识、法制观念具有积极的意义。

二、我国高校学生校内申诉处理制度

《规定》颁布之后，各高校纷纷成立学生校内申诉处理委员会，负责处理学生申诉相关事项，初步建立了高校学生校内申诉处理制度。目前，绝大部分高校学生校内申诉制度主要通过规范申诉机构与人员设置、申诉适用范围、申诉基本程序、申诉时效和处理期限、申诉后的救济渠道等事项，给予学生一个非诉讼性的权利救济机制。

（一）申诉机构与人员设置

高校学生校内申诉的机构为学生校内申诉处理委员会，其人员主要由学校负责人、职能部门负责人、教师代表、学生代表组成。为了保持中立性，学生校内申诉处理委员会是一个独立于各职能部门的机构。在实践中，一些高校的申诉处理委员会在人员设置中还配备了法律专家，一方面维护了学生的合法权益，另一方面有利于申诉处理过程的规范化、法治化。

（二）申诉适用范围

根据《规定》，学生校内申诉处理委员会主要受理学生对取消入学资格、退学处理或者违规、违纪处分的申诉。目前，大部分高校的校内申诉适用范围局限于受理涉及学生身份改变的处理、处分的申诉，以及受理学生对学校处分有异议的申诉，对《规定》限定范围之外的学生申诉事项并未明确规定。

（三）申诉时效、处理期限及基本程序

《规定》明确指出，学生申诉期限为接到学校处分决定书之日起 5 个工作日，学生校内申诉处理委员会对申诉的处理期限为接到书面申诉之日起 15 个工作日。

申诉的基本程序通常分为三个阶段：申诉的受理，申诉的复议，申诉复查决定的作出。其中，申诉的复议阶段，主要是对申诉人提供的书面陈述材料、证据进行审查，对处分（处理）的程序、依据、证据进行复核。部分高校对于因取消入学资格、退学、开除学籍等重大处分（处理）而提出的申诉会采用听证程序。学生校内申诉处理委员会通过听证会听取申诉人与处分（处理）部门双方的当堂陈述，审核双方提供的材料、证据来进行申诉复议。在复议阶段，学生校内申诉处理委员会对学生申诉事项应保持中立的态度，无论学校的处分（处理）是否得当，也无论学生的申诉是否合理，均应贯彻全面审查的原则，对原处分（处理）决定的证据是否确实充分、决定是否合法合规进行全面复查，使得最后的结论意见做到“程序正当、证据充足、依据明确、定性准确、处理恰当”。最后，根据申诉复议结论作出复查决定，维持或更改原处分（处理）决定，复查决定提交学校审查通过后生效。

（四）申诉后的救济渠道

若学生对复查决定有异议，可在接到学校复查决定书后向学校所在地省级教育行政部门提出书面申诉，申请进行行政申诉。省级教育行政部门在接到学生书面申诉之日起 30 个工作日内，应当对申诉人的问题给予处理并答复。

三、高校学生校内申诉处理理念

学生校内申诉处理在实际运行中始终贯彻以人为本的教育理念来处理学生申诉的各类案件。学校的根本任务是对学生的培养与教育，在以人为本、构建和谐校园的环境下，学校与学生已经不再是简单的管理者与被管理者的关系。学校教育是对人的教育，建立在尊重的基础之上，这种尊重体现在高校教育管理过程中则是对学生权利与利益的尊重和保障。学生申诉的事项事关学生受教育权，高校学生校内申诉制度本着教育为本的理念，尽可能地保障学生受教育权，尽量减少被剥夺受教育权的学生数量。当学生的行为有所偏差的时候，学校应该做的是对其进行教育，促进其改正和进步，而不是草率地做出影响学生受教育权的处分和决定。学生校内申诉处理委员会将以教育为本的思想贯彻在申诉处理工作的整个过程中，在申诉处理工作的各个环节中都不失时机地跟学生进行沟通交流，搭建一座沟通学校与学生的桥梁，以增进学生对学校处理决定的理解与信任。这样既体现了对学生的尊重，又实现了教育学生的目的。学生校内申诉处理制度秉承了高校以人为本、以教育为本的办学理念，切实保障了学生的根本利益，促进了现有学生管理规章制度的完善，加强了学校与学生之间的沟通，使学生申诉处理工作既具有更多的人文关怀，又不失理性的公正。

四、关于高校学生校内申诉处理制度现状的思考

2005 年《规定》颁布之后，各高校相继制定了学生校内申诉处理制度，使学生的申诉权从制度层面上得到了保障。同时，在实践的过程中制度本身的一些不足也逐渐显露出来。为了更好地发挥高校学生校内申诉制度的作用，只有在实践中不断地将其完善和发展。目前需要注意的是以下几个方面的问题。

（一）申诉的适用范围

目前，大多数高校的申诉适用范围都局限于学生对取消入学资格、退学处理或者违规、违纪处分的申诉，对《规定》第 60 条限定范围之外的学生申诉事项并未明确规定。然而，《中华人民共和国教育法》第 42 条第 4 项规定，受教育者对学校给予的处分不服，有权向有关部门提出申诉；对学校、教师侵犯其人身权、财产权等合法权益，有权提出申诉或者依法提起诉讼。这就明确指出了学生申诉范围不应该局限于对学校的处分（处理）等行政管理不服的，

还应包括对学校、教职工侵犯其合法权益的。申诉范围的局限造成了学生民事权利的救济途径缺乏，不利于学生合法权益的维护。因此，申诉适用范围的明确化是高校学生校内申诉处理制度必须完善的。

（二）申诉机构的人员设置

《规定》第60条指出，学生申诉处理委员会应当由学校负责人、职能部门负责人、教师代表、学生代表组成，并未明确规定各类组成人员的配置比例。在具体实践过程中，高校学生申诉处理委员会人员组成往往是各职能行政领导占多数，有的甚至忽略了回避原则，申诉处理委员会成员还包括了作出处分的部门人员。这样的申诉处理委员会其独立性以及在学校与学生之间的中立性势必受到质疑。要保证学生申诉处理委员会的独立性与中立性，其人员构成应尽量“去行政化”，教师代表与学生代表的数量应占多数席位。只有这样，对学生的申诉处理才能从更公平、更公正的角度进行，才能最大限度地保障学生的合法权益。

（三）学生校内申诉委员会的权限

学生校内申诉委员会的权限问题集中体现在复查决议的作出方面。《规定》第62条指出，需要改变原处分（处理）决定的，由学生申诉处理委员会提交学校重新研究决定。那么，可以理解为，学生校内申诉委员会对复查决议的作出只有建议权而没有决定权。若出现学生校内申诉委员会提出更改原处分（处理）决定，而提交学校重新研究时被否定的情况，该如何处理此项申诉呢？因此，学生校内申诉委员会是否被赋予改变原处分（处理）决定的权力，是高校学生申诉处理制度应该进一步明确的。参照相关法律原理，作为独立的仲裁机构，学生校内申诉委员会应该被赋予作出复查决议的权力，有权力更改和撤销原处分（处理）决定，这样才能使校内申诉制度真正成为一种有效的学生权利救济手段。

总之，高校学生校内申诉制度是学生校内权利保障和权利救济最有效的途径，是现代法治社会中教育发展的必然趋势。不断完善高校学生校内申诉制度，使其发挥应有的作用，这对于维护学生合法权益，实现依法治校、依法治教，建设和谐校园有着重要的现实意义。

参考文献

[1] 尹晓敏. 高校学生申诉制度研究［J］. 高教探索，2004（4）
[2] 费江皓. 树立以学生为本的学生管理新理念［J］. 安徽农业大学学报：社会科学版，2005（1）
[3] 贺奇兵，黄毅. 高校学生校内申诉制度研究［J］. 西南大学学报：社会科学版，2009（6）
[4] 陈文兴. 正当程序功能分析［J］. 中国司法，2007（7）

高校学生贷款发展的理论与实践及其中国的选择

涂　刚

（经济学院）

摘要：本文通过分析高校学生贷款制度发展的理论，借鉴各国基于不同目标和认识下的多元化贷款制度，并结合我国高校学生贷款制度发展历程中出现的一些问题，提出应建立政府、银行、中介机构、高校四位一体的学生贷款制度。

关键词：学生贷款　贷款制度　发展　高校

一、引言

1999年以来的高校扩招，使得在校大学生的数量迅速增加，高校贫困生的数量也相应增加。这一时期我国高校学费也迅速增加，而且实行了高等教育成本分担，原来主要由政府承担的学费和部分生活费用在很大程度上转移到了由学生及其家庭负担，这使得高校贫困学生及其家庭在面对高额学费时十分吃力。为解决这一难题，政府推出了配套改革措施——实行高校学生贷款制度。

二、高校学生贷款制度发展的理论分析

影响高校学生贷款制度建立的重要理论基础有高等教育成本分担理论、成本补偿理论、人力资本理论和公平理论。

成本分担理论由Johnstone在1986年最先提出，他认为高等教育成本应该由多方负担，包括政府（纳税人）、学生、家长、高校和捐赠人等，他们可以用过去的收入（如存款）、现在的收入和未来的收入来分担成本。学生贷款为学生用他们未来的收入承担现

在接受高等教育的费用提供了可能。

世界银行的教育经济学家萨卡罗普洛斯（George Psacharopoulos）通过研究发现，高等教育的个人收益率大于社会收益率。既然高等教育的最大受益者是个人且终身受益，个人理应负担一定比例的高等教育成本。但如果负担的比例过大，则会导致一些有学习能力的学生不能继续接受教育，这又是一种损失。因此，解决这一难题的最好办法是向学生提供贷款。

公平理论认为，学生贷款政策是既公平又有效率的高校学生资助形式。提供学生贷款能够帮助低收入家庭的学生不至于因为无法负担高额的教育费用而丧失就学的机会，保障了贫困学生和富裕学生平等的入学机会。

对学生贷款的反对者也大有人在。反对学生贷款者认为，至少对发展中国家而言，由于高等教育的入学率普遍不高，实施学生贷款的根据并不充分。而且就公平来讲，反对者认为是否公平要看采取什么样的标准。教育财政中公平的度量标准通常有三条：机会均等、受益负担原则、支付能力原则。此外，学生贷款反对者还质疑学生贷款能否促进低收入家庭子女接受高等教育，能否改变高等教育入学群体的分布。

虽然学生贷款的推行在理论上还存在诸多争议，但是学生贷款已经成为世界上许多国家的现实选择，被广泛应用。

三、基于不同目标和认识下的多元化的高校学生贷款制度

不同国家提供学生贷款的制度安排并不一样，各国国情的差异与政策制定者对学生贷款理论的不同认识和提供学生贷款的目标的差异导致了操作方式的多元化。

提供学生贷款的预期目标不同。部分国家学生贷款的申请人不完全是贫困学生，在校学生均可以申请学生贷款，但对贫困学生的贷款有一定的优惠。这种制度设计满足了不同贷款需求和层次的学生，将学生贷款作为支持学生就学的一种普适的制度。而有的国家

的学生贷款主要是为了救助贫困学生。只有家庭经济存在困难的学生才有资格提出贷款申请，采取这种形式的原因大多是国家财力不足，主要集中于发展中国家。

政府在推进学生贷款制度中的作用不同。教育是政府应该提供的重要的公共品之一，政府对教育的发展负有不可推卸的责任，但高等教育存在一定的特殊性，接受高等教育产生的社会收益率要小于个人收益率，学生个人理应承担部分的教育成本。不同的政策制定者均认为，政府在学生贷款制度中应该发挥重要的作用，但对政府对学生贷款的补贴程度存在不同的认识，也就是对学生贷款的成本与收益存在不同的看法。这些认识大体上可分为两种情况：第一种是全部贷款由国家提供，银行并不介入其中；第二种是采用财政补贴与商业贷款操作相结合，也就是学生贷款的政府和市场互动机制。

四、转轨背景下的中国高校学生贷款的制度构建

我国自 1978 年以来的经济体制改革步伐从未停止，在这种体制转轨的大背景下，保持某一单项制度的一成不变无异于缘木求鱼。因此，我国高校学生贷款制度也不能因循守旧，而应该随着经济社会形势的不断改变而加以改进。

1986 年 7 月，国家教育委员会和财政部联合颁布了《普通高等学校本、专科学生实行贷款制度的办法》。该文件的出台与实施标志着中国高校学生贷款历史的开端。1987 年，学校贷款正式开始在全国 85 所高等院校试点，用来解决贫困学生的生活费，资金来源从主管部门核定给高校的经费中按一定比例抽取。1987 年实施的高校助学贷款以贫困学生为主要贷款对象，但该方案因贷款额少、覆盖面小等原因，对缓解学生及其家庭经济压力的作用十分有限。国家教委分别在 1993 年和 1995 年对学校贷款的贷款额度与申请比例进行了相应调整。

自 1999 年开始，我国开始实行新的学生贷款计划，即财政贴

息的国家助学贷款，由中国工商银行在全国8个城市的中央部委院校试点。由于借贷条件苛刻和严格的担保要求，大部分学生望而却步。2000年，中央政府分别启动国家助学贷款（财政贴息）和商业性国家助学贷款（信用贷款）。中央财政贴息的助学贷款主要面向中央部属136所高校的经济困难学生；商业性贷款的借贷对象包括全日制本、专科学生以及本科毕业后继续攻读研究生及第二学士学位的学生，但商业性学生贷款在还贷期限和借贷规模上没有统一规定。为解决担保难的问题，有关政策进行了调整，决定对十八岁以上的在校大学生发放无担保助学贷款，要求学校提供介绍人和见证人，停止执行学校和学生贷款管理中心对特困生贷款负有的连带还款责任。经过这些政策调整后，国家助学贷款的发放量有了一定程度的增长，但与庞大的贫困学生群体相比，仍显单薄。

从2001年年初到2003年8月，为了加快扩大国家助学贷款规模，进一步解除经办银行和经办人员放贷责任，国家规定确因贷款人逃贷，并能够提供追索无效的有关资料，就不再追究经办银行和经办人的责任，允许对国家助学贷款的呆坏账进行核销；同意免征国家助学贷款利息收入营业税，进一步调动商业银行开展助学贷款业务的积极性。在各项政策的推动下，国家助学贷款的发放额度在日益扩大，然而这种局面并没有维持多久。

2003年夏季，由于1999年扩招的大学生集中在该年就业，进入还款期的贷款学生日益增多，违约现象的增多成为银行和财政部门不得不重视的问题。2003年8月，贷款银行规定对于违约比例达到20%且违约毕业生人数达到20人的高等学校暂不列入国家助学贷款计划之列。很多学校的学生在2003—2004年这一学年度因此而丧失了获得国家助学贷款的资格，无力支付的学费和住宿费只能由学校暂时承担，国家助学贷款的推行面临着新的困难。

2004年6月，国务院批准下发了《关于进一步完善国家助学贷款工作的若干意见》，对其在贷款政策、实施机制、风险防范、组织领导等方面进行了重大调整和完善，形成了国家助学贷款新机制。中央还正式要求各地方政府积极推进生源地助学贷款业务，浙江、江苏、河北、辽宁等省份相继实施生源地助学贷款。生源地助学贷款基本上以省为单位运作，其政策条款基本上是全盘依照当时环境下的国家助学贷款政策而制定的，因而在资助对象的条件、贷款期限和金额、利息补贴等方面与国家助学贷款政策大同小异。

从上面的分析可以得出，我国高校学生贷款制度是在不断地调整，其调整固然有随形势变化而变化的原因，但政策制定者对构建合理可行的学生贷款制度的认识不清也导致了制度的频繁变化。根据前面的分析得知，提供学生贷款的预期目标和政府在推进学生贷款制度中的作用在很大程度上影响了学生贷款制度的构建。就当前来讲，我国高校学生贷款的主要目标是部分保障，即保障贫困学生继续学习的机会。政府在学生贷款制度的发展中存在一定的缺位，把贷款的责任主要推给了银行，造成了一系列的问题。当然政策制定者也逐渐认识到这一问题，采取了一些措施来纠正。比如，只要是按照国家规定发放和管理国家助学贷款的，确因贷款人逃贷，并能够提供追索无效的有关资料，就不再追究经办银行和经办人的责任，允许对国家助学贷款的呆坏账进行核销。这些措施只是完善学生贷款制度的一部分。

就我国目前的实际情况来看，信用体制还不健全，尚未建立全国的信用评级体系。在市场机制还不完善的情况下，应该实行部分保障制度下以政府机制为主的，形成政府、银行、中介组织、高校四位一体的学生贷款制度。首先，政府负责制定贷款人的申请资格和审查学生减免资格以及给出延期支付与豁免的条件等，并负责根据具体情况修正某些政策条款，提供财政贴息和对不属于经办机构的责任造成的学生贷款呆坏账提供担保，建立和完善处罚违约学生的制度。其次，根据财政支付能力和贫困学生的实际需求设立专项的学生贷款基金，由银行负责支付贷款、账户管理和回收贷款的具体操作业务。再次，成立专门的担保中介机构为贷款学生提供担保。该机构是介于贷款机构和借款学生之间的中介组织。当发生拖欠时，担保机构将学生应还的贷款支付给贷款机构。借款学生需向担保机构支付担保管理费，以分担担保机构向学生提供担保的管理成本。如果担保工作程序无误，担保机构还可以获得政府回补的贷款拖欠资金。最后，高校应负责学生贷款的初级推荐和审查，负责提供贷款学生学习和离校后工作岗位的具体消息，协助以上机构做好工作。

参考文献

[1] 李文利. 高校学生贷款运行模式的中外比较 [J]. 复旦教育论坛，2004 (4)

[2] 钟宇平，孔繁盛，雷万鹏，等. 从学生视角看大学生贷款的成本 [J]. 教育研究，2003 (6)

[3] 黄维，沈红. 基于功能金融理论的中国高校学生贷款制度可持续发展 [J]. 复旦教育论坛，2006 (6)

[4] 李红桃. 国外学生贷款研究和实践述要 [J]. 理工高教研究，2002 (5)

[5] 陈剑光，姚利民. 高校学生贷款制的国际比较与争议 [J]. 现代大学教育，2003 (5)

[6] George Psacharopoulos，Keith Hinchliffe. Returns to Education：An International Comparison [J]. Elsevier Science，1973 (1)

灾害事件中大学生集群行为调控对策探索

龙黎明
（法学院）

摘要：灾害事件不可避免地给高校政工系统如何有效调控大学生集群行为提出了新的更高的要求。本文立足于对灾害事件中大学生集群行为的概括分析，从高校政工系统的专门调控工作角度出发，进行积极的思考，努力提出可行的调控对策。

关键词：高校政工　灾害事件　大学生集群行为　调控对策

我国是一个自然灾害频发的国家。高校是一个人口密度大、有相当大人口流动性、青年聚集、活动频繁和最受社会关注的公共场所。伴随连年的高校扩招，大学生数量剧增，学生综合素质参差不齐，高校稳定工作的重要性更加凸显。如何应对灾害事件中大学生的集群行为，及时有效采取措施，既是一个值得从理论上进行探讨的课题，也具有现实的客观必要性。

一、灾害事件中大学生集群行为浅析

2007 年颁布实施的《中华人民共和国突发事件应对法》将突发事件界定为“突然发生、造成或者可能造成重大人员伤亡、财产损失、生态环境破坏和严重社会危害，危及公共安全的紧急事件”。灾害事件即是突发事件范畴。

比照突发事件的特征，灾害事件具有如下几个值得关注的特点：不可完全预知性、损害性、扩散性、可变性。

（一）大学生集群行为的略述

大学生集群行为，指大学生在激烈的互动中自发产生的无指导、无明确目标、不受正常社会规范制约的多人非常规行为。要高度重视大学生集群行为的发生，主要是基于失控大学生集群行为的危害性和可能导致的危害结果两个方面的考虑。

（二）灾害事件中大学生集群行为的特征

大学生集群行为较之社会性集群行为具有显著不同的特征：行为的偶发性和目的的单纯性、行为的匿名性和主体责任的分散性、行为的情绪化和非暴力倾向、行为的失范性与短暂性等。由于灾害这一诱发因素，灾害事件中大学生集群行为的特点集中体现为偶发性、行为的情绪化、行为性质转化可能性低。

（三）灾害事件中大学生集群行为的具体表现形式

1. 慌乱：灾害在一定程度、一定范围内打乱了日常生活的正常秩序，学生随即出现慌乱。集群中行为表现幅度大和有感召力的学生可能采用直接的、含蓄的或半含蓄的方式，客观地通过语言、行动等方式对周围同学的心理和行为造成影响。

2. 压抑与暴发性不理智行为：灾害的震撼性结果，在学生群体中极易酝酿产生压抑的情绪。而青年人情绪活动十分强烈，抑制力较弱，情绪递增迅速，亟待合理的方式和渠道排解压抑情绪。

3. 从众：集体在灾害发生后会被大学生突然重视起来。大学生大多远离家乡，在突如其来的灾害面前，他们害怕受到群体的排斥，极易出现从众行为。

4. 漠视纪律管理：灾后，生命的价值被无限放大；由于家庭等因素增强，学生漠视管理规定，往往组成小集群集体违规。

二、快速反应调控对策

高校政工系统快速反应调控对策的采取，直接反映着一所高校的政工队伍素质。

（一）快速建立领导有力的管理指挥体系

由于灾害发生的突然性和破坏性，高校既独立于社会又与社会紧密联系的特点，高校领导层和管理层面对的不仅仅是在校学生群体，还必然包括学生家庭及多个层面不同领域的社会职能部门。如果没有快速建立起来的领导有力的管理指挥体系的运作，要保持高校在灾后的稳定谈何容易。

（二）畅通信息传导渠道，建立有效信息处理系统，主导舆论导向

及时、全面、准确掌握并有效处理信息，能有效地制止一般的社会集群行为的发生。有效的信息处理系统的作用突出地体现在：畅通信息传导渠道，保证决策的有效性；有效处理信息、传导信息，稳定大学生群体的情绪；主导舆论导向，为调控集群行为创造有利条件等。

（三）迅速查实损害情况，防止损害扩大

应当迅速调查清楚灾害直接造成的损害情况，及时通报给学生群体，以帮助学生群体了解灾害的危害性，消除学生群体中不必要的猜测。这既能调控学生群体情绪、控制其他集群行为发生，又能有效防止损害的进一步扩大。

（四）采取行之有效的思政对策

在政工第一线，行之有效的思政对策的运用是调控灾后大学生集群行为的主要内容。

1. 深入学生群体，践行“我们在一起”的承诺。辅导员是学生接触得最多的校方管理人员。在灾害事件中，辅导员要及时出现在学生当中，这对于稳定学生情绪有积极的作用。辅导员的主心骨作用集中表现为：

（1）稳定学生情绪，帮助学生缓和并排解焦虑、烦躁的情绪。

（2）给学生“共同进退”的影响，并以自己为中心在学生群体中培养安定情绪。

（3）帮助学生树立应对灾害的信心。

2. 及时发动骨干学生，引导形成良性影响的集群行为。在集群行为发生时，平时的学生组织模式容易被突破。灾害事件中，学生骨干的言行对其他学生的影响很大，能够最先与老师取得联系、汇报情况。辅导员要及时发动骨干学生，首先消除他们的不良情绪，充分调动他们的积极性与主动性；通过他们及时把正确的信息带回到学生中间，同时把同学中的真实情况反馈给辅导员，使骨干学生形成良性集群行为。充分利用骨干学生在大学生群体中的影响力和号召力，以他们的思想言行影响更大范围的学生，为防止、控制、减少消极集群行为争取到工作的主动性和及时性。

3. 帮助情绪特别低落的学生转化情绪，消除消极的集群影响因素。灾害事件后的大学生首次集群行为可以在较短的时间内得以控制、消除。由于灾害事件而造成的恐慌、难受、焦虑、抑郁等消极情绪，还会存在并积聚，极易在学生中引发再一次的集群行为。辅导员要及时发现学生群体中的消极情绪携带者，主动与这些学生密切联系，从生活上给予关心，引导这些学生宣泄情绪，使其消极情绪及时得到正常的释放。

4. 在集群行为酝酿阶段予以积极控制。通过灾后常驻学生宿舍、勤走访学生寝室、更加密切与学生骨干的信息交换等方式，辅导员应该能够及时分析出集群行为发生的可能性或者发现学生酝酿集群行为的迹象。辅导员除尽快通过政工系统渠道汇报情况外，可以采用在寝室陪伴学生等方式消除不必要的恐慌，以及时控制可能发生的集群行为。

5. 合理占用学生空闲时间，分散学生注意力。通过汶川大地震期间的实际工作，笔者发现诱发大学生集群行为的另外一个主要因素是学生注意力过分集中于灾害而产生的主观臆断。因此，通过在停课修整期间走访学生寝室、组织党支部会议等措施，合理占用学生的空闲时间，有效分散学生群体的注意力，从而增加相对稳定的群体情绪。

三、以预防为主的长效预置调控机制建设

虽然灾害事件偶发性很大，但高校建立长效预置调控机制也是非常重要的。高校应当形成具有可操作性的突发事件管理机制。

（一）成立专门的组织系统

目前，我国大部分高校虽然建立了一些应对突发事件的干预预案，但仅限于某一类突发事件，在应对某些大规模的突发事件时往往有些力不从心，常常暴露出职责不清、反应缓慢、慌乱失措等弊病。

该组织系统的职责是全面负责各类重大突发事件的减灭、预备、应对和恢复工作，对突发事件进行全方位的和全过程的管理。地震、洪水、台风等自然灾害，各种意外事故、集体中毒、示威游行等突发事件都应该纳入其管理范围。在危害管理的动态过程上，应包括突发事件发生之前的减灾、防范和预警，突发事件发生后的紧急应对以及随后的善后工作等。

（二）专门知识、技能的长期培训

高校应当从教师中有意识地培养专业技术人员、应急机构人员，有意识地加强辅导员紧急应对突发事件行动的各种知识和技能，有意识地在大学生中培训应对突发事件的志愿者。

培训的内容应当包括制订应急计划的程序、演习的设计、灾难的评估等方面的知识，还应该面向全校大学生提供各类应急知识、紧急逃生技能常识教育。

（三）设立预警专门机构

高校可以考虑在政工系统内成立专门的危机预警科室。该科室的重要职责是通过搜集各类与突发事件有关的信息并对信息进行加工和分析，对近期是否会出现某种突发事件以及出现的可能性大小做出判断。在人为危机出现的可能性有显著上升时，视情况发出预警信息，使有关部门和公众能够及时做出必要的准备和防范。

（四）完善校园信息网络

高校应充分利用现代通讯技术建设专门的危机信息沟通网络。目前国内大部分高校都建立了信息联动机制，但还有进一步改进的空间。在提高技术装备性能和质量的同时，更要加强管理，使其能够真正为应对突发事件而发挥作用。

（五）设立突发事件应急资金

高校应在资金预算中划拨应对突发事件的专项资金，统筹安排。制定资金使用的专门制度，充分考虑到预算项目安排的必要性、合理性和先后次序、经济效益等。同时，注重对预算资金使用情况的绩效考核评价。

参考文献

[1] 方舟子. 地震预测的梦想与现实 [J]. 飞碟探索，2009 (5)：10－11

[2] 叶瑜，方修琦，葛全胜，等. 从动乱与水旱灾害的关系看清代山东气候变化的区域社会响应与适应 [J]. 地理科学，2004 (6)：680－686

[3] 沙莲香. 社会心理学 [M]. 北京：人民出版社，2006：255

[4] 李少荣. 大学生集群行为的应对与德育反思 [J]. 高教探索，2006 (2)：84－86

浅谈高校贫困生援助工作

谭新禹
（学生工作部）

摘要：随着高等教育体制改革的不断深入，高校贫困生问题日益突出，帮助贫困生完成学业已成为高校学生工作的重点之一。文章通过分析高校贫困生的现状，探讨了对贫困生援助工作的途径和方法。

关键词：贫困生　资助　勤工助学

随着我国经济社会的全面发展，高等教育的发展已经由精英教育走向大众教育，越来越多的学生跨入了高等学府的大门，贫困生比例也随之提高。据统计，2009 年全国高考录取人数约 600 万，在校大学生总人数有 2000 多万。高校贫困生问题已成为高校工作的重点和难点问题，成为政府重视、家长操心、学校担心、学生忧心的社会问题。充分认识和解决好这一问题不仅仅是帮助贫困生完成学业，而且关系到国家人才的培养，关系到国家和社会的稳定。

一、高校贫困生的认定问题

贫困生的认定模糊，学校一般只能凭学生开具的各种贫困证明，把家庭人均月生活费作为衡量一个家庭是否贫困的尺度，而且各高校对这个尺度的具体标准又界定不一。由于各地民政部门及有关机构所把握的尺度不一样，衡量标准不一样，再加上学生家庭背景及社会关系等原因，所开具证明材料的真实性有很大差异。有的地方把给学生开具贫困证明作为当地“扶贫”做好事，有的把它作为人情相送，随意开具，这些都给贫困生的界定带来了很大困难，导致高校帮困工作效果大打折扣。

根据高校学生工作调查，贫困生的家庭状况大致可分为几种情况：一是家庭所在地自然环境恶劣，经济滞后，发展落后，来自这些地区的大学生，多数家庭经济困难。二是孤儿、部分单亲家庭的学生或父母不务正业的学生，这些学生要么无经济来源，要么经济来源较少。三是家庭突遇变故，家庭成员患重病或丧失劳动能力，家庭支出增多或收入减少。四是父母下岗，家庭收入不固定且收入低。五是家庭人口多，父母年事高，兄弟姐妹多且都在接受各阶段的教育，家庭负担重。

高校贫困生的认定工作需要有社会、学校及学生三方面参与。考虑到新生入学后一段时间内同学间、师生间彼此交流程度不深，认定时间最好安排在新生入学后的第二学期。因为大学生的消费主要由学费和生活费两部分组成，划分贫困生的标准应该参照学校所在地和学生家庭所在地居民的最低生活水平线。首先，由学生本人提出相关申请，学校参照申请及划分贫困生的标准进行初步审定，审定入围的学生要提供家庭所在地乡镇以上民政部门的困难证明；然后，组织师生对这部分学生的平时消费情况进行评议，再组成评定委员会进行最后的审定。总之，科学准确地确定贫困生，是学校做好贫困生工作的先决条件。

二、高校贫困生现状

贫困大学生现状不容乐观。多数贫困生能正视贫困，并努力改变现状，但仍有少部分贫困生的现状令人担忧。第一，在学习方面，由于家庭经济困难的困扰，加上城乡教育差距和本身基础薄弱等原因，贫困学生中，除了少数学习成绩优秀外，大多表现平平，综合素质相对较差。第二，家庭经济困难造成和加剧了他们的心理负担，容易导致其产生自卑、孤僻、不合群、偏激甚至仇恨的心理。通常情况下，贫困家庭的成员或是文化水平有限，或是身体健康状况欠佳，很难为贫困生提供有效的帮助。第三，经济困难和自卑感还限制了他们的社会活动范围和交往方式，不利于他们人际交往能力和协作意识的提高。例如寝室联谊、社团活动等，由于受到经济条件的约束，与普通学生相比，贫困生只能减少甚至完全回避这些活动，这一点对贫困生的人际关系发展有明显的副作用。第四，贫困生社会关系少，就业渠道窄，在就业上选择的余地也不多，就整体而言，贫困生在就业竞争力上也弱于一般大学生。第五，部分贫困生在物质利益和精神利益的考验面前显得脆弱。他们中一些人随遇而安，不思进取；一些人不愿意依靠自己的能力去解决困难，等着学校减免学费和给予困难补助，有“等、靠、要”的不劳而获思想；一些人意志消沉，自暴自弃等。

三、健全高校贫困生援助体系的对策

贫困生问题是全社会的问题，需要政府、社会、学校、个人的共同努力。解决高校贫困生问题对于我国的经济发展、人才储备、构建和谐社会有非常重要的作用。要从根本上解决高校贫困大学生管理问题，就必须建立起政府、社会、学校等多位一体的机制，加强相互间的沟通与合作。

（一）加强资助监管，推进和完善贫困生资助政策

政府在制定和完善有关资助贫困生政策的同时，要加强政策的落实和督导工作，进一步完善“奖、贷、减、免、补、助、勤”政策，推进国家助学贷款工作，制定合理的高校收费标准，进一步加强教育体制改革。

政府部门要加强贫困认定监管。首先，对乡镇民政部门工作者要进行贫困认定重要性的宣传。其次，把乡镇民政部门工作者滥开贫困证明与其工作表现联系起来，由市县民政部门每年对其开具贫困证明情况进行核实，一旦发现有虚假情况的应视为渎职并按相关处罚条例处理。这样就在源头上遏制了部分学生不法获取国家贫困资助金，使资助金真正用在“助贫”上。同时，地方民政部门可以开设热线，以方便学校有关管理部门或群众针对当地开具的贫困证

明进行核实。

（二）科学帮困育人，在精神扶贫上下工夫

对于贫困生仅从物质上给予资助是远远不够的，对于多数贫困生来说，在精神上的帮助才更为重要。因为大学生的贫困不同于一般人的贫困，他们在物质上的贫困是暂时的，但精神上的贫困如果不解决好，就会严重影响他们世界观和价值观的形成，甚至会影响他们的一生。因此，在帮助他们解决经济困难的同时，还要给予更多的爱心关怀和精神帮助。

高校要从育人高度来进行帮困。第一，加强心理健康教育。要以课堂教育为主，课外指导为主要渠道，形成教育与指导，咨询与互助、自助相结合的心理健康教育体系，做好心理危机的早期预警和及时干预工作。高校要充分重视实用心理学教育，积极引导有心理问题的学生进行自我疏导，使贫困生掌握心理调适以及消除心理障碍的方法，以一种积极、乐观、自信的态度面对生活中的困难。第二，加强政治辅导员心理学知识的培训，作为高校解决贫困生心理问题的重要途径。政治辅导员是大学生的直接交往者，能够及时、充分地了解学生的心理状态，让他们掌握心理咨询技巧，对贫困生进行心理疏导是解决贫困生心理问题的一条有效途径。第三，要教育贫困生树立正确的人生观、价值观，以正确的态度认识经济上的困难，保持乐观、豁达的心理状态，努力克服困难，完成学业。第四，加强校园文化建设。校园文化是大学生全面发展的重要条件，对贫困生各种素质的提高发挥着潜移默化的作用。除了要加强第一课堂的建设外，学校要以校园文化活动为载体，搭建多种活动平台，通过学生社团和院、系、班为单位，组织开展校园科技文化节、技能比赛、实验、各种班会、团组织生活、学生科研和创新活动等。要鼓励贫困生积极参加各种社团组织，参加各种活动，在活动中与其他学生积极互动，融入群体生活中，丰富自己的课余生活，锻炼和提高自己的各种能力，满足自己的精神需求。另外，还可以强化激励性资助，在目前奖学金的基础上，增设贫困学生奖学金和贫困学生学习进步奖，专门用于奖励刻苦学习的贫困生，使奖学金机制更加完善，真正起到助学作用。

（三）加强学业援助，提高贫困生的自信心

学业援助是指在课程学习、能力培养等方面对贫困生进行的援助。由于贫困生大多来自于经济和教育落后的地区，他们在城市的生活技能、工作技能、人际交往能力等方面都处于弱势，如果不进行一定的帮助，时间长了他们就会感到技不如人，缺乏自信，进而导致学习、就业的各种困难。而这些问题靠经济援助、心理援助是解决不了的，所以在整个援助体系中应对贫困学生的学业问题引起足够的重视，要对贫困生的弱势课程学习提供援助。高校可以安排任课教师每周开设答疑课，学生可以面对面地与教师交流；同时，可以安排班级学生定期召开学习交流会，让学生相互学习，相互交流，达到提高的目的。高校还应多开设实践课程，让贫困生能更多地学习和了解"学以致用"，让其明白应该在自身不足的方面做改进。

（四）拓宽渠道，积极开展勤工助学活动

勤工助学是贫困生自救的最佳途径。通过勤工助学，贫困生不仅可以补充学习生活费用，实现一定程度的生活自立，而且有利于增长知识能力、培养艰苦奋斗的思想作风和增强自身的综合素质。目前，勤工助学在高校存在以下几个方面的问题：一是校园内能够提供的勤工助学岗位很少，助教、助研、文秘、图书馆这些文职岗位几乎饱和，后勤所能提供的有限的体力劳动岗位不但少，满足不了贫困生的要求，而且有的贫困生出于所谓面子方面的考虑不愿意去做。二是校外所能提供的勤工助学岗位也并不多，绝大部分是从事家教，但从事这份工作的多是性格开朗、成绩优异的学生，而不少贫困生性格内向，自卑心理较重，不善于表达，不被学生家长看好。三是勤工助学在不同程度上影响了贫困生的学习，一些学生因为勤工助学，成绩一直上不去，把勤工助学变成了勤工误学。

政府和高校要为贫困生勤工助学、自主创业开辟道路。政府部门设立勤工助学基金，对大学生勤工助学和自主创业者在政策上给予优惠，在资金上给予支持，并成立专门的机构，确保基金保值、增值。社会尤其是企业要尽可能为在校大学生提供勤工助学的机会，或者充分实现大学生知识优势和企业资金优势的结合，实现双赢。贫困生要抛弃“等、靠、要”的观念，充分发挥自己的知识优势，积极寻找勤工助学和自主创业机会。为了确保大学生勤工助学、自主创业有制度保障，高等教育要实现制度创新，采取灵活的学籍、学分制度。学生勤工助学、自主创业不仅仅是解决贫困生问题的重要途径，而且是高等教育改革的内在动力，有利于高等教育适应社会的需要，更有利于大学生的成才。政府、社会、学校和贫困生群策群力，创造一个全社会助学的风气，鼓励贫困生勤工助学和自主创业，实现培养创新型人才和贫困生资助计划的完美结合。

参考文献

[1] 王晖. 高校贫困生资助体系存在的问题及对策[J]. 湖南财经高等专科学校学报，2007（1）：155－157

[2] 韦颖. 高校贫困生资助方式研究［D］. 昆明：云南师范大学，2006

[3] 张爱中. 高校学生勤工助学工作探析［J］. 北京工业职业技术学院学报，2004（3）：60－62

[4] 张建. 对大学生勤工助学的几点思考［J］. 思想教育研究，2003（1）：33－34

高校辅导员职业化、专业化进程中存在的主要问题及解决途径

罗　浔

（生命科学学院）

摘要：本文从分析高校辅导员队伍职业化、专业化过程中存在的主要问题着手，结合学习贯彻教育部令24号文件精神，借鉴国外高校辅导员模式，从明确岗位职责、确立行业标准、加强教育培训、建立考评晋升机制、创造外部环境、加强职业生涯指导等几方面论述了加强辅导员队伍职业化和专业化建设的措施与途径。

关键词：辅导员　队伍建设　专业化　职业化

2004年中央16号文件明确提出，辅导员是“大学生健康成长的指导者和引路人”。近些年来随着国内外政治经济局势的重大变化和社会多元化的发展，国内教育界已普遍意识到辅导员制度在某些方面已经不能适应社会发展的需要，因此教育部在《加强高等学校辅导员班主任队伍建设的意见》（以下简称《意见》）中提出“要统筹规划专职辅导员的发展，鼓励和支持一批骨干攻读相关学位和业务进修，长期从事辅导员工作，向职业化、专家化方向发展”。

一、当前辅导员队伍建设中面临的主要问题

（一）辅导员业务能力需要不断加强

辅导员不仅要具备专门教育工作能力和相应的思想政治教育的基础知识，在知识结构上还要具有教育学、心理学、管理学、社会学等相关学科专业背景知识。但现在高校辅导员大部分都是各专业毕业后直接留校的人员，其中部分人没有承担辅导员实践工作的经

验，政治理论修养也还需要提高。调查显示，当前辅导员中具有哲学社会科学（含思想政治教育）学科专业的占 9.6%，具有教育学、心理学和社会学学科专业的占 3.8%，两者相加只有 13.4%，相对较少。[1]

部分辅导员分析和解决新形势下新问题的能力还有待提高。据调查，辅导员认为自己理论水平不够的占 64%，认为自己做思想工作能力不强的占 30%，认为自己对学生思想状况把握不准的占 34%。[2]现在大学生在心理健康、职业生涯规划、学习指导等方面的需求越来越大，辅导员要尽可能地满足这些需求。

（二）高校辅导员队伍建设需要进一步加强

在部分程度上辅导员没有更多的时间和精力去认真分析、研究学生问题，难以用新知识和新教育理念指导学生成长成才，削弱了辅导员作为思想政治教育工作者和学生成才成长指导者的职能。同时，辅导员队伍流动性比较大，往往在其刚刚胜任学生工作之后就离开岗位，这样不利于辅导员队伍的长期建设。

（三）辅导员考核和晋升机制尚不完善，职业发展规划不够明晰

自从《意见》颁布后，各高校已陆续制定和施行了思政系列的考评、定岗、晋升政策，但辅导员工作的过程和成效本身就难以量化，加上职责的不确定，导致考核缺乏必要的依据和标准。由于受到高级岗位数量的限制，辅导员增多，职务上的晋升不可能得到很好的解决。

二、实行辅导员职业化、专业化的必要性

教育部已经明确规定了辅导员的发展方向，指明了辅导员职业化、专业化的重大意义。

（一）辅导员职业化、专业化是客观环境的外在要求

1. 高等教育发展的形势需要辅导员专业化。到 2010 年中国高等教育毛入学率超过 25%，在校学生达到 3000 万人。[3]扩招后学

生人数急速增加，学生情况更为复杂，为思想政治教育工作增加了难度。辅导员必须不断掌握更新专业知识、提升专业技能水平、提高专业工作效率，才能更好地应对挑战。加强辅导员队伍的专业化建设，是适应高等教育改革和发展要求的必然选择。

2. 当代大学生群体呈现的新特点需要专业化的辅导员来教育引导。当代大学生多数为独生子女，存在自律性差、缺乏挫折教育、缺乏集体主义观念等问题；如今又处在社会大变革、经济一体化、文化多元化的时代，他们普遍对前途感到迷茫，感到压力过重。辅导员要肩负起大学生的“三观”教育、道德法制教育、心理辅导、职业生涯规划教育、学习和生活指导等重任，只有经过专门、系统培训才能正确分析和解决新形势下学生群体出现的这些新问题。

（二）职业化、专业化也是辅导员队伍自身发展的要求

目前辅导员队伍知识结构不合理，职责不清，精力分散，地位和待遇偏低，队伍稳定性差，职业生涯路径偏窄。只有推动辅导员队伍专业化和职业化，才能提高辅导员队伍的整体素质，提升辅导员职业地位，成就辅导员的光彩事业。

三、走符合国情的辅导员专业化、职业化道路的措施和保障

辅导员专业化和职业化就是要做到以科学的系统的理论为指导，使学生工作逐渐改变经验式的工作模式，成为具有专业性、稳定性、职业化，从业人员具备相应的职业准则和职业道德，其职业地位得到社会的认可等特点的专门职业。其具体途径作如下探究。

（一）借鉴国外高校的辅导员专业化模式，实现“条块结合”，明确岗位职责

西方国家高校普遍设有辅导员（Counselor）职业。以美国为例，其主要特点是“条状管理”，实现专业化和职业化，辅导员的工作职责分为心理辅导、职业辅导和社会化辅导三个主要部分，通过预约制度来进行管理；工作方式是服务性的，只要有需要，学生

都能预约辅导员。[4]

近年来，各高校都在校级层面上成立了心理咨询部门、职业指导部门，取得了一定的效果，然而一个部门几个人要面对全校几千甚至几万名学生，势必力有不逮。学生工作的重心在院系上，如果辅导员掌握这些专业知识和技能，那么工作效果将会更好，这也是辅导员专业化的内在需要。但辅导员个体的精力和学习能力有限，很难全面掌握这几大块的系统专业知识。因此，如果把这些部门功能下放，把“条状管理”引入院系，在这一层级上实现专业化分工，实现“条块结合”，一个院系的全体辅导员有区别地选择某一项或某几项专业进行深入学习，成为该领域内的专家，同时仍然负担日常的常规工作，那么既实现了辅导员的专业化，又保持了我国辅导员制度的传统优势，还减少了工作量。

（二）设置行业标准，建立行业准入机制

辅导员岗位对专业背景和知识技能要求较高，宜通过公开招聘、竞争上岗，把那些政治上可靠、知识面广、素质高、能力强的优秀人才选拔充实到辅导员队伍中。同时，可采取资格认证的办法，并建立一套合理可行的高校辅导员资格认证制度。

（三）加强对辅导员的培训和教育

通过举办岗前培训和经常性的岗位培训，从教育的要求和学生的需要出发，对辅导员进行全方位培养。此外，还可以通过在职攻读思想政治教育专业的硕士、博士研究生和考相关行业的职业资格等途径把辅导员培养成为某一方面的专家。同时，开展课题研究，提高辅导员的科研能力。

（四）建立科学的考评和晋升机制

高校应切实加强对辅导员的考核和管理，建立健全符合大学生思想政治教育工作和日常事务工作要求的工作考核评估体系。同时，完善辅导员工作职责的规范和考评制度，将考核结果与职务聘任、奖惩、晋职定级密切挂钩。

（五）创造良好的外部环境

需要进一步理顺学生工作相关部门之间的关系，划分清楚涉及学生工作的各职能部门、人员的责任与任务，剥离那些本不属于辅导员工作范畴的事务。在涉及学生相关事务时，可以建立一套协调执行机制，规范相关事项沟通与协调的工作程序，避免出现多头管理。

（六）加强辅导员职业生涯指导，畅通辅导员发展通道

为了让辅导员认识到这是一个光荣、艰巨而又能实现人生价值的职业，愿意献身这个职业，从而保证辅导员队伍的长期性和稳定性，一定要做好辅导员的职业生涯指导，畅通发展通道，让他们看到前途的光明。一是加强辅导员队伍专业化、专家化建设；二是在职称晋升上制定专门的标准，从初级、中级到高级岗位，让辅导员沿着一定的发展通道发展；三是从培养后备干部的高度对辅导员队伍进行培养和使用，将其作为学校党政后备干部选拔和培养的重要来源。

参考文献

[1] 赵庆典，李海鹏. 努力构建大学生思想政治教育的组织保证和长效机制：高校辅导员班主任队伍建设情况调研报告 [J]. 国家教育行政学院学报，2006（2）：77—78

[2] 林泰，彭庆红. 清华大学政治辅导员制度的特色及其发展 [J]. 清华大学学报：哲学社会科学版，2003，6（18）：85—90

[3] 曲建武，吴云志. 着力建设一支专业化职业化的辅导员队伍 [J]. 高校理论战线，2006（9）：39—42

[4] 张端鸿. 中美高校辅导员制度比较 [J]. 思想理论教育，2005（3）：19—22

试论我国高校贫困生资助体系存在的问题及建议

唐世红　贾舜宸
（材料科学与工程学院）

摘要：随着高等教育制度的改革，大学生缴费上学政策的实施，使得在校贫困生的资助问题越来越突出，并引起社会的广泛关注。本文阐述了做好高校贫困生资助工作的重要性和迫切性，着重分析了当前高校贫困生资助工作存在的主要问题，并有针对性地提出了加强高校贫困生资助工作的相应建议。

关键词：高校贫困生资助体系　问题　建议

随着高等教育制度的改革，大学生缴费上学政策的实施，高校出现了一个特殊的群体——贫困生。他们大多来自偏远山区、落后农村、城市低保或遭遇重大变故家庭，数额不菲的学费和生活费使他们不堪重负。如何做好高校这个特殊群体的资助工作变得越来越重要和迫切，这个问题引起了社会的广泛关注，国家及各高校对这一问题也十分重视。2007 年 5 月，随着国务院《关于建立健全普通本科高校、高等职业学校和中等职业学校家庭经济困难学生资助政策体系的意见》的下发，国家在高等教育阶段基本建立起国家励志奖学金、国家助学金、国家奖学金、国家助学贷款、勤工助学、特殊困难补助、学费减免和“绿色通道”等多种形式有机结合的困难学生资助政策体系。这些举措使贫困生问题基本得到解决，然而在实际操作过程中也出现了一些不容忽视的问题。下面结合工作实际，对其中存在的问题进行探讨。

一、当前高校贫困生资助存在的主要问题

（一）贫困生认定工作存在的困难

一般高校对贫困生的认定仅限于新生入学时提供的家庭经济状况调查表，或从当地民政局、居委会等机关部门开出的贫困证明，诸如特困证、最低生活保障证、社会扶助证等，这种认定方式缺乏科学性和准确性。它的缺陷在于如果学生在当地刻意作假，非贫困生也可以开出相应的贫困证明，因此相关贫困证明材料所起到的作用及意义不大，而我们又无法对这张证明进行实地取证，这无疑给我们的工作带来了困难。在现实工作开展过程中，我们也确实发现了一些持有贫困证明的学生，他们的学习生活消费支出与他们的贫困身份非常不符。

（二）银行对国家助学贷款工作积极性不高

国家助学贷款是国家加大对在校经济困难学生资助力度而采取的一项重大措施，各高校也积极宣传，让新生了解助学贷款政策，为新生开通“绿色通道”。但助学贷款毕竟不是社会福利，银行贷款终究是要讲效益的。尽管国家助学贷款从 2004 年起实行“政府招标、财政贴息、风险补偿”政策，但由于目前在全国范围内的个人信用体系尚不健全，借贷学生毕业后流动性大，分散在全国各地，这就使得贷款回收客观上存在一定困难和风险。据有关资料统计，助学贷款违约率较高，所以在具体操办过程中，银行对贷款对象的资格审查就更加严格，宁可少贷，不愿多贷。

（三）勤工助学的方式比较单一

勤工助学活动是高校资助贫困生的重要途径，但目前大部分高校的勤工助学形式单一，规模不大，范围不广，参加的学生少。大多是帮助学校打扫卫生、管理图书、提供学生食堂服务等一些简单的体力劳动，而且活动的范围基本在学校内部。高校对社会上的勤工助学缺乏一定热情，这是因为一方面难于管理，另一方面学生的安全是一个大问题。部分学生在校外勤工助学，一般都是靠自己联

系或通过他人介绍，但其合法权益则难以得到保障。[1]

（四）贫困生的心理健康问题没有得到足够重视

家境贫寒、经济窘迫是贫困生的共同特点。大多数贫困生因为经济窘迫而产生了思想和心理上的“精神贫困”问题，如自卑心理严重、人际关系僵化、自我价值否定等。又因长期受到资助，容易产生依赖心理，一些人甚至将贫困作为一种资本，不愿主动寻找解决困难的办法，而是消极等待，更有人将自己的贫困归于社会不公，认为受到资助是理所应当。这种人穷志短的现象在一定程度上成了当前阻碍高校贫困生健康成长的主要因素。而目前我国高校的贫困生资助工作中，也往往忽略了贫困生的心理健康状况，缺乏对贫困生心理引导、支持和帮助的长效机制。

二、对贫困生资助工作的建议

（一）完善贫困生的认定机制

通过国家层面来建立相应的学生信息数据库，由地方政府的民政部门在学生入学前将学生基本信息和家庭经济状况及当前所拥有的社会资助录入数据库，并实时根据学生家庭变故等情况更新数据库内容，这样可以确保为高校贫困生认定提供前提条件。高校一方面要建立动态的贫困生基本信息库；另一方面要从制度上下工夫，包括个人申请、诚信承诺、界定标准、班级评议、跟踪调查等制度。在贫困生认定过程中既要有硬性指标量化界定，又要有柔性评价人为管理，多管齐下、共同作用。[1]

（二）完善国家助学贷款机制

首先，高校要进一步贯彻国家助学贷款政策和实施机制，落实风险补偿金制度，健全获得助学贷款学生的信用体制，将银行的风险降到最低；其次，在现有的基础上，国家应大力发展贫困生生源地贷款。生源地贷款由学生家庭出面，有利于贷款回收，也易于为银行接受。

（三）拓展勤工助学岗位，吸引更多的社会资助

勤工助学是“有劳而获”，通过勤工助学形式，把对贫困生的资助从无偿变为有偿，有利于培养学生艰苦奋斗、吃苦耐劳和勤俭节约的美德，也有利于提高学生的实际工作能力，丰富其社会工作经验，所以学校应为贫困生提供尽可能多的勤工助学岗位。具体方法如下：一是学校学生工作部门进一步开发校内勤工助学岗位。学校提供给贫困生的资助资金毕竟有限，但如果能够利用部分助困资金建立一些经营性勤工助学基地，如为学生服务的文印中心、大学生书屋等，由勤工助学部门管理，学生协助经营，盈利资金全部作为助困资金发放给勤工助学的学生。[2]二是深入动员科研经费相对充裕的科研课题组为学生提供劳务型、技术型或管理型的勤工助学岗位（上述两种方法既能解决贫困生的经济困难问题，又能锻炼学生的综合能力）。三是探索校外勤工助学管理模式，利用高校、学生、用人单位三方协议来维护学生的合法权益。

同时，高校还应设立专门的贫困生社会资助机构，吸引更多的社会资助。一方面，高校要立足于市场经济的基本价值伦理取向，遵循互利的原则，尊重捐助者合理的利益和需求，提高社会各界捐资助学的积极性；另一方面，高校应主动满足捐助者追求社会荣誉和社会地位的需要，设计出更多更新的激励方式，推陈出新，供捐助者选择，满足捐助者的合理需要，增加对捐助者的吸引力。

（四）加强高校贫困生的心理健康教育

资助家庭经济困难学生是手段，育人是目的。在校贫困生绝大多数心理健康，但也有部分学生存在这样或那样的心理问题，因此，对他们的资助不能仅局限于经济资助，而应将经济资助与心理教育结合起来，让他们在经济上脱贫的同时在思想上也得以脱贫。要积极引导他们正视困难，克服自卑心理和畏难情绪，提高自我调节和应对困难挫折的能力，增强在困难中健康成长的信心。通过开展各种课外活动强化素质教育，建立一种民主、文明、平等、相互尊重的校园文化氛围，让贫困生在宽松的环境中学习、生活，以一

种积极向上的态度对待学习和生活，把自己融入大集体中去。此外，对贫困生积极开展参与式培训和实践活动，着力提高贫困生的实践能力、创新能力和发展能力，在活动和工作中学会知恩、感恩和报恩，强化学生的自我教育和自我提高。

总之，高校贫困生资助工作是一项艰巨而又长期的系统工程，必须努力将经济资助和精神资助相结合，将教育、管理与引导相结合，进一步完善贫困生的资助体系，切实解决贫困生的问题，真正达到育人的目的。

参考文献

[1] 刘建荣，李方柏. 高校贫困生资助体系的困境与对策研究 [J]. 江西社会科学，2006 (2)：205－210
[2] 黄映芳，唐丽珍，王幼芳. 加强勤工助学完善贫困生资助体系 [J]. 中国成人教育，2003 (7)：48

论高校辅导员人力资源的开发与管理

梁　岚
（制造科学与工程学院）

摘要：高校辅导员人力资源的开发与管理是高校人力资源管理的重要组成部分，对加强和改进学生思想政治教育工作、促进学校建设与发展、维护学校稳定与和谐有着重要的作用。文章阐述了高校辅导员人力资源开发与管理的现实意义、开发现状以及辅导员所面临的新形势，并在此基础上，提出了开发与管理辅导员人力资源的一些措施。

关键词：人力资源管理　高校辅导员　学生工作

加强高校辅导员队伍建设是加强和改进大学生思想政治教育和维护高校稳定的重要组织保证和长效机制，对于全面贯彻落实党的教育方针，把大学生思想政治教育的各项任务落到实处，具有重要的意义。现代人力资源管理理论强调，人力潜在资源最为丰富。如何把这种潜在人力资源变为现实可用的人力资源，需要进行很好的开发利用和有效管理。辅导员队伍作为高等学校的一个特殊群体，对其进行全方位、多层次的开发与管理，既是现代人力资源管理的要求，也是建设高素质辅导员队伍的需要。

一、高校辅导员人力资源开发与管理的现实意义

（一）高等教育新形势的要求

在市场经济和对外开放的条件下，各种思想文化相互激荡，大学生思想活动的独立性、多变性、差异性明显增强，使高校的思想政治教育工作面临更加复杂的形势。高校应建设一支高素质的辅导

员队伍，提高大学生思想政治素质，引导大学生树立正确的理想信念，有效防范和抵御敌对势力的思想渗透。

（二）高校学生工作目标达成的需要

学生工作是面向学生开展的集教育、管理、服务为一体的学校工作。辅导员作为高校中承担基层学生工作的主要教师，能否不断趋于正确与全面地把握学生工作的内涵、不断自觉地学习并掌握学生工作的方式方法、针对新问题及新形势创新工作方法，直接关系到高校学生工作人才培育使命的完成，因而辅导员人力资源开发成为高校学生工作目标的必然要求。

（三）辅导员职业发展的需要

积极开发辅导员人力资源，让辅导员岗位从业人员不断充实与净化各自的关于教育的“心智图景”，不断改善关于教育的信念，不断增强开展工作的内驱力，不断创制工作方式。这既有利于辅导员个人职业生涯的发展，同时也是辅导员职业本身发展的需要。

（四）促进高校稳定、改革和发展的必然要求

辅导员是学生最直接的引导者，是校园文化建设的直接组织实施者，是大学精神文明建设的直接营造者和传播者，是高校正常教育教学秩序的直接维护者。一方面，辅导员能及时了解和掌握学生的思想动态，帮助学生树立正确的人生观、价值观和世界观；另一方面，辅导员是高校教师的重要组成部分，其言谈举止影响着其他教师的行为。一支健康向上、高素质的辅导员队伍本身就是维护高校改革发展的稳定因素。

二、高校辅导员人力资源开发现状

高校专职辅导员作为高校学生工作最基层的领导者、组织管理者和协调者，是专门从事大学生思想政治教育工作的骨干力量，也是与学生接触最为频繁，对学生影响最广泛的教育者之一。高校专职辅导员人力资源管理，是指高校对专门从事学生工作人员的有效管理和使用，通过一定的手段调动专职辅导员的积极性，发挥其创

造力，挖掘其潜力，使他们担负起引导学生形成重要的世界观、政治观、人生观和价值观的重任。目前高校辅导员人力资源的开发有着较大的进步，但还是存在着管理体制相对落后、队伍流动性较大、角色定位不准确等诸多问题。教育部《关于加强高等学校辅导员、班主任队伍建设的意见》指出："总体上看，辅导员、班主任队伍建设还不能很好地适应新形势下加强和改进大学生思想政治教育的需要，还存在一些问题和困难，必须采取切实措施加以解决。"

（一）管理体制落后

目前，大部分高校辅导员实行的是业务指导由学生工作部（处）负责，日常工作安排、人事关系、年终考评、组织关系由院负责的双管体制。这种管理模式，使其在教师群体中难以找到恰当的位置，为了激发他们工作积极性而设立的"双肩挑"也在现实的磨砺中大打折扣，主要表现为同职称不同待遇，教学时数的认定不考虑日常思想政治教育更多是实践性活动的特殊性，其认定的最终主管部门是教务处等。

（二）辅导员队伍的流动性较大

受经济利益与工作地位的影响，部分辅导员不安心于辅导员这一工作岗位。特别是随着后勤社会化改革的不断深入，一些应由社会承担的事务都放在辅导员的肩上；由于一些历史的原因，许多院校未及时界定辅导员的工作职责，日常事务繁重，导致部分辅导员对工作产生厌倦心理。这些现象对辅导员队伍冲击较大，辅导员转岗或转出的现象逐年增多。辅导员队伍流动性的增大会给大学生思想政治教育工作带来一定的冲击。

（三）角色定位上严重倾斜

目前，高校对辅导员工作的定位还不够准确，将辅导员的工作重心简单理解为处理学生的事务工作，忽视了对学生进行思想政治教育这一工作实质，即在定位上只是把辅导员定位为管理者，而忽视了教育者。角色定位的倾斜导致在对辅导员进行人力资源开发时，容易忽视对其思想政治觉悟、道德素养等方面的考核和培训，安排工作时也只是分配一些事务性的工作，结果使得“杂、累”成了辅导员工作的突出特点，由此造成了辅导员对自身角色的极大困惑。

（四）辅导员工资待遇低

首先，辅导员职位地位低。在高校中，辅导员职位一般低于普通教师，该工作只被认为是负责一些较为琐碎简单的事情。其次，辅导员的晋升相对较难。教师经过几年后可以评讲师、副教授、教授，行政人员可以成为科长、处长，但针对辅导员暂时没有专门的晋升机制，因此调动辅导员的工作积极性较为困难。最后，在工资报酬方面，由于工资与级别挂钩，因此也不是很高。

三、高校辅导员人力资源开发与管理对策分析

辅导员人力资源的开发与管理工作，与相关的主客体及环境、教育方式方法关系尤为密切。下面从理念层面和实践层面来阐述辅导员人力资源开发与管理的对策。

（一）理念层面

高校辅导员队伍的人力资源开发与管理必须坚持以人为本。作为大学生思想政治教育工作的主要承担者，辅导员的工作实质在于思想政治教育。国家对辅导员的核心要求是做好德育工作，党对辅导员的核心要求是做好政治工作，社会对辅导员的核心要求是做好成才引导和服务。因此，我们以教育部颁发的文件精神作为辅导员人力资源开发与管理的行动指南。

（二）实践层面

笔者认为，从人力资源开发与管理的角度划分，对辅导员队伍的建设应该包括四个环节：招聘、培训、考核和激励。高校必须建立一套完整的、根据辅导员工作特点来设置的人力资源开发与管理体系。

1. 招聘。招聘辅导员是学校引进人才的首要环节，如何招到适合辅导员工作的人才对于学校的发展意义重大。因此，各高校要

在明确辅导员岗位数量和岗位职责的基础上，通过引进、外聘、选拔等渠道逐步优化辅导员结构，坚持标准，严把“入口”关，实行竞争上岗、择优聘用，确保辅导员队伍的质量。笔者建议，按政治强、业务精和思想修养等几个条件进行挑选，选拔出具有高度的政治觉悟、较强的沟通能力和组织活动能力，具备良好的职业道德的辅导员。

2. 培训。培训辅导员是提高辅导员队伍素质必不可少的一个环节。辅导员的职业培训，可分为职前培训和在职专题培训两个阶段。职前培训主要是指在从事辅导员工作前对此工作的基本知识、技能和岗位职责的了解。在职专题培训主要是指在岗过程中，针对辅导员工作对象、工作重心和工作水平的不同，以专题的形式对辅导员进行新观念、新知识和新技能的培训，适应辅导员的矩阵式管理，目的是促进辅导员工作的专业化和职业化。

3. 考核。考核辅导员的工作绩效比较困难，但根据辅导员的工作内容、工作职责及学生的评定，要量化辅导员的工作绩效也是可能的。从学校的角度看，只有量化辅导员的工作绩效才能对辅导员起激励作用，其中关键是确定好量化的标准。同时，把辅导员的工作评价作为确定辅导员待遇、奖金、晋升的参照指标，以此提升辅导员的积极性。对此，可以采用人力资源管理中绩效评估的相关方法，收集学生及上层领导的意见和评价。

4. 激励。激励和考核是密切挂钩的，考核的环节不能做好，激励也就失去了科学的依据和期望的效用。限于高校目前的实际情况，辅导员的薪酬尚不能与其工作的实际成绩完全挂钩，仍带有较强的计划经济色彩，有些甚至连基本的工作环境和条件都不能配套落实。辅导员往往超负荷工作，却得不到相应的报酬，这严重影响了其工作的心态和质量。因此，应对辅导员的一些具体问题，比如在辅导员晋职晋升、政治待遇、岗位补贴、住房条件、培训进修等方面，要结合实际，给予适当的政策倾斜，以解除后顾之忧，提高他们工作的积极性、主动性和创造性。

四、结束语

辅导员队伍是高等学校教师队伍的重要组成部分，辅导员在高等学校人才培养过程中不可替代的作用决定了辅导员队伍建设的重要性。当然，辅导员人力资源的开发与管理是一项系统工程，各级教育部门、学校各级领导和各职能部门都应该重视辅导员队伍的建设，应该关心、关注辅导员的发展。同时，辅导员本身要明确所从事职业的历史责任，更要理解所从事工作的重要意义。只有形成齐抓共管的局面，才能形成整体合力，才能保证辅导员队伍的健康、稳定发展和壮大。

参考文献

[1] 雷蒙德·诺伊. 人力资源管理：赢得竞争优势［M］. 北京：中国人民大学出版社，2001：203
[2] 漆小萍. 学生工作的设计与评估［M］. 广州：中山大学出版社，2003：138
[3] 萨乔万尼. 道德领导：抵及学校改善的核心［M］. 冯大鸣，译. 上海：上海教育出版社，2002：11
[4] 孙新红. 试论加强高校辅导员队伍建设［J］. 科技信息，2008（30）：195
[5] 张猛，杨琳. 新时期高校辅导员工作的创新研究［J］. 科技教育创新，2007（10）：190－192

科学发展观指导下的辅导员工作创新

夏 磊
（电气信息学院）

摘要：科学发展观是指导发展的世界观和方法论。当前，国际国内形势发生了巨大变化，给开展大学生思想政治教育工作带来了良好的机遇，也提出了严峻的挑战。本文探讨了在新形势下，高校辅导员如何以科学发展观为指导，不断调整工作思路，创新工作理念，更新工作方法，从而更加全面、科学、有效地做好大学生思想政治教育工作。

关键词：科学发展观　辅导员　工作创新

一、引言

科学发展观是对党的三代中央领导集体关于发展的重要思想的继承和发展，其应用性强，外延全面，内涵深邃。科学发展观的第一要义是发展，核心是以人为本，基本要求是全面协调可持续，根本方法是统筹兼顾。作为高校辅导员，我们必须深刻领会科学发展观的真正内涵，不断调整工作思路，创新工作理念，更新工作方法，充分认识到科学发展观指导下的辅导员工作的途径与方法，只有这样才能达到思想政治教育的根本目的。

二、以发展为纲创新工作理念

科学发展观的第一要义是发展。在当前经济全球化、信息网络化和文化多元化的大背景下，高校大学生的思想更加活跃，个性更加突出，传统的教育和管理方式面临着极大的挑战和考验，要求辅导员根据时代的变化和学生的新特点，用发展的眼光不断创新工作理念。

（一）推行素质教育，树立全面发展观

培养什么样人，怎样培养人是教育首先要解决的问题。辅导员作为大学生的人生导师，必须要做到心中有数。在学校的教育中要始终贯彻育人为本、德育为先的理念，树立全面发展观，让大学生在丰富的课外活动中学会为人处世的道理，学会做事的方法，真正把大学生培养成思想道德素质、科学文化素质和身体素质全面协调发展的社会主义事业的合格建设者和可靠接班人。

（二）紧跟时代步伐，树立开放教育观

新时期，各种新思潮、新事物涌入国内，思想政治教育单靠“堵”和辅导员单方面的灌输是不行的。我们应积极转变思想观念，使思想政治教育适应全球化的趋势，采用学生喜闻乐见的方式进行教育。既要唱响思想政治教育的主旋律，又要注意教育的多样性和差异化；既要引导大学生树立坚定的共产主义理想信念，又要注意营造宽松的学习和生活环境。在形势与政策课程中，笔者就曾采用平衡轮和价值观拍卖等寓教于乐的形式让学生了解什么是科学发展，什么是全面发展，什么样的价值观才是正确的价值观。

（三）转变思想观念，树立个性发展观

传统的教育理念认为“听老师话”的学生才是好学生，而这种模式在一定程度上限制了学生的个性化发展和创新精神。在新形势下，我们应转变观念，正视并尊重这种差异，真正做到以人为本，尊重学生的选择，根据不同学生的特点，创造各种机会，有的放矢，对症下药，实施分层分类教育，引导学生根据自己的特长和爱好走好个性化成长和发展之路。

三、以人为本调整工作思路

科学发展观的核心是以人为本，是指尊重人的价值、重视人的需要。高校辅导员工作中，更要把以人为本摆在核心地位，并贯穿在辅导员工作的整个过程中，真正做到“一切为了学生，为了一切学生，为了学生的一切”。

（一）平等对待学生，真心尊重学生

辅导员不仅仅是大学生的良师，更是他们成长道路上的益友。所以在工作中一定要尊重和理解学生，平等对待他们，不要以老师自居，高高在上。要真心地对待每一个学生，尽量做到公平、公正和公开。对优生要大力培养，对差生则应不放弃、多鼓励，善于发现他们身上的优点。

（二）真情感动学生，人格影响学生

辅导员的工作是做人的工作，只有充分了解学生的内心需求，真心爱护和帮助他们，才能跟学生成为朋友，才能更好地发现和解决问题。另外，大学生正处在人生观、世界观和价值观形成的关键时期，辅导员的一言一行、一举一动都将对他们产生深远的影响，所以一定要注意自身素质的提高，不断加强学习，用人格魅力来影响学生。

（三）以理说服学生，用学识引导学生

大学生活泼、有朝气、可塑性强，但是没有社会经验，自控力不强，有时还比较反叛，迟到、旷课时有发生。面对这样一个群体，如果辅导员一味地采用强制性措施，可能会激起他们的不满，后果可想而知。所以辅导员一定要有丰富的学识，以理服人，循循善诱，用一些活生生的例子和经验教训，把抽象的概念变成生动的事实，使学生在与辅导员的交流过程中逐渐认识到自己的错误，完成自我教育，从而走上正确的道路，真正做到春风化雨、润物无声。

四、统筹兼顾，充实教育内容，更新工作方法

创新思想政治教育工作，一个重要的方面就是要统筹兼顾、改进工作方法，从而实现全面、协调和可持续发展的基本要求。

（一）持之以恒，坚持全员育人

思想政治教育工作是一项系统性的工作，也是一个长期的、持

续性的工作，不可能一劳永逸，也不是光靠一两个辅导员就可以做好的。因此，应该把思想政治教育工作贯穿到学校的各个教育环节，贯穿到学生日常的工作、学习和生活中。辅导员在工作中一方面应经常与任课教师沟通，反馈学生意见，以便教师改进教学；另一方面应经常同学生家长联系，了解学生的性格和成长环境，一起分析和解决学生存在的问题，从而实现全员育人。

（二）朋辈辅导，资源共享

为了让各届学生能够资源共享，把学院的优良传统传递下去，笔者在保送到本院继续攻读研究生的学生里选择了十几个学生，组成朋辈辅导员队伍。团队成员人才济济，各有所长，既有擅长科研竞赛的，也有精于社会活动的。他们策划和参与新生的各项活动，不仅用自己的经验教会新生如何更好地适应大学生活，还锻炼了自己的能力，同时也为学院选拔和培养兼职辅导员打下了良好的基础。

（三）解决思想问题和解决实际问题相结合

开展思想政治教育工作，不能停留在表面、停留在口头上，而应深入实际、深入群众。辅导员应鼓励学生走出校园，参加各种实践活动，亲身体验生活，尽自己的能力去服务社会，完善自我，在实践中长知识、增才干。

2008 年年底，为了让学生体验改革开放 30 多年来我国的变化，笔者带领学生党员前往新希望集团进行参观和访问；2009 年，笔者又带领学生先后前往都江堰安龙镇和东方汽轮机厂进行了灾后农村重建与企业重建的调查，前往都江堰聚源镇进行大学生村官现状调查，等等。这些活动，让学生在与人民群众的接触、了解、交流中受到真切的感染和体验，从活生生的典型事例中受到深刻的教育和启发。

（四）巧用网络完成思想政治教育

网络的发展让人足不出户就可以了解世界，获取信息，增长知识。而大学生作为较高文化层次的群体，必然会受到网络文化的影响。所以高校辅导员必须学会使用飞信、QQ 等大学生喜欢的方式与他们进行沟通交流。同时还可以通过开通 QQ 空间和博客，把自己的感受和心得告诉学生，引导学生浏览有利于自身发展的网站和信息。笔者曾引导学生浏览李开复的博客，学习他写给大学生的七封信等，既丰富了学生的学习生活，又完成了网上思想政治教育，收到了良好的效果。

（五）重视心理关怀和疏导

当代大学生常常被人际关系、学业及就业压力、经济压力、上网成瘾等问题困扰着。长此以往，不但会产生心理障碍，甚至会出现严重的心理疾病或产生自杀倾向。因此，辅导员除了要学习心理健康知识和掌握心理咨询的方法及技巧，还应经常通过查看学生 QQ 或飞信的个性签名，关注学生的思想动态，及时识别心理健康出现问题的学生。另外，应组织学生参加各种心理健康讲座，学习调整心情的方法，并利用形势与政策课程等教育学生正确看待生活中的得失，保持良好心态，热爱生命，珍惜幸福生活，学会感恩。除此之外，培养一支具备心理健康相关知识的主要学生干部队伍会让辅导员工作更加有效。

（六）利用职业生涯规划辅导，实现可持续发展

职业生涯规划可以帮助学生真正了解自己，筹划未来，拟定一生的发展规划。职业发展指导和生涯规划应贯穿大学的全过程。大学阶段正处于职业生涯的探索阶段，辅导员的工作理念应由原来的教学生怎样择业转变成教会学生探索和认识自己的方法。可在学生进校时即对他们进行职业兴趣和人格方面的测评，并在每学期开学时让学生订立学期目标，期末考察完成情况。针对大多数学生没有明确的方向目标问题，可鼓励他们通过学校生活、参加各种活动和讲座、兼职打工等多种方式来对自己的兴趣、能力进行探索，收集相关资料，还可以让学生进行职业生涯人物访谈，以便收集更多的职场信息，梳理人脉，为将来就业和发展做好准备。

参考文献

[1] 中共中央文献研究室. 科学发展观重要论述摘编 [M]. 北京：中央文献出版社，2009：14

[2] 钟光明. 科学发展观对高校辅导员工作的指导 [J]. 科学促进发展，2009 (7)：279

[3] 张雯欣. 科学发展观在高校辅导员工作中的实践 [J]. 中华文化论坛，2009 (7)：64—65

[4] 胡婧. 科学发展观指导下的辅导员工作新方法 [J]. 教育战线，2009 (7)：53—54

[5] 李永健. 论高校辅导员工作创新 [J]. 学校党建与思想教育，2008 (2)：75—76

[6] 王佳惠. 浅论新形势下高校辅导员的工作创新 [J]. 科教文汇，2008 (11)：18

论当前贫困大学生精神贫困表现及成因

马 力
（计算机学院）

摘要：当前，高校贫困大学生精神贫困状况不容忽视，其精神贫困引发的各种问题已经直接影响到高校的稳定和高校人才的培养。本文通过分析贫困大学生精神贫困的表现及成因，希望呼吁有关部门在解除贫困大学生物质贫困的同时解除精神贫困，这关系到和谐校园、和谐社会目标的实现，对我国社会可持续发展和大学生健康成长具有重要意义。

关键词：贫困大学生　精神贫困　表现　成因　教育对策

随着高校录取比例的逐年提高，高校在校学生人数不断增加，高校贫困大学生的人数和比重呈快速增长趋势。据国家有关部门的调查统计，有的高校贫困生的比例已接近50%，特困生的比例达15%左右。贫困大学生的经济贫困及脱贫工作已经引起有关教育部门的高度重视，并采取了一系列的措施以保证贫困大学生顺利完成学业。然而，解决高校贫困生的问题并非是单纯的经济解困问题，贫困生的精神贫困问题更需要我们加以高度关注。

一、贫困大学生精神贫困问题的表现

贫困大学生作为大学校园中的弱势群体，面临着经济和学业等方面的压力，再加上成长环境和社会氛围的影响，很容易产生精神贫困现象。所谓贫困大学生精神贫困是指贫困大学生个体面对学业、生活、就业等多方面的压力和各种心理困扰，由于思想观念、价值理念和心理承受能力等不同，而产生这样或那样的心理障碍或精神空虚等现象。笔者将贫困大学生精神贫困的种种表现归纳为心理上的贫困和思想上的贫困。

（一）贫困大学生的心理贫困

参照大学生心理健康标准，贫困大学生的心理贫困主要表现在以下四个方面：

1. 较强烈的自卑心理。已有研究和高校教学实践均表明，贫困大学生较为普遍地存在不同程度的自卑心理。强烈的自卑是贫困生突出的心理问题，是其所有心理问题的根源。

2. 敏感的自尊心理。有关调查结果显示，有80%的贫困大学生自尊心较强，他们发奋图强，锐意进取，不甘人后。这表明贫困生都有着比较强的成就动机，自尊心较强。但是，这种自尊心很脆弱，面对自己与其他同学在经济以及其他方面的差距时，会轻易地否定自己，从而走向自卑的一端。同时，又会用过度的自尊来掩饰内心的自卑，因而变得更加敏感。

3. 较严重的自闭心理。由于经济困难、综合能力偏低，部分贫困生由自卑、压抑的心理逐渐转向自闭的心理。他们内心思想活动在一个寂寞、偏僻、孤独的角落里，这个角落是他们自己凭感觉自然而然地划定和形成的。

4. 较明显的抑郁倾向。有关调查显示，有49%的贫困大学生有抑郁倾向。抑郁是贫困生心理问题较严重的方面，在行为上主要表现为情绪低落、苦闷、行动迟缓，常感到力不从心、思维迟钝，因而言语减少或沉默不语，伴随有失眠等反应。

（二）贫困大学生的思想贫困

贫困大学生的思想贫困是指贫困大学生由于缺乏正确的世界观、人生观和价值观而产生的不良思想倾向和道德滑坡等现象。贫困大学生不同程度的思想贫困主要表现在以下几个方面：

1. 依赖思想。近几年来，国家和教育主管部门及高校都非常重视贫困生的生活和学习，出台了一系列的政策措施，以保证高校贫困生不因经济困难而失学，从而为家庭确有困难的学生提供了完成学业的保障。但是，这种措施上的帮助，也会有反作用，它使得一些贫困生产生了依赖思想，自身不去努力，认为学校提供帮助理所当然，于是出现了困难学生“躺在困难补助上”的现象。这些学生成了校园里的“困难专业户”，凡是补助、贷款、减免都有份。他们不愿意参加勤工助学，但凡是补助皆伸手。

2. 悲观情绪和消极思想。一部分贫困生面对家境贫寒所带来的学习和生活上的困难，缺乏积极向上的人生态度，不是鼓足勇气战胜困难，而是怨天尤人，悲观厌世，恨自己生不逢时，怨父母无能，甚至失去了学习和生活的信心。

3. 享乐主义思想。有关调查显示，有少数贫困生，享乐主义思想滋生，他们在拿着银行贷款的同时，抽烟喝酒，请客送礼，花钱大手大脚；还有一部分贫困生在拿到学校助学补贴后，泡网吧、谈恋爱，不仅不努力学习，反而以贫困为资本，进一步向学校伸手。

4. 诚信缺失。部分贫困大学生存在着诚信缺失的行为，其中最为突出的是助学贷款问题。多数大学生对待助学贷款的履行态度还是比较严肃的，但仍有少部分大学生由于信用意识的淡薄，给银行的整个信贷工作蒙上了阴影。

此外，一些贫困大学生的思想贫困还表现在他们得到社会的资助竟没有一句感激的话，更没想到如何回报。还有的大学生父母举债供其读书，但他（她）自己却贪图享乐，不思进取。这种不知感恩、不讲孝道的举动不仅伤害了众多含辛茹苦的父母们的心，对其自身也是有百害而无一利的。

二、贫困大学生精神贫困的成因

高校贫困大学生精神贫困的形成原因较为复杂，既有经济、社会、教育等方面的外在原因，也有他们自身的内在原因。

（一）影响贫困大学生健康成长的经济原因

辩证唯物主义认为，物质决定意识，意识反作用于物质。必须支付的学费和生活费等费用的压力是导致贫困大学生精神贫困的主要原因。对于大多数贫困生来说，全家人节衣缩食、省吃俭用地为自己积攒学费，甚至有兄弟姐妹为了筹措自己读大学的费用而辍学打工，由于他们身上背负着全家人的希望，承受的心理压力非常大，有的甚至产生了一种负罪感。

额外的经济支出对贫困大学生造成了经济和精神的双重压力。随着商品经济的繁荣，社会大环境不断刺激学生的消费欲望，大学生们不再满足于传统的吃饱穿暖的需求，而是不断追求更流行更时尚的东西。这无疑给囊中羞涩的贫困生带来了沉重的心理负担，增添了许多烦恼。

还有一些贫困生爱慕虚荣，对自己的贫困感到羞愧并极力加以掩饰，出现了乱花钱、充阔绰的行为，想方设法弄钱，甚至不惜违背道德原则，做出违法的事。

（二）影响贫困大学生健康成长的社会原因

人总是在一定的社会关系中生存和发展的。因此，人的发展不仅要受到生产力发展水平的制约，而且要受到社会关系丰富程度的制约，大的社会环境对人的影响是显而易见的。

1. 对社会现象的错误认识导致贫困大学生不良情绪的产生。我国是一个正处于社会转型中的发展中国家，社会急剧地发展与变革，使得东西差距、城乡差距、城市中不同阶层收入的差距不断拉大。部分贫困生不能正确地看待和分析改革过程中存在的这种差距以及下岗增多、贪污腐败．都市繁华绚丽下的丑恶等问题，要么抱以轻蔑的态度，要么表现出极端厌恶的情绪，在强烈的消极情绪影响下，产生了仇视、偏执、虚荣等不良心理。

2. 西方不良社会价值观使贫困大学生的心理和思想受到强烈冲击。经过 30 多年的改革开放，中国的社会价值观相应地发生改变，新的价值体系尚在形成过程中。与此同时，西方的社会价值观也在不断渗入，价值目标功利化，个人主义、利己主义和拜金主义盛行。这种客观现实对贫困生的心理和思想造成了强烈冲击，导致一些贫困生的人生观、价值观发生了根本变化，理想信念、责任使命等被抛到了一边，他们认为钱才是最重要的。另外，现代社会生活节奏的加快、竞争的加剧和社会对人才质量要求的提高，也使得一些贫困学生产生了强烈的消极情绪，甚至有些人发展成为重度心理问题，表现为偏激、钻牛角尖、走极端。

3. 社会文化产品的庸俗化影响贫困大学生的价值观和人生态度。社会文化具有艺术熏陶和教育作用，由于各种因素的影响，当前文化市场出现了过度商品化、媚俗化倾向，表现出一种物欲化的社会心理倾向。大量新、快、奇、乐的节目以流水线的方式被制造出来，满足人们心理上、感观上的刺激。文化的艺术熏陶和教育作用被弱化，文化产品的庸俗化导致人们文化欣赏趣味的庸俗化，使一些人无视自己的精神追求和人格完善，导致人格蜕化。这种倾向强烈地影响了整个社会，自然也强烈地影响了下一代人的价值观和人生态度，使一些人在追求个性发展的过程中出现了偏差，这其中也包括部分贫困大学生，他们找不到安身立命的精神家园，在思想上处于贫困状态。

（三）影响贫困大学生健康成长的教育原因

1. 学校教育对贫困大学生的不良影响。一般说来，学校教育包括初等教育、中等教育和高等教育，对学生的影响是巨大的。在我国当前的中学教育中仍存在“重智轻德”的现象，考试成绩是学校评价学生、用人单位选聘毕业生、学生升学的主要标准。学习成绩好的光环遮盖了学生心理、品德等方面的问题。因此，在强烈自尊心驱使下相当一部分贫困生寄希望于在学习成绩上超过别人，体现自我价值。但贫困学生大部分来自偏远地区和不发达地区，在基础知识、知识面及技能方面与其他同学存在差距，因此学习压力更大。一方面压力巨大，另一方面承受力有限，压力和承受力之间的巨大反差，势必对贫困生的心理产生强烈影响，引发心理问题。

2. 家庭教育对贫困大学生的不良影响。家庭的环境、父母的素质和对子女的教养方式，直接影响着孩子的人格特点和心理素质，对其性格塑造、个性形成有着重要的影响。贫困大学生的家庭由于经济拮据难以满足孩子的一些必要的物质需求，与富裕家庭孩子随心所欲的花费形成强烈对比，如果不能正确引导容易使孩子形成自卑、嫉妒、孤僻等心理。同时，有些家长望子成龙、望女成凤，往往把孩子考上大学看作是其成才的唯一途径。为了使自己的孩子能成龙成凤，相当多的家长尽力给孩子创造更好的学习条件：一是自己省吃俭用以满足子女物质方面的要求；二是不让子女做力所能及的家务和其他方面的劳动，甚至是“衣来伸手，饭来张口”。这种做法会对子女产生不良影响：一方面，使孩子承受巨大的精神压力，害怕考不上大学辜负了父母的期望。而考上大学后，部分学生因缺乏进一步的学习动力而感到茫然；还有一部分学生因为在学习上不拔尖而心存内疚，感到愧对父母，背负上沉重的心理负担。另一方面，可能使子女养成物质消费互相攀比的不良习惯。此外，贫困家庭的父母如果不能正确对待贫困而心理失衡或变态，也会影响到子女的心理健康。孤儿和单亲家庭（在被抽取的受调查者中有17％的贫困大学生来自单亲家庭）的贫困大学生由于缺乏正常家庭的关爱，往往会形成不良的性格特征，如冷漠、孤僻、自卑、多疑等。

（四）影响贫困大学生健康成长的自身原因

外因是变化的条件，内因是变化的根据。因此，贫困大学生精神贫困问题，除了上述各种外在因素外，还应该从贫困大学生自身去寻找原因。

1. 对自身贫困的错误认识是产生精神贫困的首要内因。我国处于社会主义初级阶段，经济发展不平衡，特别是城乡之间、区域之间的差距显著，贫困大学生作为社会的弱势群体，承受着贫困带来的压力。但是，贫困大学生作为拥有较高知识素养的知识阶层，他们的世界观、人生观和价值观基本形成，对待问题已经有了一定的认知能力，理应以客观、理性的态度处理所面对的困难，以积极的人生态度和蓬勃的朝气迎接挑战，把贫困作为人生的一种锻炼、一种磨砺、一种财富。但一些贫困大学生却恰恰相反，面对贫困选择了逃避。一位贫困大学生这样说：“贫困选择了我，是我命中注定的悲哀。”这种宿命论的处世态度让我们看到了一些贫困大学生在贫困面前的懦弱；也有的贫困大学生面对贫困不能正确归因，以歪曲的心态仇视他人和社会，对他人和社会产生一种报复的变态心理。这些现象与大学生的自身素质和修养极不相符，都不是当代大学生所应该具备的品格，而是自身无法以客观和理性的态度正视贫困所导致的结果，进而造成部分贫困大学生心灵上的荒漠。

2. 不良的个体心理素质是导致其精神贫困的主要内因。教育引起个体行为变化，个体的心理素质起到中介和过滤作用。不良的心理素质是贫困大学生产生精神贫困的主要原因。经济贫困并不必然引起精神贫困，大学生产生的精神贫困主要取决于他们的心理素质。部分贫困大学生心理素质不高，主要表现为：自我意识水平不高，容易发生自我评价偏差；人格特质的不完善，容易产生抑郁心理；心理防御机制和能力较差，容易采取消极的心理防御方式。

此外，城市生活的不适应、就业压力的增大也是部分贫困大学生“精神贫困”形成的一个重要原因。贫困大学生多数来自农村，他们进入大学伊始便要面对如何适应陌生的城市生活，农村和城市间巨大的文化差异，让一些学生很难融入，同时也对自己的种种不适应感到羞怯。随着高校的扩招和社会竞争的日益激烈，大学生的就业压力越来越大。当前大学生就业实行双向选择，在新旧体制转型期，社会机制还不够完善，人才市场的择业竞争还存在一些不公正的现象。一方面，贫困生很可能因为缺少家庭背景和社会关系而在竞争中处于劣势。另一方面，大部分贫困生是从贫困地区来到大城市的，对两者的反差有深刻体验，他们期望能留在发达地区工作。这些都无疑增加了贫困生就业的难度，加剧了贫困生的心理压力。

一些贫困大学生的精神贫困对其自身的影响是直接的、显而易见的，对社会和高校的负面影响是间接的、较深远的。总之，数量庞大的贫困大学生群体的存在，将是一个长期而又棘手的社会问题。尽管随着我国经济的增长和社会的发展，这一群体的数量、结构、分布等将会发生变化，但毋庸置疑的是，它的存在将是长期的。尤其是贫困生的精神贫困问题，已经到了需要高度关注的时候。基于以上认识，政府、社会、学校、家庭对贫困大学生的经济资助固然重要，但对贫困大学生的思想教育、心理疏导更应高度重视，并设法提高其效果。只有如此，才能使贫困大学生顺利完成学业，才能有利于社会主义和谐社会的构建。

对研究生管理工作的分析与思考

梁　瑜
（高分子科学与工程学院）

摘要：本文针对新时期研究生的思想及行为的特点，总结出当前研究生教育及管理工作中存在的问题。针对这些问题及特点，通过社会、学校、导师、辅导员、学生组织、管理及服务部门和学生自己等方面的共同努力，开创研究生管理工作的新局面。

关键词：研究生　管理工作　方法

“本科生满地走，研究生一把抓。”谈到就业难问题时，经常会听到这样的话。随着社会整体物质与文化发展水平的提高，高考早已失去了当年如万马过独木桥的惊险，MBA、EMBA、博士、博士后等也屡见不鲜。然而，高学历背后所面临的找工作难问题也日渐凸显出来，这或多或少地影响了人们对于高学历的原本心意，而抱着忐忑的心情前仆后继。

一、当前研究生群体的特点

1. 在校研究生中，80后已经成为主要组成部分。他们是伴随着我国改革开放的风风雨雨成长起来的，是在市场经济体制逐步建立，改革开放不断深入，社会转型和社会矛盾交织的大环境中形成并慢慢确立自己的人生观、世界观、价值观及社会风尚的。在市场大潮的冲击下，作为新的一代，他们具有显著的时代特征：大多为独生子女；思想开放，敢想敢为，独立性强，具有强烈的主观个性；不墨守成规，是新事物、新思想的传播者和践行者；但同时，以自我为中心、任性、贪图享受、不能经受挫折也成了他们的标志。由于这些年来本科生大量扩招，本科毕业生就业越来越难，而研究生就业渠道广，机会多，待遇好，报酬高，加上也有了一定规模的扩招，因而社会上掀起了“考研热”，考研呈现出逐年升温的趋势。学历作为找工作的敲门砖，能帮助求职者敲开职业的门，但高学历并不代表好工作。当然，这也不是说学历没有用，而是说需要选择合适的时间，用在合适的人身上，真正让所学知识能够有所用。这对于选择读研同样如此。

2. 在校研究生群体的构成来自“五湖四海”。从背景看，有资历尚浅的应届毕业生，有经验丰富的技术人员、干部、教师、军人；从年龄结构看，小的 20 岁左右，大的 30 多岁；从入学方式来看，有全国统考的、单独考试的、联合考试的、免试推荐的四种；从政治面貌看，有中共党员、团员、民主党派和一般群众。加之研究生来自不同地区，毕业自不同院校，使得生源情况更加复杂。他们的政治信仰、自我评价、社会经验、教育基础、求学态度、求学目的及追求都不尽相同。有的想通过深造向更高层次发展，努力在各个方面锻炼、提高自己；有的只是想通过求学到发达地区谋取更好的职位；而有的只是“随大流”，并没有明确的求学目的和人生目标。总之，每一个研究生的情况不同，因而他们有不同的求学思想。

3. 研究生不像本科生那样能集中学习，统一安排。他们的学科专业方向繁多，研究方向各不相同，大多以自学或导师单独指导的形式进行，教学研究活动分散。在课程安排上，因学生选课情况不同，除了几门公共课以外，集体上课少，分散上课多，学生作息时间、忙闲情况各异。由于采取的是导师制，每个导师根据自己的研究方向及研究生自身特点给所带的每位研究生制定的培养计划都是不相同的。特别是硕士二年级后，学生查资料、做实验、出差、实习都相对独立，自由度较大。

通常情况下，硕士生是三年毕业，而博士生可在三至六年内毕业，并且往往都要延期，学生写论文、答辩时间都是视自身情况而定，毕业时间无法统一。以上这些情况都增加了研究生教育管理工作的间断性。

二、研究生中存在的诸多问题

（一）读研的目的性不明确

读研是为了镀金，有些学生选择出国读研，获得高学历。在现今高校扩招的影响之下，本科生如此之多，已经不占有任何优势了，如果要想从大量毕业生中脱颖而出，就必须从学历上下手，在高学历的背景之下赢得高的关注。这种想法本身无可厚非，在拥有了学历的同时，知识也上升了一个台阶，这样何乐而不为呢？但需要特别考虑的是，在专业的背景之下，是需要实践的优势，还是需要学历的背景或者深厚的理论知识，在进行这样的比较确认之后再做出理智的决定。

还有的学生是为了逃避“工作”，找一个理由，一个可以不工作的理由，“工作”成为他们头脑中自动屏蔽的名词，在他们的心里压根就不愿意面对自己终要成为“社会人”的事实。然而，无论自己如何逃避，终会要面对就业的问题，总会要面临社会的竞争。与其在盲目的逃避之下，将痛苦无限期地拖延，还不如快刀斩乱麻，认真分析自己必须面对的现实，找到合理有效的解决方式。

当然，并非所有人都抱着这样的想法。但是，无论是怎样的想法，在考研之前都必须先问问自己为什么要读研？现在非要读研不可吗？读研能够给自己带来什么？如果不读研自己将要面临什么？几年之后与读研后的自己可能有的差距在哪里？在内心里进行一场比较，或者借助他人的帮助，让利弊在头脑中有一个清晰的轮廓，然后得出结果，给自己一个合理的答案。

通过对工科学院研究生的调研，回答好“为什么要读研究生”这个问题，可以更明确研究生阶段所要做的事情，以及所要确定的目标，使自己的研究生生活过得更有意义。

首先是研究生教育的必要性。从教育角度来讲，由于大学教育的质量不能得到很好的保证，四年本科读下来，所学的知识相对来说比较宽泛，对专业知识的认识还停留在一个比较肤浅的层面上，离国家提出的培育高精尖人才的目标还相差很远。而研究生教育可以大大改善这种状况。研究生自己可以结合实际专攻专业的某一个点，对问题会认识得比较深刻。从国家角度来说，我国在很多领域与发达国家的差距还很大，这其中人的因素是决定性的因素，培养一大批高精尖人才是富民强国的必走之路。从个人角度来说，通过研究生教育一方面使自己在知识层面有一个质的提升，另一方面能锻炼自己的意志品质和独立处理一些问题的能力。

其次是家庭因素。来自父母、长辈或者男（女）朋友的希望，觉得读了研究生后，其社会地位也会有所不同。父母建议，能多读一些书就多读一些书，不要等工作不满意后再费周折。女朋友是本硕连读，自己不能太丢面子。

最后是个人因素。一些性格比较内向的学生，在读本科期间与同学交流不多，而且对社会缺乏认识，希望在读研期间能接触方方面面的社会人士，在导师那里学到更多的交流方法。一些在专业学习中希望更进一步，专注于研究一个课题，培养自己专业素养的学生，确定自己适合做研究，而且读研后工作的机会应该会更多，因此把读研看成是锻炼自己的机会。

（二）集体观念淡薄

由于研究生的年龄大于本科生，其阅历一般也比本科生广，他们的独立性较强，有自己的生活圈子，有的甚至有家庭和孩子。而80后“自我为中心”的个性特征，再加上研究生培养方式的分散性，导致他们参加班级活动和党团组织活动的积极性不高。部分学生对集体事务漠不关心，只着眼于自己的一些个人利益和个人事务，游离于集体之外。

（三）钻研奋斗精神薄弱

据调查，一些研究生学习的目的就是为了拿到文凭，找一份理想的工作。由于受社会上不良倾向的影响，这些学生缺乏吃苦耐劳的精神，反映在学术研究上则是不肯花力气，缺乏刻苦钻研精神。研究范围仅局限于自己的研究方向，甚至只满足于导师所布置的工作。由于不积极开展学术交流和探讨，渐渐失去了学术上的好奇心和求知欲，久而久之，便没有了团队和创新精神。这样的状态也造成了学生“以自我为中心”的意识加强，我行我素，当然在日常生活和学习上就会轻视学校的教育与管理。

（四）抗压能力较差

这一代研究生大多是独生子女，而且生活在改革开放后的大好时代里，家庭条件自然比以前好了不少，从小没受多少苦，甚至是家里的“小太阳”，家里疼着，老师爱着，一路顺风顺水，没有经历过什么挫折，导致其中不少人抗压能力较差。这些抗压能力较差的人，无论是在学业还是在生活中遭遇一些始料不及的事情，便会一蹶不振，甚至导致心理出现问题。

（五）教育及管理渠道不畅通

研究生教育与培养方式与本科生不同，其思想相对独立，学习和科研相对分散。因此，研究生教育和管理部门与研究生之间，研究生与研究生之间的交流与反馈渠道不够畅通，许多重要的信息和通知不能及时、准确和全面地下达到学生中间，学生中存在的许多问题尤其是思想和生活方面的想法也不能为管理部门及时掌握，这样容易引起矛盾甚至出现突发事件，给学校的研究生教育和管理工作带来不同程度的不良影响。

以上这些问题，给研究生管理和培养工作带来了较大不利，会越来越影响研究生的健康成长和培养质量。因此，我们必须从实际出发，采取有效措施加以解决，使研究生教育与管理工作上一个新台阶。

三、在研究生管理工作中应加强的几个方面

（一）建立优秀的研究生辅导员队伍

研究生辅导员是真正工作在一线的研究生教育与管理者，是学

校与广大研究生之间联系的桥梁和纽带。一方面，辅导员要倾听研究生的声音，维护研究生的权益，切实为研究生服务；另一方面，辅导员也肩负着对研究生进行日常管理和教育的重要职责。

从目前的状况来看，研究生辅导员工作仅仅局限于表面，没有达到理想的工作效果。研究生数量众多，且日常事务性的工作又繁杂，事无巨细，只要与学生有关的事辅导员都要去抓去管。辅导员整天陷于事务性的工作中，花费了太多的时间和精力，难以认真地去研究教育对象的心理特点以及在不同时期的不同工作需要。特别是面对学生对新知识、新科技强烈的学习愿望，由于辅导员自身对新知识、新科技的学习和把握不够，其在学生工作中的影响力、说服力都受到了削弱，影响了教育和管理工作的良好开展。因此，辅导员个人应该加强学习，努力提高自身的素质和各方面的能力。

（二）针对研究生特点，确立其在德育教育中的主体地位

由于研究生具有年龄较大、知识层次较高、思想较为成熟、独立能力较强等特点，在德育教育过程中，他们并不是机械地、被动地接受，而是以自身已有的思想基础对所受的教育进行评价与选择，并根据已有的认识调整自己的人生观、世界观、价值观。对其进行的所有教育影响都必须通过他们自身的“内化”作用，才能使教育要求转变为研究生自己的自觉行为。因此，我们必须确立研究生在德育教育中的主体地位，根据他们的自身需要和思想行为特点，运用各种教育手段和方式激发他们达到自我教育、自我约束和自我完善的目的。

（三）充分发挥导师在研究生教育和管理中的作用

因为培养方式的不同，研究生导师对研究生具有最为直接的影响，广大导师应以高度负责的态度，言传身教，以良好的思想、道德、品质和人格给研究生以潜移默化的影响。因此，要把广大研究生培养成为高素质、高层次、多样化、创新性的人才，就必须加强导师师德建设，充分发挥导师在研究生思想教育和管理中的作用。

（四）健全研究生组织，充分发挥研究生会的作用

研究生会是研究生自我教育、自我管理、自我服务的学生组织。因此，可以通过研究生会了解同学们所面临的学业问题、生活问题和思想波动，及早解决；还可以通过研究生会组织研究生开展丰富多彩的学术活动、文体活动和社会实践活动，为把广大研究生培养成为全面的人才而创造良好环境。同时，我们应加强对研究生干部的培养和使用，用实际行动把研究生会变成研究生精英活动的舞台，以带领广大研究生一起进步。

总之，我们的教育和管理工作应围绕着学校“创新型研究生培养模式”这一重点开展，努力培养拔尖型人才，让研究生的优良品质和过硬的专业技能在社会、学校、导师、辅导员和学生自身的共同努力下得到进一步的提高，让研究生以健康的心态、饱满的激情去迎接社会的挑战。

以科学发展观统领大学生安全教育工作

——新时期大学生安全教育工作的探索和实践

胡志坚　陈　森　刘　霞
（华西临床医学院）

摘要：通过对我院多年来坚持以学生为本、以学生身心素质教育为核心的学生安全教育工作加以总结，我们看到，只有坚持以科学发展观为指导思想，以学生为本，高度重视学生安全教育工作，才能切实做好学生的安全教育工作，才能健全学生安全教育工作制度、规划和目标，才能有学生安全教育的工作方法和载体，才能保证学生全面、协调、安全、可持续的科学发展。

关键词：科学发展观　大学生　安全教育

在党的十六届三中全会上，以胡锦涛同志为总书记的中央领导集体，明确提出要树立和落实科学发展观，即“坚持以人为本，树立全面、协调、可持续的发展观，促进经济社会和人的全面发展”。当代大学生从总体上看，具有积极向上、聪明睿智、关心国事、关注民族命运等许多优秀品质和特点。在2008年的奥运会、残奥会和四川汶川大地震中，大学生的行动都充分说明了他们的发展是比较全面的，他们是祖国完全可以信任的一代。但是，我们也应看到他们大多都是独生子女，从小到大都是在父母、老师、亲戚朋友的呵护下成长的，在生活上没怎么吃过苦，在实践中缺乏应有的历练，走入大学校园是他们人生当中第一次独自旅行，必然会有许多突出的矛盾、问题伴随其成长和发展。有的缺乏自我控制能力，把大学当成了游乐场，荒废了学业；有的缺乏人际交往能力，面对各种复杂多变的社会关系不知所措，久而久之就游离于集体之外，变得自私，缺乏自信；有的缺乏健康的人格，意志品质比较脆弱，自我发展、自我塑造和自我完善的能力与一名大学生的要求还不相匹配。这些缺陷往往又会给学生自己、家庭、学校带来安全隐患，甚至会给国家、社会埋下不安定因素。

我们常说安全无小事，责任重于泰山，稳定压倒一切。高等学校要培养综合素质高和全面、协调、可持续发展的合格人才，就必须加强大学生的安全教育。做好大学生的安全教育工作，不仅要靠政府公、检、法机关和学校内部保卫力量，更需要每个师生员工的共同参与和共同维护以及学生家庭的积极配合。四川大学华西临床医学院是四川大学学生人数最多的学院之一，我院学生的安全与稳定，关系到学校的安全与稳定。因此，我院学生工作部始终坚持以科学发展观为指导，以学生为本，将学生的安全与学生的成长成才、全面发展紧密结合在一起，始终把学生的安全与学校的稳定、学生家庭的利益联系在一起，始终把学生的安全与国家的安全、稳定、发展联系在一起，不敢有一丝一毫的懈怠。多年来，我们围绕着学生安全教育不懈地努力工作，时刻关心着学生在政治、法律、人身、心理、治安、财物、人际交往、知识产权等方面的安全问题，逐渐形成了我院学生安全教育工作体制，完善了学生安全网络体系，总结出学生安全教育工作的经验。

一、学院领导坚持以学生为本，高度重视学生安全教育工作

目前，我院在校学生为四千余名，学生安全教育工作是我们工作的重中之重。学院党政领导以学生为本，本着对学生及其家长的根本利益负责的态度，以办人民满意的高等医学教育为方向，高度重视全体学生（研究生、本科生、规范化培训学员、进修医生）的安全教育工作。为了使全体学生明白在安全教育与管理中应该享受哪些权利和必须履行哪些义务，熟知国家法律法规和校、院规章制度，自主自发地深入开展不间断的安全教育，并将其转变为自觉的

行为，学院党政领导将学生的安全教育与管理工作纳入了有法可依的轨道。多年来，学院坚持向全体学生发放汇集有各项法规的《四川大学学生手册》，并通过新生入学教育、形势与政策课和班会等方式组织学生学习《四川大学学生手册》的所有内容。自2003年以来，学院还发放了为学生组织汇编的《四川大学华西临床医学院学生工作手册》、《四川大学华西临床医学院学生身心素质教育手册》、《医学生实习手册》等学生读本四千余册，为全院学生的安全教育工作奠定了更加坚实的群众基础。

二、坚持以科学发展观为指导思想，切实做好学生的安全教育工作

任何行为都有思想基础。长期以来，我们的学生安全教育工作也始终坚持党的教育方针，以学生为本。2003年10月以来，我们坚持把科学发展观作为学生安全教育工作的思想指导和行动指南。学生是学校的根本，以学生为本，就是要以学生个人安全、健康及其家庭的这个根本利益为出发点。学生的安全健康尤为重要，它是学生全面、协调、可持续发展的前提。学生全面发展，首先是学生政治思想素质的发展和提高。作为医学生，既是新生的先进生产力，也是先进文化的传承者，还是人民健康的维护者。因此，医学生必须具有良好的思想道德品质，具有较高的政治觉悟和明辨是非的能力，具有社会主义核心价值观。其次是学生业务素质的发展与提升。医学生要有良好的业务能力、职业素质和职业素养，它决定了他们今后为谁服务的问题和可持续发展的问题。再次是学生的身心素质发展与完善。健康的身体和心理是医学生在校期间安全的关键，也是医学生全面发展的基本保证，更是将来走向社会，在工作岗位上施展才能、积极从事社会活动和不断发展的重要条件。

三、以学生为本的学生安全教育工作体制和制度

学院把“以学生为本”作为机构编制和部门工作的价值取向，

强化服务育人、教书育人和管理育人，努力在学生中营造平等、开放、交流、和谐的氛围。按照全面、统一、精干、效能的原则，将相同或相近的职能部门加以整合，交由一个部门承担，实现部门职能配置的有机统一，形成了在学院党委领导下的院长负责的学生安全教育工作体制；健全了由学院领导和学院职能部门、辅导员至学生年级、学生寝室、学生个人的五级心理健康和安全网络体系；建立健全了学生安全教育工作制度；制定了处置学生突发事件预案和学生危机干预预案。通过体制和制度的建立、健全，提高了我院保障学生安全、处置突发事件、避免重大灾害、实施危机干预和维护学院稳定的能力，保证了学院的正常工作秩序和教学秩序；实现了学院管理与学生自治的有效衔接和良性互动；确保了全院学生的政治安全和身心安全，即时为出现心理问题的学生提供了有效的支持、鼓励和帮助。特别是在“5·12”四川汶川特大地震发生后，学院上下齐心协力，通过学生组织、学生社团和学生安全网络，做到了全院师生团结一致，众志成城，保证了全院学生的情绪稳定和生命安全。

四、促进学生全面发展的安全教育工作规划和目标

大学生必须要把自身的健康、安全、全面发展作为第一要义，坚持从自身的实际情况出发，勤奋刻苦学习，勇于实践创新，树立持续学习、终身学习的意识，统筹好学习与生活、学习与交友、学习与恋爱等方面的关系，为自身发展营造一个平等、开放、交流、和谐的环境和氛围。当代大学生应当倍加珍惜自己的生命和健康，不断养成良好的生活习惯，尽可能地不要以牺牲自己的生命健康为代价去做任何事情。同时，人要有健康的心理，不断培育真诚、自信、宽容、乐观等良好的心理品质，把良好的适应能力作为衡量自身健康状况的重要标准。当代大学生应当清醒地认识到，即便一个人的身体残疾或患有疾病，但只要有健康的心理，不自卑，不自暴自弃，照样可以成为对社会有用的人，可以生活得快乐、幸福；相

反，如果一个人有健康的体魄，但心理不健康，心理承受能力、自我调节能力弱，那么他的生活也不会开心快乐，甚至可能伤害健康，危及生命。既要科学地生活、锻炼，不断提高生活质量，又要加强学习和修养，塑造美好的心灵。因此，我们根据大学生成长成才的一般规律，在总结过去安全教育经验的基础上制定出了以学生为本、以“学生身心素质教育”为核心的学生安全教育规划，其目的是为学生营造一个平等、开放、交流、和谐的环境和氛围，以促进学生积极主动地学习、健康安全地成长和全面协调地发展。

五、灵活多样的学生安全教育工作方法和载体

科学发展观不仅要求当代大学生取得学业的成功，而且要求其人格健全，做一个身心健康的人。人格健全就是指个人的所想、所说、所做都是协调一致的人格品质。大学生要以高度的自觉自律精神培养自己的集体主义思想、强烈的社会责任感和历史使命感，摈弃自我为中心、功利主义、虚伪欺诈、懒散依赖等不良人格品质，做到言行一致，意志坚定，遵纪守法。遇到挫折不气馁，愈挫愈奋；成功时不骄傲，谦虚谨慎；别人有困难时，乐于帮扶；遵规守约，积极向上；讲求合作团结，不断超越自我。因此，在实施大学生安全教育规划的过程中，我们要充分利用学校第一课堂这个载体，做好全院学生的安全教育工作，正面引导大学生坚定共产主义的信念，树立为国家和人民服务的理想，树立马克思主义的人生观、世界观和社会主义核心价值观，树立遵守国家法律、法规的意识；同时，要以第二课堂和学生寝室为载体，结合我院辅导员“一迎三下”的工作方法和学院五级安全网络联系方法，将有关大学生安全的问题和以学生身心素质教育为核心的“学生安全教育规划”融入党团组织生活、干部培训、学术讨论、社会实践、科技创新、心理健康教育活动、文体活动等形式的学生课外活动中去，为学生搭建起能营造一个平等、开放、交流、和谐的环境和氛围的平台。

多年来，在科学发展观的指导下，通过全院师生的共同努力，

我们落实了教育部、学校、学院关于学生安全教育工作的规章制度，实现了学院学生安全网络的畅通，保证了学院学生安全教育规划的实施。全院学生在政治、法律、生命、财物、心理、学习、临床实习工作等方面的安全得到了确保，学生在校期间的困难得到了帮助，为学校、学院的正常教学秩序，以及学生安全健康的全面、协调、可持续发展奠定了坚实的基础。

充分发挥高校辅导员工作在创新教育中的作用

谭　静　何　苗
（华西口腔医学院）

摘要： 创新教育是高等教育中的重要内容。创新教育不仅需要教务部门、任课教师和导师发挥作用，而且需要作为高校学生日常思想政治教育和管理工作的组织者、实施者和指导者的高校辅导员，在思想政治教育、校园文化建设及学生个性化教育等方面为其贡献力量。本文论述了高校辅导员在创新教育中的作用，提出高校辅导员也应顺应创新教育工作的需要不断更新工作理念，提高工作艺术。

关键词： 创新教育　高校辅导员

江泽民指出："创新是一个民族进步的灵魂，是一个国家兴旺发达的不竭动力，是人类文明发展的源泉和动力。"[①] 只有努力提高国民的创新素质，才能不断推动社会的发展。高校作为国家创新教育体系中的重要环节，要努力承担起培养创新精神、发展创新能力的责任。

四川大学将培养具有强烈创新意识的学生作为学校的教学目标，于 2007 年出台了《四川大学关于构建研究型大学本科创新人才培养体系的方案》，在全校范围内全面实施创新人才培养措施。华西口腔医学院在前期探索的基础上，从 2008 级本科开始实施创

① 江泽民：《全面建设小康社会，开创中国特色社会主义事业新局面》，人民网，200 年 11 月 8 日。

新人才培养计划，改革课程体系，建立创新平台。在这样一些工作中，传统观点似乎认为这主要是由教学部门和任课教师、导师来主导和完成的，但通过我院工作的实践，我们认识到辅导员工作在创新教育中是具有举足轻重作用的，充分发挥辅导员工作的作用，将会更大地推动创新教育的发展，提高学生的培养质量。

正如教育部思政司刘贵芹副司长所言："高校辅导员的角色就是高校学生日常思想政治教育和管理工作的组织者、实施者和指导者。具体来说，实际上就是三句话：第一句话，高校辅导员是大学生日常思想政治教育的基层指挥员；第二句话，辅导员是大学生的人生导师；第三句话，辅导员是大学生健康成长的知心朋友。"① 这一角色定位决定了高校辅导员在思想政治教育、校园文化建设中应发挥的作用。

一、高校辅导员是大学生思想政治教育的主力军

高校辅导员通过塑造学生健全的人格和良好的意识，为学生能成长为具备创新能力的人才奠定了良好的基础。

并非只有天才才能创新，好的教育能激发人的创新潜质，高校系统的良好的创新教育可能促进大学生创新能力的形成。一般认为，培养大学生的创新能力主要包含四个方面：一是创造性思维能力，二是健全完整的人格，三是相互协作的团队意识，四是大学生的个性。其中，健全完整的人格和相互协作的团队意识的培养本身就是辅导员思想政治教育工作的重要内容，辅导员作为大学生人生的导师，就应该帮助他们完成健全人格和团队意识的塑造。

为了塑造大学生健全的人格，辅导员在工作中，一方面要以正确的理论来引导学生，要培养开拓进取、坚忍不拔、健康和谐、具有良好的道德品质和正确的自我意识的优秀大学生；另一方面要切

① 思政司副司长刘贵芹做客人民网，谈高校辅导员队伍建设，教育部网站，2009年6月18日。

忌简单地讲大道理，要运用情感效应理论，贯彻尊重、关心、爱护学生的原则，实行与学生的双向式沟通，建立民主、平等、和谐的师生关系，要讲究工作艺术，做到以诚信人、以情感人、以理服人。

培养大学生团队意识是创新教育的重要内容。科学技术的发展已经让任何一个人都无法精通科学技术的各个方面，以团队的方式进行科学研究已经成为主要的方式，进行科学研究就必须学会同他人合作。辅导员除了在日常学习工作中教育学生发扬团队精神，还应设计专门的情景教育环节帮助大学生学会在一个集体中进行工作，在与人合作中创造。华西口腔医学院今年改革了传统活动“林则杯”口腔技能大赛的参赛方式，改由 5 名跨年级的学生组队来参加不同类型的活动，并在活动中专门设计了考察团队合作意识的活动，就是团队意识教育的一次尝试。

二、高校辅导员工作是创新教育中重要的部分

高校辅导员工作能为创新教育营造健康的校园文化氛围，建立创新教育平台，进一步激发学生的创新意识。

校园文化是一种无形的力量，能够通过潜移默化对学生的发展产生深刻的感染力和浸润力，并逐步内化为学生的素质。良好校园文化对于创新人才培养具有重要作用。校园文化氛围营造需要全校各部门的通力配合，其中辅导员工作是其中最重要的部分之一。

第一，思想政治教育工作指引校园文化建设的方向。辅导员可以通过形势与政策课、党课、团课等学生日常教育活动，不断加强对学生的爱国主义、集体主义和社会主义教育，深入实践科学发展观，自觉肩负起强国富民、振兴中华的神圣使命。只有这样，才能培养适应时代要求的高素质创新人才。

第二，日常管理教育保障良好的学风、院风和校风。优良的学风、院风、校风是校园文化的核心，能极大地影响学生的道德情操、行为习惯、价值选择、思维方式、学术风气等，是培养创新人

才必不可少的条件之一。辅导员应在严格学生管理工作中不断加强学风、院风、校风建设，为创新教育营造出良好的文化环境。

第三，文化活动指导提供创新教育有效延伸。辅导员通过指导丰富多彩的校园文化活动，让学生们在文体活动、学术活动、社会实践活动中不仅能补充知识、开阔视野，更能完善思维方式，提高动手能力和创新能力。华西口腔医学院在实施创新人才培养计划中，通过第二课堂建设，为学生创建了“中国口腔医学博物馆建设管理队伍”和“《中国口腔医学信息杂志》学生采编部”两个创新平台，通过由学生全程参与博物馆的设计、建设、管理和讲解，以及与全国十几所口腔医学院校学生共同组建学生采编部，独立完成一本全国发行的双月刊的编写工作，为一大批创新愿望强烈的学生提供了锻炼能力、提升自我的机会，极大地激发了这些同学的创新潜能。

第四，寝室和班级管理促进建立创新激励机制。寝室、班级是学生传播信息、交流思想、探讨问题、表现自我的重要领域，必须加强对寝室、班级的引导和管理，创造有序、安全的学习生活环境。同时，通过评优、竞赛等建立创新激励机制，鼓励学生探索和创新，充分展现学生的个性和创造力。

三、高校辅导员是大学生最贴心的老师

作为学生最贴心的老师，高校辅导员能充分了解学生的创新需求，能有效地帮助学生解决创新能力培养中的各种问题，进而能有力地推动创新教育工作。

辅导员是与学生交流最多、接触最多，学生在遇到困难烦恼时第一个想到的老师，也是最了解学生思想、学生动向和学生需求的老师，因此在创新教育的探索过程中，也是最能根据学生创新需求，提出建议和意见的。华西口腔医学院在实施本科生创新人才培养中，设立了一门创新课程——口腔医学导论作为创新教育的重要平台，进入本科生正式教学计划。这一课程的课程组就设在学生工作部门，原因就是

这门课从提出到内容设计，都是由学生工作部门完成的。学生工作部门根据多年学生综合素质培养、职业素质培养及对毕业生的追踪调查，明确了对口腔医学生在创新教育新形势下、适应社会发展所应具有的综合素质的要求，认为在大一新生中开设导论课，让学生尽早知道学科的历史和前沿，明确专业思想，了解大学内涵，确定努力方向是有重要意义的，同时也改变了传统导论课只注重专业知识传授、忽略人文素养培养的不足，增加了如艺术、心理学、法学等相关内容。从授课一年的情况来看，学生反映良好，而且很好地解决了学生入校后迷茫期过长的问题，同时扩展了学生的思路，培养了创新意识。华西口腔医学院 2008 级 119 名学生中已经有 79 人次参与到校院各类科研项目的研究中，已发表论文两篇。

同时辅导员要树立真诚为学生服务的观念，要切实为学生解决在创新教育中遇到的实际困难。创新教育是一种新的教育体系，有很多细节还有不完善的地方，不能因为有这样或那样的困难就打击学生创新的热情，辅导员要充分利用自己的岗位和资源甚至一些关系来帮助学生。比如，在学生寻求导师帮助受阻时，在学生对课程选择不清楚时，甚至在学生创新过程中遇到困难时，辅导员都应积极地伸出援手。创新教育的体系中，学生每一步的执行可能都需要辅导员来帮助，所以辅导员管理工作水平的高低是会对创新教育的质量产生直接影响的。

高校创新教育是一个综合体系，辅导员的工作在创新教育中起到了至关重要的作用，创新教育也对高校辅导员工作提出了更高的要求，应更新教育观念，不断提高工作艺术，帮助学生充分发挥自身潜能，成为适应社会发展的创新人才。

参考文献

[1] 阎立钦．实施创新教育，培养创新人才［J］．教育研究，1999（7）
[2] 朱永新，杨树兵．创新教育论纲［J］．教育研究，1999（8）
[3] 陶行知教育思想研究会，等．陶行知文集［M］．南京：江苏人民出版

社，1981

[4] 奥恩斯坦，刘付忱. 美国教育学基础 [M]. 北京：人民教育出版社，1984

[5] 王根顺，杨晚. 略谈21世纪初的人才规格和素质要求 [J]. 高等教育研究，1998 (4)

[6] 刘洪庄. 人的全面发展与高校人才培养 [J]. 社会科学论坛，2005 (4)

[7] 隋松智. 论知识经济时代高素质人才的培养 [J]. 烟台师范学院学报，2001 (9)

[8] 许敖规. 培养高素质创新人才的思考与实践 [J]. 中国高等教育，2000 (5)

[9] 傅安洲，万清祥. 校园文化在大学生思想政治教育中的作用 [N]. 光明日报，2005-06-01

浅析高校辅导员如何加强班级管理与建设

张金军　高　路
（华西口腔医学院）

摘要：学生工作是高校工作的重中之重，辅导员的特殊性在于和学生的直接联系、朝夕相处，在于对学生的耳濡目染，因而成为管理学生工作的主力军。而是否有一个团结向上、友爱和谐的班集体，将关系到广大学生的成长成才，影响到学校教育的成败。辅导员作为大学生健康成才的指导者和引路人，在引导学生做好班级管理和建设上起着极其重要的作用。本文就高校辅导员如何加强班级管理及建设谈谈作者自己的一些看法。

关键词：辅导员　班级管理　建设

辅导员是高等学校从事德育工作，开展大学生思想政治教育工作的骨干力量，是大学生健康成长的指导者和引路人。班集体是大学生学习和生活的基本单位，班级整体素质对每一个学生的影响很大，一个有凝聚力、积极向上的班集体对学生的学习和生活无疑具有强大的助推力。笔者对班级管理的工作是按照以下思路来开展的：以形势与政策课教育为主阵地，班风、学风建设为主要内容，干部队伍建设为基础；以学生心理健康成长为主线，困难学生帮扶为重点，构架有效的沟通交流渠道，培养创新性、综合性人才为目标来开展班级管理工作。

一、利用好形式多样的形势与政策课

形势与政策课是高校思想政治理论课的重要组成部分，是对学生进行形势政策教育的主要渠道和阵地，在大学生的思想政治教育中担负着重要的使命，具有不可替代的重要作用。它能够很好地贯彻落实党中央的有关精神，关注当代大学生普遍关心的热点问题，帮助他们掌握正确分析形势的立场、观点和方法，让学生更深刻地了解国情，认识世界，明确自身的不足，对提高综合素质、开阔视野、增强责任感具有十分重要的现实意义。

形势与政策课每两周一次，辅导员在学校统一安排下，合理设计课程的内容，可以联系当前的国内外大事及同学们普遍关心的热点问题，使青年学生从对现实政治问题的分析与解决过程中明确立场，从而逐步培养正确的政治素养、鉴别力和敏锐性。同时，可以创新课程形式，通过辩论、主题讨论、红歌赛等多种形式增加学生的参与度，真正使每两周一次的形势与政策课落到实处，收到成效，达到传上情、了下意的目的。

二、注重班风建设，以班风促学风

优良班风可以教育、感染、鼓舞整个班级，可以令人振奋，催人向上，使班级全体学生形成良好的学习和行为习惯，学会自觉学习、自我教育和自我完善，从而提升班级学生的整体素质。首先，激发学生学习兴趣，培养学生在学习上浓厚的兴趣和浓郁的科研氛围；其次，要注意营造融洽、活泼、积极向上的班级民主氛围，从而激发班集体的整体合力、集体荣誉感；最后，建立以理解人、信任人、尊重人、关心人为基本准则的和谐人际关系，及早发现和解决学生之间存在的问题，最终形成相互理解、相互尊重、相互关心的和谐的人际关系，从而调动班集体的内在积极性，最大限度地发挥学生的创造性。

优良的学风可以保证和促进学生高质量圆满地完成学业，而且还可以使学生养成许多终身受益的习惯，可以说优良的学风是造就人才的前提和基础。在班级内以“English Time”系列活动为抓手，联合学习型寝室文化建设，重点打造班级的学风建设。“English Time”是以小寝室为单位，每周选择一个时间段，开展至少40分钟的英语口语练习，鼓励同学们多开口、多讨论。同时，在大寝室内每周开展一次小规模的知识竞赛，每次由不同的同学主办，主要针对近期所学的专业课知识。此活动开展后，班级同时延伸开展了诸如“英语早读”、“经验交流会”、“学习兴趣小组”等促进学风建设的活动，大大促进了班级的学风。

三、加强班干部队伍自身建设，强化班级管理

一个成功的班集体，除了要有一名优秀的辅导员外，还必须有一支能干的班干部队伍。班干部作为联系辅导员与学生的桥梁，作为辅导员的助手，他们工作能力的高低，工作方法的对错，在同学中威信的高低，往往能够决定一个班级的精神面貌与风气。

班干部的选拔、班委的成立实行“能者上，平者让，庸者下”的原则，采取竞选的方式，选出最优秀、有能力的同学来担任。注重培养班干部，定期召开班干部会议，组织他们学会制订计划和实施具体措施，检查落实情况，总结得失，并加以改进，教会他们如何分辨是非，及时阻止同学中的不良行为。明确班干部的职责，各司其职，各负其责，通过与老师、学生的交流，策划和参加学院、学校的各种活动，锻炼班干部的工作能力。

制定班干部考核细则，严格班干部考核，倡导一种风气，营造一种人人争先的良好班级氛围。这样，不仅能及时和比较全面地发现问题、解决问题，而且同学们会感到班级工作公正透明、及时有力，从而为建立起一个团结向上、有着强大凝聚力的班级准备了有利的条件。

四、以学生心理健康成长为主线，提高大学生心理健康的意识

大学生正处于形成固定心理结构之前的不稳定期，会面临诸如自我认识、角色转换和适应、学业及生活压力、人际关系、情绪调控、异性交往等心理问题。高校辅导员作为最基层的学生工作者，

担当着大学生心理健康意识的引导者、心理问题的疏导者、心理危机干预的协助者等角色。因此，提高大学生心理健康的意识，帮助其健康成长就成为辅导员开展心理健康教育工作的重要任务。

辅导员应高度重视心理健康教育工作，在新生入校后，可指导组织开展新生心理普查，建立学生心理档案，做到早知晓、早预防、早干预。通过深入学生中去，对有心理问题的学生全面了解、重点把握，根据他们不同的心理需求，进行不同的心理疏导，指导学生进行自我调适，排遣负面情绪，从而恢复心理健康。及时关注学生思想动态，并对学生的心理状况进行预估，一旦发现学生存在严重的心理危机问题，及时与专业工作人员联系，协助专业心理人员做好学生的心理危机干预工作。

由于家庭经济困难的原因，贫困生往往更容易出现自卑、封闭自我、焦虑、人际关系紧张等心理方面的问题。因此，针对贫困生的具体情况，不仅要提供必要的经济帮助，同时还要了解和掌握贫困生的心理特点，认真分析贫困生出现的心理问题，做好心理帮扶工作。对贫困学生，辅导员更应倾注热情和温暖、诚心和耐心、尊重和关心，切实帮助学生解决生活与学习中的实际困难，引导贫困生科学地认知自我，悦纳自我，发掘每个贫困生的特点、优点、闪光点，营造互帮互助、温馨和谐的班级氛围和寝室文化，只有这样，才能帮助他们摆脱经济贫困和心理贫困的双重压力，促进贫困生的健康成长。

五、用心交流，构建有效的沟通渠道

辅导员作为班集体的管理者和教育者，负责学生的学习、生活、思想等各个方面，既繁琐又十分艰辛。因此，辅导员只有怀着一颗对学生的热忱、关爱的心，急学生之所急，想学生之所想，同时尊重、信任每一个学生，公正、平等地对待每一个学生，才能真正和学生贴心交流。为构建有效的沟通渠道，笔者采用集体与个别相结合的方式与学生交流，通过召开班会、班委会，尤其是走访宿舍，深入学生中去，主动关心、走近学生，与他们坦诚相待。同时，还经常采用形式灵活的个别交流方式，利用不同的场合和学生交谈。这种沟通形式气氛和谐，更容易让学生敞开心扉，易于师生的沟通。

随着现代科学技术的快速发展，高校网络文化建设日渐壮大，网络载体也日趋丰富。笔者也适时地利用网络手段与学生交流，用科技的手段拉近与学生的距离。通过建立班级的 QQ 群、飞信平台、人人主页，实时保持与学生的联系。一方面，将学校、学院的重要信息以网络的形式快速地通知学生；另一方面，通过网络及时掌握学生动态，及早发现问题，提高了解决问题的效率。同时，学生也可以利用这些网络平台讨论班级事务、交流学习生活心得，进一步增强班集体的凝聚力。

与此同时，辅导员还可以利用 QQ 空间、博客等载体，作为与学生沟通交流的另一个重要平台。辅导员通过撰写工作的感想或生活的感悟，让学生更多地了解辅导员，拉近师生之间的距离。通过空间、博客的评论功能和留言功能，与学生适时互动。一方面，能了解、收集学生的想法和建议；另一方面，能准确地把握学生的思想特点和动态，从而使自己的思想政治教育工作做到有的放矢，增强时效性和针对性。

六、开展丰富多彩的班级活动，培养学生综合素质

丰富多彩的班级活动和班级之间的文体活动，可以增强班集体的凝聚力和向心力。比如举行节日联欢、体育比赛、趣味活动等，增强班级活动的知识性、思想性、艺术性、趣味性，使班级活动充满生机与活力，让学生在参加活动时感到愉悦、受到教育，思想境界得到提升。同时，也能让学生在活动中，使自己的特长和能力得到充分发挥，个性得到充分张扬。笔者所带的年级共有四个班级，通过加强班级间的交流与沟通，以班为单位开展文艺竞赛、体育竞赛，开展交流与研讨会、座谈、合作课题研究，展示班级整体形

象，调动各班学生参与活动的积极性，既增强了班级的整体凝聚力和学生的集体荣誉感，又培养了学生的综合素质。

以上是笔者对加强班级管理与建设的一些看法。我们在重视班级工作的同时，仍需要继续积极完善高校班级管理机制，探索新的管理模式，以应对新形势下高校教育发展和人才培养的新要求。

参考文献

[1] 董树理. 高校辅导员工作新途径探索 [J]. 佳木斯大学社会科学学报，2007 (5)

[2] 赵海龙. 关于高校青年辅导员班级管理的几点思索 [J]. 知识经济，2011 (8)

[3] 孙博. 浅析高校辅导员在加强班级管理中的方法 [J]. 大家，2010 (11)

研究生校园活动现状浅析

全立明[1]　郝清华[2]
（1. 华西公共卫生学院；2. 校纪委、监察处）

摘要：高质量的研究生校园活动关系到研究生校园生活的丰富和综合素质的提高。开展研究生校园活动要从研究生的特点和管理体制入手，从研究生的实际需要出发，加强指导和管理，切实给予物质保障。多渠道、多形式地将研究生思想政治教育、党建工作和校园活动有机整合，真正在思想上和能力上培养研究生、塑造研究生。

关键词：研究生　校园活动　综合素质

在高等教育逐步由精英化向大众化转变的今天，研究生群体日益成为高校中的重要学生群体。而目前高校中，本科生的活动此起彼伏，异彩纷呈，研究生的活动则相对沉寂。在强调培养拔尖创新型研究生人才的今天，研究生活动对于提高研究生的综合素质和丰富研究生的校园生活有着不可替代的作用。[1]本文从研究生的校园活动现状入手，结合研究生的特点和管理体制，就如何更好地开展研究生活动进行一些思考，以期能促进研究生活动乃至研究生思想政治教育工作的发展。

一、研究生活动的现状

研究生活动大致可以分为研究生会活动、研究生党团组织生活和教研室（系）活动三类。研究生活动在学术交流、拓宽研究生的知识视野、提升科研和学术能力等方面发挥了巨大的作用，很好地促进了学科交叉和融合，有利于复合型人才的培养。同时，通过各种活动，研究生的组织能力得到了提升，凝聚力也进一步增强，营造出一种奋发向上的氛围。研究生活动在研究生校园生活中的作用不容忽视，但是与本科生积极踊跃参加相比，研究生显得被动，信息滞后，热情不高。调查发现，研究生自身却非常渴望通过活动来丰富生活、锻炼能力。

虽然研究生本身对活动有需求，但是参与的情况却不容乐观。除了课程时间冲突、出差、考试等客观原因外，更多的是认为现有活动很多流于形式，不能真正有收获。我校曾做过的调查显示，非常关注研究生活动的同学中仅有 5.9%表示非常满意，不满意的同学达到了 41.1%。[2]这一结果说明，研究生活动距离研究生的需要还有较大差距。

研究生的党组织生活质量也有待提高。由于年级和专业的差异，人为地造成了研究生高低年级之间和不同专业之间的分隔。由于学业和生活的双重压力，有时一些研究生党员参加组织生活的时间也难以得到保证。同时组织生活内容单一，也缺乏必要的经费保障，很多参观、调研和座谈都简化安排。

二、研究生活动不尽如人意的原因

研究生阶段培养的是高素质、拔尖创新型科研人才。目前研究生活动供需不平衡、重科研训练轻校园文化活动熏陶、活动经费缺乏等因素制约了研究生综合素质的全面培养提高，阻碍了研究生跨学科之间的交流，削弱了研究生党性教育。究其原因，主要可以从研究生的自身特点和管理体制两方面考虑。

（一）研究生的特点方面

1. 人员构成复杂。以我院为例，研究生生源广泛，来自省内乃至全国多所高校，还有研究机构、卫生行政事业单位人员。年龄跨度从 22～45 岁，学习能力、经济状况、社会阅历等方面存在明显个体差异。应届生虽未经历社会，但是具有良好集体观念，保持了学生活动热情；而社会考生“三观”基本定型，读研目标明确，纪律性不强，但是考虑问题更成熟全面。这些都导致了研究生活动的开展比本科生难度更大。在政治面貌上，研究生的政治面貌各异，既有中共党员、共青团员，也有民主党派人士和无党派人士，有着不同的信仰和价值取向。这些特点都增加了开展研究生活动的难度。

2. 学习目的各异。研究生的培养类别多样，有统招、定向、委培和自筹等，我院还有 MPA、MPH 等，远比本科生复杂。由此导致了各类研究生的学习目的和动机各异，有的潜心钻研学术，立志成为大师；有的是为今后就业积累资本；有的仅为混个文凭，基本都在外兼职；有的是晋升职称需要。目的的多样化导致研究生没有动力去关注校园活动，更谈不上投身其中。

3. 多种压力叠加。研究生相比本科生而言，已到了自立的年龄，不好意思再接受父母的资助。虽然获一等、二等奖学金的研究生基本解决了学费和生活费的问题，但是获三等奖学金或未获奖学金的研究生依然面临一年近万元的学费和自己的生活费。尽管从导师那里可以获得一定收入，但是仍需承受较大的经济压力。部分研究生已组建家庭，上有老下有小，压力尤其沉重。此外，还有发表 SCI 论文的压力，结束单身的渴望，两地分居、子女入学的压力，以及毕业就业的压力，等等。在这些现实问题面前，研究生活动所能提供的帮助显得很苍白无力，导致了研究生活动参与寥寥。

（二）管理体制方面

1. 管理难度较大。研究生在培养方式和学习模式上，比本科生更加分散、独立，基本上以各自导师为中心进行实验或现场调查，时间和空间难以统一，集中活动非常困难，每次活动因外出调查、实验等原因请假的学生不在少数。日常管理中，一个研究生寝室往往由不同学院不同年级的同学组成，虽然促进了学科专业之间的交流，但是带来了管理上很大的不便。导师在研究生的科研、就业、培养等方面发挥着举足轻重的作用，对研究生的发展和成长起主导作用。这在一定程度上降低了研究生思政辅导员对研究生的影响力，开展工作渠道不畅。[4]

2. 活动经费缺乏。随着经济的发展，研究生培养成本不断增加，其中差旅、仪器、设备和试剂等专业培养的开支不断加大。但是，研究生思想政治教育工作经费不足，严重制约了研究生活动的开展。[7]

三、加强研究生活动的建议

针对以上造成研究生活动低迷的原因，笔者认为，应本着以人为本的精神，从全面提升研究生的综合素质出发，在以下几个方面加以改进。

（一）贴近研究生需要，提高参与热情

研究生参与学生活动热情不高，其根本原因在于难以从活动中有所收获。这就需要我们从研究生的实际处境入手，设身处地为研究生着想，多设计一些研究生最关注、最感兴趣的活动，使研究生从活动中受益。另外，要让研究生自愿参与活动，而不是摊派式地指定参加人数。

调查显示，研究生最关注的活动类别是学术类、文娱类、实践类，最感兴趣的讲座主题为求职经验交流、人文专题、学术写作。[2]

（二）提高自我管理水平，强化组织观念

从客观需要出发的同时，还应当使研究生的活动制度化、规范化、程序化，避免自由散漫的情况。研究生具有较强独立意识和自我思考能力，但是在重视团结协作的今天，自我意识和个人至上成了研究生的一块短板。我们必须更加强调研究生的“自我管理”，在建立一支精干高效的研究生干部队伍的同时，广泛动员骨干学生、积极分子，让更多的研究生都参与到日常管理中来，通过开放式工作，赢得大多数研究生的支持和参与，鼓励在活动中有收获的研究生之间交流经验，形成良性循环，促进研究生活动的开展。[3]

（三）与学工系统联动配合，提供有力组织保障

学工系统是学生管理的主要力量，学生活动安排更加系统和全面，形成了自己的品牌和文化。学工系统组织的各项活动，应通过团委、研究生会等组织充分动员研究生广泛参与。一方面，由于年龄相近，研究生更容易对低年级学生产生亲和力，更容易产生榜样的力量；另一方面，研究生来源广泛，校园文化背景各异，有利于不同校园文化的交流。学工系统丰富的经验和完善的机构正好为研究生活动提供了有力的组织保障。

（四）寓思政于学术，政治教育潜移默化

科研学术工作贯彻了整个研究生阶段。相对于内容单调、形式简单的思想政治说教方式，学术活动以其专业性、创新性和实用性，更容易吸引研究生的注意力。[5]学术活动当中的科研成果、主讲人的成功经验等，都包含着科研工作者吃苦耐劳、严谨勤奋的钻研精神，团结协作、无私奉献的集体主义，科研工作者的爱国情怀，等等。作为思想政治教育工作者，稍加提炼就可以使空洞的说教立刻栩栩如生，起到对研究生潜移默化教育的效果。

（五）多形式抓党建，促进研究生党性教育

要发挥党建工作对研究生管理的指导作用。充分发挥研究生党支部的战斗堡垒作用，依靠党员联系制度，使党员扎根教研室、实验室和宿舍，处处发挥党员的先锋模范作用。[6]充分占领网络阵地，以党支部QQ群、党建博客和党建论坛等形式，使党的理论指导无处不在。

开展丰富的党支部活动，一方面要使研究生感受到党和国家在国家建设、突发事件当中发挥中流砥柱的作用；另一方面，要让研究生自发地认识到社会责任感。只有这样，才能使党支部工作开展得既生动灵活又深入头脑。

（六）创造动力，吸引导师参与校园活动

由于导师在研究生中的特殊地位，如果能够充分动员导师参与到研究生校园活动中来，就能起到事半功倍的效果。一方面，导师

组织动员研究生参与活动，能产生外部推动力；另一方面，导师亲自参与活动，展示出不同于平日的另一面，对研究生也能产生吸引力。这样双方互动，有利于双方增进了解、增加默契。对此，可以通过经济奖励、先进表彰和工作量折算等方式为导师参加研究生活动创造动力。

（七）加大经费投入，切实保障研究生活动

在科学合理使用学校下拨经费的同时，努力吸引社会、企业和个人资金关注研究生活动，给予一定资助，设立研究生活动基金。做好研究生活动与科研课题之间的衔接工作，鼓励导师提供科研课题和经费供研究生参与，将研究生活动、科研训练和经费有机整合在一起。[7]

参考文献

[1] 杜汇良，刘宏，薛徽．高校辅导员九项知能教程［M］．北京：高等教育出版社，2009

[2] 吴宇，谢惠，黎慧，等．当前研究生校园活动状况分析［J］．中国研究生，2009（7）：50－52

[3] 吴勇．关于高校研究生辅导员工作的几点思考［J］．中国科教创新导刊，2009（20）：244

[4] 王培君．关注研究生思想政治教育的五大层面［J］．广西青年干部学院学报，2002，6（12）：27－28

[5] 刘晓岚．加强研究生学术活动 优化思政教育软环境［J］．医学教育探索，2009，1（8）：91－93

[6] 杨直凡，吴淮，邓江．高校研究生党支部活动的探索和创新［J］．思想教育研究，2009，4（166）：88－91

[7] 白天，董世平，杨晓通．浅谈研究生教育的管理［J］．高等理科教育，2006，4（68）：93－96

项目化管理在高校团学活动中的应用研究①

李晓峰[1]　王　斌[2]　巫　科[1]
（1. 工商管理学院；2. 校团委）

摘要：高校团学活动是高校思想政治教育工作的重要载体，是大学校园培养“四有”新人的有利阵地。团学活动的模式直接影响到其工作效率，也进一步影响到高校思想政治教育工作的实施。本文将项目化管理的理念运用到高校团学活动的管理工作中，建立了科学的高校团学活动项目化管理运行机制，这为高校共青团工作提供了一个具有重要意义的体制模式。

关键词：项目化管理　高校团学活动　运行机制　研究

高校团学活动是高校思想政治教育工作的重要载体，是大学校园培养“四有”新人的有利阵地。但随着大规模的扩招、学分制的推行、就业模式的转型和学生个人成长的多元化需求，给高校团学活动的开展提出了新的要求。共青团组织如何在适应新形势下开展有效的团学活动，培养大学生的创新精神和实践能力，提高学生的综合素质，让广大团员青年能够更紧密地团结在高校共青团的周围，提高团组织的凝聚力和创造力，已成为高校共青团组织急需解决的问题。

项目化管理是20世纪50年代中期在科学管理和行为管理理论基础上形成的一套管理理论。最初，它主要被应用于国防和航空等

① 资助项目：国家社会科学基金教育学青年课题：大学生创业教育及保障支持体系研究（CIA110139）。

领域，到20世纪90年代以后被广泛应用于各行各业，成为常规管理的系统性方法和改变传统组织模式、管理制度的有效手段。本文在多年共青团工作开展的基础上，提出了将项目化管理的理念运用到高等学校团学活动的管理工作中，并在管理运行机制上进行了有益的探讨与研究，以期能为团学活动的科学管理提供借鉴。

一、高校团学活动项目化管理的重要意义

项目化管理就是以项目为对象的系统管理方法，通过一个临时性的专门的柔性组织，对项目进行高效率的计划、组织、指导和控制，以实现项目全过程的动态管理和项目目标的综合协调与优化。高校团学活动项目化管理就是把团学活动视为项目，对它们的内容进行项目设计，通过项目的遴选、申报、审核、立项、运作、检查、评估等步骤，对纳入项目化管理的活动进行全程的、动态的管理监控，以建立培养具有创新精神和实践能力的、全面发展的青年人才为目标的工作运行机制。

高校团学活动实施项目化管理是对高校共青团工作模式的有力创新，是适应新形势下高校共青团组织发展的需要，具有如下重要意义：

1. 项目化管理的实施，以项目的申报和开展为纽带凝聚活动资源，不仅有利于促进资源在共青团内部组织间的合理流动与优化组合，而且有利于加强与社会企事业单位的合作，引入社会资源参与高校共青团活动，从而为高校团学活动的顺利开展奠定基础。

2. 项目化管理的运用，在一定程度上为高校团组织和广大团员青年参与团学活动搭建了平台。高校团组织通过活动项目的征集与评审，有针对性地开展符合广大团员青年需求的活动项目，调动广大团员青年的积极性和创造性，充分发挥高校团组织在团学活动中的主体作用，从而增强高校团学活动的有效性。

3. 项目化管理的实施，强化了学生自我管理、自我教育、自主创造的意识，给学生更多发挥他们的个性和创造性的空间，可以有效激

活学生的创新意识、主体意识和责任感，促进校园文化建设。

4. 项目化管理在团学活动中的运用，有利于密切高校各级团学组织之间、各级团学组织与青年学生之间的联系，在团学活动中形成合力，深化高校共青团的凝聚力工程建设，进而为高校团学活动的开展优化了环境。

二、高校团学活动项目化管理的组织机构及项目划分

（一）项目化管理的组织机构

为了有效开展项目化管理工作，进一步明确在项目管理过程中高校相关部门的权利和义务，在此我们制定了团学活动项目化四级管理体制：项目化管理指导委员会——团学活动项目化管理的指导机构，项目管理办公室——团学活动项目化管理的最终审批机构，项目部——团学活动项目化管理的日常事务管理机构，项目组——团学活动项目的具体实施组织。

1. 项目化管理指导委员会。项目化管理指导委员会是高校团学活动项目化管理的最高指导机构。该机构由分管学生工作的校领导任委员会主任，成员由校学生工作领导小组的成员组成。委员会主要负责确定学校推进团学活动的年度计划和资金预算，组织对团学活动项目化管理的研讨和总结。

2. 项目化管理办公室。项目化管理办公室是高校团学活动项目化管理的最终审批机构，可设在校团委。该办公室主任由校团委负责人担任，副主任由校学生处、教务处负责人担任，成员由校团委、学工部（处）的有关人员及各学院学生工作负责人组成。项目化管理办公室主要负责对团学活动项目进行最终审批以及对学校各个项目进行整合和协调。

3. 项目部。项目部作为高校团学活动项目化的日常事务管理机构，是项目化管理的具体实施、协调机构。项目部可设在校团委，成员由校团委、学工部（处）的有关人员和各学院分团委负责人组成。项目部负责根据学校的工作重点、上级组织的工作规划，

确定每年的团学活动计划项目，并负责受理团学组织或学生团队项目的申报、初审、项目资金的拨付、日常运行管理以及督察和评估。

4. 项目组。项目组是团学活动项目的具体实施组织，由项目负责人及其成员组成。项目组制定项目投标书，按照团学活动项目部的要求进行项目的规划、项目的运行，合理地使用项目资金，力求实现项目目标。

（二）项目划分

1. 按照团学活动的类别，将高校团学活动项目划分为以下四类：

（1）思想道德素质类项目。其主要内容包括：理论学习、思想政治教育阵地建设、团的组织建设创新、精神文明创建活动以及其他类型的特色教育活动。

（2）文化艺术类项目。其主要内容包括：文化艺术阵地建设，文化艺术交流、讲座，文化艺术培训，群众性校园文化艺术活动，重大文艺演出，文化艺术节，以及其他类型的创新型校园文化建设活动。

（3）科技创新类项目。其主要内容包括：科技创新教育阵地建设，“挑战杯”竞赛项目，校内外各类学术竞赛项目，学术交流、讲座，各类科技培训，以及创新型科技教育活动。

（4）社会实践类项目。其主要内容包括：社会实践的阵地建设，社会实践的机制探索，结合思想教育的社会实践项目，“三下乡”社会实践项目，结合经济建设、绿色环保教育和校各学科专业的社会实践项目，社会调查、社会服务、挂职锻炼、创业等社会实践项目，勤工助学形式的社会实践项目。

2. 按照团学活动的级别，将高校团学活动项目划分为以下四类：

（1）一级项目。该类项目属于高校团校活动中的重点项目，如“挑战杯”大学生课外学术科技作品竞赛项目，大学生创业计划大赛项目。因其活动规模、影响范围较大，为保证活动的效果，一般应由校团委或院系分团委申报、主办。

（2）二级项目。该类项目属于高校团学活动中的常规项目，一般由各类学生组织，如校学生会、院系学生会、各类学生社团等申报、主办。

（3）三级项目。该类项目一般由不同专业、不同年级的学生自由组成项目组，按团学活动项目部发布的计划项目进行申报、主办。

（4）四级项目。该类项目属于自选项目。团学活动项目部没有计划要实施的项目，由高校各级团学组织，或由不同专业、不同年级的学生组成项目组，根据当时自身的需要，自行选择项目主题，自定项目名称，向团学活动项目部申报，项目得到审批后方可进行。其目的是发挥团学组织及学生的自主能动性、创造性，产生一批有创意的项目，形成有意义、有价值的项目成果。

三、高校团学活动实施项目化管理的程序

项目化管理程序是针对项目从初期的设立到最终的验收评估等一系列环节的设置，其目的在于使各投标单位对投标活动做到有章可依，对标书的审核和项目的运作做到心中有数。在此，我们将高校团学活动项目化管理程序分为项目设立、项目招标、项目投标、项目立项、项目运行、检查监督、项目评估等七个阶段。

（一）项目设立

项目设立是高校团学活动进行项目化管理的开端。高校团学活动要纳入项目化管理，一般要看其是否具有前瞻性、创造性、应用性和可行性，是否能把握绝大多数团员青年的兴奋点以及是否具备项目管理的特点。当某一团学活动基本符合上述要求，就可以考虑按照项目化管理要求进行管理。项目的设立既可以由项目化管理办公室或团学活动项目部提出，也可以让团学组织或学生团队自由选题、自定项目名称，最后由学校项目化管理办公室和有关专家对项

目进行会审，确定符合项目化管理的项目。

（二）项目招标

团学活动项目部可以在每学期初向全校公开本学期活动项目的类别、级别及各自的具体要求，动员学校各级团学组织，或不同年级、专业学生组成项目组参加招标。在招标时可以采取公开招标或邀请招标两种方式。公开招标是指通过招标公告的形式在全校范围内邀请不特定的团学组织，或不同年级、专业学生组成项目组投标；邀请招标是指以招标邀请书的形式邀请特定的组织投标（但必须邀请三个以上组织）。邀请招标按照项目的级别对投标人有一定的要求。例如：一级项目（重点项目）仅邀请各学院分团委投标，二级项目（常规项目）一般邀请各类学生组织投标，三级项目、四级项目主要邀请由不同年级和专业学生组成的项目组投标。

（三）项目投标

项目投标是指由有意参加且符合招标项目条件、具备承担招标项目能力的一个或几个团学组织组成项目组，或由不同年级、专业的学生组成项目组，根据自身的实际情况选择具体的活动项目。同时，根据要求撰写标书，对项目的具体名称、项目目标、项目过程、队伍构成、经费预算与保障、项目的可行性与实施步骤以及项目成果等进行论述。

（四）项目立项

团学活动项目部在收到项目标书后，对其进行分类汇编，对于明显不符合标准的项目，直接将其列为落选项目，对于符合标准的项目出示初审意见和修改方案，提交项目化管理办公室，由项目化管理办公室和有关专家在一定时间内按照公正、公平的原则对投标人（项目组）的标书进行最终评审（如果有必要，可以请投标人现场答辩），确定中标人，向中标人发出中标通知书，并确定给予的经费支持，项目正式立项。

（五）项目运行

项目运行是进行项目化管理的关键阶段，是项目组在团学活动项目部的指导下，严格按照项目投标书中的计划方案，有步骤、有层次地实施项目的过程。在项目的实施运行过程中，团学活动项目部应给予协调、帮助和支持。为了能使项目顺利实施，团学活动项目部可以指定有经验的教师或专家做项目的辅导教师，对项目进行具体指导，这有利于项目顺利实施，取得好的效果。

（六）检查监督

团学活动项目部应在项目实施的前、中、后三个阶段根据中标人（项目组）标书中确定的项目目标、实施计划、资金预算等对项目的运行情况进行检查，予以监督。检查监督的内容主要包括项目质量、项目经费和项目进度三个方面，要确保项目质量可靠，不超出资金预算，并能按时完成。在检查中如果发现中标人违反标书规定的行为应及时进行纠正，从而保证活动项目的有效实施。

（七）项目评估

团学活动项目的评估不仅是衡量高校共青团工作水平的重要手段，还是肯定和激励团学活动项目实施者（项目组）的重要途径。在项目运行结束后，各项目负责人要将所有与项目有关的文本、图片、DV 资料上交团学活动项目部验收，并配合团学活动项目部进行评估。团学活动项目的评估主要有五条标准：

1. 项目目标是否完成；
2. 项目的社会、经济效益如何；
3. 项目的影响力、学生参与面多大；
4. 项目组成员的收获如何；
5. 项目成果怎样。

根据以上五条标准可以设计团学活动项目评估的指标体系，通过项目管理中的相关方法对团学活动项目进行定量或定性评估。根据评估结果，可以评选出精品项目、优秀项目、合格项目及不合格项目，对实施效果好、有价值、有创意的活动项目进行表彰和宣传，并召开经验交流会。

四、结束语

高校团学活动实施项目化管理，既可以整合人力、物力，合理使用资金，优化配置资源，又能充分调动学生组织参与活动的积极性，进而达到丰富校园文化、深化教育改革、拓展学生综合素质的目的。当然，在高校团学活动项目化管理的过程中，还有很多需要改进的地方，只要不断总结和分析，发现问题，解决问题，就一定能不断完善管理制度，为高校团学活动的开展建立科学的管理机制。

参考文献

[1] 邱菀华，邓华，刘晓峰. 现代文化产业项目化管理：如何成功运作大型活动［M］. 北京：机械工业出版社，2004

[2] 白思俊. 现代项目管理［M］. 北京：机械工业出版社，2003

[3] 李文. 项目化管理：组织变革的引擎［C］. 中国第三届项目管理论坛大会论文集，2004：101－103

[4] 张德，吴剑平. 校园文化与人才培养［M］. 北京：清华大学出版社，2001

[5] 黄可，胡琳. 高校共青团工作项目化管理模式的探究［J］. 社会科学家，2006（3）：271－272

[6] 林小桦，陈雁，王羚俪. 高校学生活动项目化管理的探讨与研究［J］. 中国高等医学教育，2008（1）：48－50

[7] 刘思善，李毓彤. 大学生素质教育项目管理体系的构建［J］. 广西青年干部学院学报，2006，16（6）：30－31

[8] 张秋玲，司静波. 大学生就业实施项目化管理探索［J］. 现代商贸工业，2009（5）：193－194

[9] 董玲，张小勇. 以项目化管理平台实施大学生思想政治教育的实践与思考［J］. 思想政治教育研究，2009，25（2）：74－76

[10] 马骁. 高等学校学生工作项目化管理的经济学思考［J］. 河北师范大学学报，2008，10（8）：25－28

[11] 刘永哲. 项目化管理：引领学生思想政治工作新实践［C］. 全国项目管理教育论文集，2009：304－306

新时期大学生网络文化建设与管理

曹勇明
（校党委办公室）

摘要：新时期，要从网络文化的特征和大学生的特点出发，充分认识到加强大学生网络文化建设与管理的重要意义，充分认识网络文化对大学生成长的影响，采取有效措施加强大学生网络文化建设与管理。

关键词：大学生　网络文化　建设　管理

作为一种新文化形态，网络文化是指网络上的具有网络社会特征的文化活动及文化产品，是以网络物质的创造发展为基础的网络精神创造。蓬勃兴起的网络文化对大学生的思想、观念和行为方式产生了深刻影响，也给大学生思想政治教育提出了新的课题。我们必须从“培养什么人，怎样培养人”这个战略高度，切实加强大学生网络文化建设与管理，为国家培养合格的建设者和可靠的接班人。

一、网络文化带来的创新与发展

（一）网络文化的时代性更新了大学生的思想观念和行为方式

作为当代最革命性的科学技术之一，网络推动了人们思想的大解放。大学生好奇心强、接受新事物快，因此，网络使大学生在道德观念、价值取向、生活态度、行为方式等方面表现出新的发展趋向，社会上那些落后、保守、封闭的思想观念相继被抛弃，而创新、竞争、合作、发展等观念被普遍认同。同时，网络生活易让学生形成多元化和效率观念、全球意识，既利于学生个性的健康发展和自我意识的完善，也符合时代价值导向。

（二）网络是推动素质教育的有效平台

网络文化丰富的知识信息、广泛多元的内容，有利于健全大学生的知识结构；网络先进的科学技术及提供的各种软件工具，能使大学生充分展示自己的创造力，激发学生学习过程中的求知欲与创新意识。网络的开放性、互动性，使得不同学校、不同国家的学生，可以在网上自由交流。这种不受时空、场合限制的文化环境，更有利于促进学生个性的发展和综合素质的提高。

（三）网络为高校学生工作提供了便利手段

网络文化的强烈开放、形象、互动、快捷、时效以及数字化等特点，为我们开展有针对性和时效性的教育提供了契机。我们可以利用网络牢牢掌握校园网络文化传播的主动权，推进中国特色社会主义理论体系教育进网络，使校园网络真正成为传播先进文化的阵地；可以利用网络构建师生间信息交流的桥梁，拓宽思想教育的空间和渠道，促进师生间平等、生动地交流讨论；可以利用网络及时掌握学生普遍关注的校园和社会热点问题，获取更为真实的思想动态。

二、网络文化给大学生带来的消极影响

网络文化的两面性，决定了其对大学生的影响具有双重性，既有健康积极的影响，又有消极不利的影响。

（一）网络文化的开放性易侵蚀思想灵魂

西方发达国家在信息技术方面具有优势，他们凭借其网络文化的垄断性、掌握信息传播控制力与影响力，大肆向世界各地宣传资产阶级的意识形态、政治制度、文化思想，并加紧对我国进行“和平演变”的渗透。由于大学生人生阅历浅，对人生和社会的思考和体验不够深刻，世界观、人生观和价值观的可塑性较大，因而很容易受到异域文化的冲击和影响。

（二）网络文化的复杂性易影响价值取向

丰富多彩的网络文化极大地丰富了学生的精神世界，但同时其间也泛滥着色情、诈骗、破坏他人数据、窃取机密情报、散布谣言或恶意诽谤等犯罪行为，给大学生的思想成长带来了一定的负面影响，导致少数大学生网络道德感弱化，结果出现责任心不强、冒名顶替、肆意破坏、粗言恶语、不负责任发布信息等道德伦理问题，甚至出现一些犯罪行为。

（三）网络文化的潜隐性易诱发心理疾患

有的学生把网络当作学习生活的中心，沉迷于网络，对网络产生了依赖，无心学习专业知识，养成网上拿来主义，独立分析和解决问题的能力较低；更有少数学生一旦停止上网，就出现情绪低落、兴趣索然、精力不足、容易激动、自律能力下降、头昏眼花、疲乏无力、食欲减退等不良反应。长期下去，与家人、同学、朋友的关系疏远，极易产生焦虑、自卑、抵触等不良心理。

（四）网络文化的非控性增加了学生工作的难度

网络的隐蔽性使得学生工作者难以对网上流动的信息加以监控。在这种环境下，如果学生工作者掌握的信息有限，又缺乏对信息进行整理和分析的能力，就会在网络时代的学生工作中失去优势地位，难以有效地开展学生工作。

（五）网络文化建设与管理的力度亟待加强

今天，人们获取信息的途径越来越依赖互联网。到 2011 年 9 月，我国互联网用户已突破 5 亿，普及率接近 40%。大学生是上网队伍中的精英群体和社会后备精英阶层。但长期以来，我们对网络文化的建设与管理重视还不够，重硬件建设，轻网络文化内涵建设；制度建设滞后，与之配套的法律法规迟迟未能出台，导致网络文化环境较为混乱，黄色淫秽、低级无聊的内容充斥网络，给青少年带来了极大的危害，败坏了网络文化，毒害了社会风气，扰乱了社会秩序。

三、新时期加强大学生网络文化建设与管理的对策

大学生网络文化建设与管理，必须深入贯彻落实党的十七届六中全会精神，坚持社会主义先进文化的前进方向，以创新的精神坚持一手抓建设、一手抓管理，为大学生的健康成长营造良好的网络文化环境。

（一）进一步加强领导，完善网络文化建设与管理制度

大学生网络文化建设与管理是一项系统工程，要本着“充分利用，努力建设，加强管理，积极引导”的原则，结合高校校园文化建设实际，建立在党委统一领导下，由分管学生工作的校领导牵头，相关校领导以及学工部门、宣传部门和网络技术部门负责人参加的网络文化建设与管理工作领导体制；各相关职能部门要明确职责、分工合作，形成齐抓共管的良好局面。同时，要建立完善网络文化建设与管理的责任机制、权力机制、保障机制、评价机制和监督约束机制，从加强规划、完善制度、规范管理、充实队伍等方面采取措施，统筹协调好大学网络文化建设与管理。

（二）充分利用校园网络资源，主动抢占网络阵地

一方面，要坚持社会主义先进文化的发展方向，充分利用现有网络资源优势，切实抓好校园网络文化专题网站建设，利用专题网站弘扬优秀传统文化，确保用马克思主义占领高校网络文化阵地，唱响网上思想文化的主旋律，打好主动仗。另一方面，要加强网络文化活动建设，将校园文化建设与网络文化建设有机结合，通过开展系列网上文化活动，营造健康向上的网络文化氛围，充分激发大学生的上进心和创造力，引导他们走积极健康的网络之路。

（三）先树品牌，后施教化，增强校园网络文化的吸引力和渗透力

不论是网络文化的建设还是管理，最终目的是要达到良好的教育效果。要达到目的，就必须提高校园网络文化产品和服务的质量和水平，把优秀中华传统文化作为网络文化的重要源泉，加强高品

位文化信息的传播，大力发展具有中国气派、体现时代精神、品位高雅的网络文化品牌，推动网络文化在传播社会主义先进文化、满足学生文化需求、促进校园和谐稳定方面发挥更大作用。要坚持贴近学生、贴近实际、贴近生活的原则，办学生喜欢的网站，树立一批特色突出的品牌栏目，以新颖、美观的表现形式，丰富、健康的内容吸引学生。要在网站的政治性、知识性、科学性、艺术性和吸引力上下工夫，通过开展网络党团校、思想交流、政策咨询、问题答疑、知识竞赛、读书活动、网上征文、问卷调查、辩论赛、书评、影评、模拟招聘会等融思想性、知识性、艺术性、趣味性、娱乐性于一体的网上校园文化活动，对大学生进行全方位的教育和引导，切实增强网站的吸引力。同时，要充分发挥网络开放、交互等优势，既抓好“网上”教育，又抓好“网下”教育，突出网络思想政治教育的互动性和整体性，体现平等交互，双向沟通，切实增强网络思想政治教育的亲和力和说服力。

（四）加强网络伦理道德建设，增强其自身的抗干扰力和免疫力

加强学生的网络伦理道德建设，提高他们在网络文化环境中的自律能力，增强自身的自我管理、自我约束能力和选择判断能力，自觉抵制不健康、不正确的网络信息，这是加强网络文化建设管理的治本之策。具体来说，就是要着力提高大学生的思想政治素质，增强其政治敏锐性和鉴别力；就是要注重塑造大学生的网络道德人格，提高学生对纷繁复杂的信息的观察、识别、选择和运用能力；就是要增强学生上网的法制意识、责任意识、政治意识和安全意识，倡导网络文明，培养健全人格和高尚情操，养成良好的网络道德；就是要加强大学生的爱国主义教育，增强其民族认同感、光荣感和自豪感；就是要提高大学生遵守网络游戏规则的法制意识，争做遵纪守法的优秀网民。同时，也可以借鉴一些发达国家的经验，如美国计算机伦理协会制定的“计算机伦理十诫”，加强大学生网络伦理道德建设。

（五）健全规章，强化监管，规范网络行为，净化网络环境

规范网络行为，要进一步健全完善有关规章制度，使大学生网络文化管理做到依法、科学、有效。要加强技术攻关力度，建立技术上的“防火墙”，在内外部网之间的界面上构造一个保护层，防止网络政治污染，抵御信息侵略；要强化网络监检，做好正面信息的引导和有害信息的过滤，对上网信息进行严格监控，及时消除一些错误、消极或反动的信息；要加强对局域网及对免费个人主页链接的审查，实行学生上网身份认证，落实实名注册登记制，实行信息上网审批制，严格把关，杜绝未经授权的信息通过；要实行“版主负责制”，对管理不善、监控不力的限期整改，直至责令关闭。同时，教育行政部门要会同其他相关部门，出台相应的法律法规，完善规章制度，使大学生网络文化建设与管理走上良好的运行轨道。

（六）加强大学生网络文化建设与管理的工作队伍建设

建设一支既懂思想政治艺术又懂网络技术的新型工作队伍，是推进大学生网络文化建设的关键。要在校园网上开辟专门的思想政治工作室，吸收辅导员和学生骨干参与管理，加强有目的、有计划、有组织的专业培训，切实提高他们运用网络开展思想政治工作的能力，并利用网络开展思想释疑、心理咨询、生涯规划引导、学生事务解答等教育引导活动，增强工作的吸引力和感染力。要建立校领导、职能部门（学院）领导、辅导员（专业教师）、学生骨干四级校园网络管理“红客”队伍，使管理者之间、管理者与学生之间信息畅通，及时掌握学生的思想动态，进行有的放矢的引导教育。要强化网络文化建设管理队伍的政策激励，形成专兼结合的稳定工作队伍，为校园网络文化建设与管理提供坚实的组织保证。

利用信息化网络构建学生综合支持系统

蒋 永
(学生工作部)

摘要： 高校是培养高素质人才的摇篮，信息化网络对高校学生的影响越来越大，信息化网络的两面性也越来越受到关注。高校学生也深深地被网络所涵盖的各类信息、交流方式和各种潮流服务所吸引。本文则主要利用网络的特点及优势来构建一个大学生综合支持系统，合理利用网络优势来为学生提供各种支持、服务，最终达到让学生健康成长、顺利成才及全面发展的目标。

关键词： 信息化网络 综合支持 社会支持

信息化网络不但对教师的教学方式、内容、观念等产生巨大影响，对学生的思想观念、价值取向、思维方式、行为模式、个性心理等都产生着广泛而深刻的影响。现在3G网络业务不断推陈出新，大学生成为移动通信、互联网等网络实体的主要客户群体之一。而好奇心强、鉴别力弱、可塑性大的大学生们判断是非的能力极易受影响。因此，为了学生的成长、成才与发展，学校应该利用好信息化网络的优势构建学生综合支持系统。

一、信息化网络的特点和优势及影响

（一）特点和优势

网络是全球最大的图书馆和信息数据库，涉及政治、经济、文化、科技和卫生等。因此，网络是一个信息极其丰富的百科全书似的信息宝库，它最大的特点是开放性广、虚拟面宽、交互性快、时效性强及信息多样性、丰富性等。[1]网络所涵盖的信息包罗万象，层出不穷，具有极强的诱惑力和感染力，而且对于各类信息的传播、交流都非常迅捷。

（二）信息化网络的影响

网络在各个领域的深入应用，使得大学生在各个方面都面临着网络带来的巨大影响。大学生面临的知识体系结构在不断发生变革，获取及传播知识的方式在随着知识存储方式的变革而形式多样化。例如，大学生的观念和意识形态随着网络信息的传播不断在改变，网络多元化的价值观与价值取向使不少大学生产生了迷惘，网络便捷快速且带虚拟性的交流沟通和异步通信方式使得大学生的交往手段和人际关系发生变化等。[2]网络环境本身无所不容，而高校本身就是一个多学科专业的环境，因而学生接触的信息资源也就更加丰富与广泛。

（三）学生综合支持系统概述

网络对学生的影响是双面的，且迅速、直接而深远。为此，学校应该利用信息化网络的特点和优势来为学生的成长、成才与发展提供一个综合的支持系统，抓住学生的兴趣爱好并利用网络把学校的思想政治教育工作和科学文化教育工作延伸到学生的身边，真正实现网络化的学习与教育。

到目前为止，对大学生的支持研究成果最多的，要数大学生的社会支持。对社会支持的定义从不同方面看就会有不同的认识，而建立社会支持系统是做好心理干预的重要措施。[3]本文主要是以教育学生、管理学生、服务学生为出发点，将学校的教育与管理工作、社会的关怀与关注等支持体系工作延伸到学生的身边，让学生真切感受到国家、社会、学校、家庭及同伴等多方面的支持，以培养学生健康成长、顺利成才和全面发展为主要目标，而构建学生综合支持系统。该支持系统主要实现一个综合服务平台：为学生提供基本学习及教育服务支持系统，为学生提供包括学生资助服务、学生就业服务、学生心理咨询服务、学生安全服务等的支持系统，为学生提供广泛的社会支持系统等。构建学生综合支持系统主要是实现对学生教育教学的高效管理，以及实现让学生健康成长、顺利成才和全面发展的目标。

二、构建学生综合支持系统

（一）构建学生基本学习及教育支持系统

信息化网络的深入应用受到学生和教师的青睐。学生不仅把大部分的休闲娱乐时间用在网络中，还开始把学习过程移到网络中来。同时，传统意义上的教学内容与资源也受到网络丰富多彩的内容与资源的冲击。网络中信息的多样性和迅捷传播性同样也使知识、内容等的存在形式变得丰富多彩、形式多样，且传播与共享迅速。学生基本学习和教师教授的内容多在网络中传播与共享，也促使教师准备的教学内容变得形式多样、丰富多彩，更能迎合网络的传播与教学。

如何将这些内容延伸到学生身边，如何让学生接收到这些形式多样、内容丰富多彩的资源，真正吸引学生注意力，引导学生兴趣，最终实现对学生的培养目标和使学生形成通过信息化网络获取各种知识的自主学习习惯。为此，可以通过建立校园 BT 资源发布系统、FTP 资源服务器、课程课件及电子教程管理服务器、教师的个人博客系统与专家指导系统等来构建学生基本学习及教育支持系统，以此网络的传播与存储形式使学生可以随时获取自己想要的相关学习资料，以及同自己的任课老师和自己感兴趣的专家进行网上交互式的讨论与学习等。

（二）构建面向学生的服务支持系统

构建面向学生的服务支持系统，就是将面向学生的服务性工作延伸到学生身边，让学生快速便捷地掌握有效的服务信息。通过信息化网络可以让学生在主动性和被动性的双重条件下享受到相应的服务支持。在使学生逐渐形成一种习惯（即习惯浏览学校各部门新闻主页、习惯登录电子邮箱查收邮件、习惯从校园 BBS 获取各类消息等）的同时，又迎合学生的兴趣爱好而发展其他更多的信息传播渠道（如SNS、微博等），让他们在日常休闲时间也能获取相应信息。另外，面向学生的服务支持系统还能更有效地覆盖到学生的资助服务、学生的就业服务和学生的心理咨询服务等方面。

1. 面向学生的资助服务支持系统。目前我国已经建立起以奖学金、助学金、国家助学贷款、勤工助学、特殊困难补助和学费减免为主体的、多元化的资助高校经济困难学生的政策体系。如何认识和开展这一政策体系，对于进一步完善大学的资助工作，促进高校和谐校园建设具有重要的意义。[4]为此，急切需要构建一个学生资助服务应用系统，该应用系统应包括信息的管理和信息的发布。信息的发布不仅是在应用系统内部公开，还应将其功能扩展到SNS、微博等主流信息传播渠道中去。发布的信息主要包括相关政策、约束条件以及相关结果的公布公告等，能有效快捷地将信息传递给学生。对信息的管理主要包括对助学贷款和奖助学金等的申请、审核、审批等业务流程处理功能。所有这些功能在应用系统能够形成一个状态跟踪，学生能够随时通过网络对自己的申请、审核、审批等状态进行查询，并在系统提供的交流空间进行共享交流。支持系统还提供多方位的统计分析功能，教师可以通过统计分析的数据来进行各种协调，使服务支持系统能满足最大范围内的学生需求，最大限度地使面向学生的服务支持质量达到最优。

2. 面向学生的就业服务支持系统。完善的高校就业服务体系是解决大学生就业难的关键因素。构建面向学生的就业服务支持体系，就是要把对学生的就业教育和日常教育相结合，即把就业教育与高校思想政治教育相结合、把就业教育与专业教育相结合、把就业教育与校园文化建设相结合。[5]要将这些服务支持延伸到学生身边，就需要构建基于信息化网络的应用系统。通过这些系统把对学生的就业教育从单一的课堂延伸到学生的课余生活中来，让学生随时都能接受到就业教育，让学生随时都能接受到就业指导服务和创业指导教育，让学生随时都能掌握相关的就业政策信息等服务。

3. 面向学生的心理咨询服务支持系统。构建面向学生的心理咨询服务体系，主要从两个方面来考虑：一是面向存在心理疾病的学生提供的服务支持，二是面向处于心理亚健康状态的学生提供的服务支持。前者构建的是专门针对病态而提供的服务支持，主要是对存在心理疾病的学生提供心理辅导、咨询，以促进学生的病态心理向健康心理状态的转化；后者则是为处于心理亚健康状态的学生提供指导性的通往成功道路发展的服务支持。要将这些服务延伸到学生身边，就需要构建信息化网络的学生咨询服务应用系统。一方面，学生通过网络从该应用系统中获取相应的心理咨询、心理辅导、接受心理教育等，也可进行心理测试以掌握自己的心理健康状态；另一方面，该应用系统为学生展示了成功人士、优秀学生等的经典经历，让这些成功经历感染更多的学生、激励更多的学生。

（三）构建学生的社会支持系统

大学生作为特殊的青年群体，其社会支持系统包括了学校、家庭和社会三个方面，具体应指学校、国家的制度化支持，社会各界的非制度化支持，大学生群体中同伴的支持，教师工作的支持，以及亲属家庭的支持等。[6]为此，可以利用信息化网络将来自于国家、社会、学校、家庭等各方面的支持延伸到学生身边，利用网络的传播和影响为学生营造一个正面的、积极的学习环境和生活环境。通过网络将有关政策、积极人生观、经典帮扶事迹以及社会各方面的关怀传递到学生身边，并为学生、学校、家庭和社会提供一个多维一体的交流平台，让来自各方的鼓励与支持快速、直接、有效地对相应的学生产生影响，进行帮扶。

三、结束语

总之，各个面向学生的支持系统都有各自的特点和相应的功能，但是它们之间也存在或多或少的内在联系，可利用信息化网络的特点和优势把它们整合在一个面向学生的综合服务平台上。根据它们之间的内在联系，系统不但可以提取出每个学生各方面的服务信息需求，同时还可以分析学生对服务信息的取向、对服务形式的接纳程度、对服务质量的要求度等。根据系统的统计分析，面向学生的服务支持系统将向着满足学生合理化要求方向发展，同时也会不断引导学生正确利用信息化网络获取更多的服务支持。

参考文献

[1] 杨倩. 网络对大学生价值观的负面影响及对策 [J]. 信息化研究，2011 (6)
[2] 周可卫. 互联网对大学生价值观的影响及应对 [J]. 中国青年研究，2010 (3)
[3] 纪梦楠. 大学生社会支持研究现状 [J]. 精神医学杂志，2008，21 (6)
[4] 李昕. 论高校学生资助体系的构建 [J]. 教研教改，2009 (4)
[5] 刘彦. 对构建完善的高校就业服务体系的思考 [J]. 辽宁教育研究，2007 (2)
[6] 陈音吉，卢文忠，杜森. 大学生家庭支持的研究综述 [J]. 现代教育科学，2007 (3)

发挥老专家作用，建设二课堂育人新平台

张露洁
（学生工作部）

摘要：高校离退休的老干部、老专家有着深厚的马列主义和毛泽东思想理论素质，较高的科学技术理论水平，有着严谨的学风和对学生深切的关爱。该文主要结合笔者在高校从事思想政治工作的亲身实践，论述如何在新形势下更好地发挥老专家作用，构建以学生思想素质、身心素质培养为核心的二课堂教育平台，的重要意义，以及具体做法与实践的体会。

关键词：老专家　二课堂　思想政治教育

随着高校教育教学改革的不断深入，随着多校区办学趋势的不断发展，如何更好地加强学生思想政治教育，培养社会主义合格的建设者和接班人，已成为高校在新时期面临的新问题。在新形势下，如何更好地发挥老专家资源，构建以学生思想素质、身心素质培养为核心的二课堂教育平台，是新时期辅导员思想政治教育工作的迫切要求和必要补充。以下结合笔者在高校从事学生思想政治工作的亲身实践，简单谈一谈自己的体会与感想。

一、新时期高校学生思想政治教育工作面临的新形势

进入 21 世纪以后，随着全国高校教育教学改革的不断深入，国家对青年学生思想政治教育工作也愈发重视。同时，国际形势的风云变幻，对年轻一代的思想文化冲击也日益剧烈。在这样的形势下，高校人才培养特别是思想政治教育工作面临了许多新问题，同

时也对高校思想政治工作提出了许多新的要求。

（一）高校教育教学改革的不断深入对学生思想政治教育提出新要求

1. 目前，全国多校区办学高校都普遍存在新校区课外师资相对缺乏的现象。一方面，学生对课堂教学之外的二课堂教育需求很高；另一方面，由于多校区办学模式的不完善和一些客观条件的限制，导致二课堂教育缺乏。这一矛盾的出现说明，急需一支优秀的辅导员队伍长期从事学生二课堂教育。

2. 近年来，国家一直重视高校辅导员队伍的建设，但由于辅导员工作经历较短和流动性较强等原因，还较缺乏高水平、高层次的辅导员。加强辅导员队伍培育，对于加强思想政治教育学科建设，促进学生工作专业化、规范化和科学化发展，贯彻以学生为本具有重要意义。

3. 现在高校中的青年学生绝大多数都是80后、90后的独生子女。一方面，在研究型大学条件下，应大力培养学生的独立自主意识，激发学生成长成才的主动性、能动性和创造性，同时也应加强对学生的指导，激发学生自主发展的潜能。另一方面，一些学生在追求自身发展的同时，往往忽视了道德品质等基本素质品质的培养，加上价值观分化加快，心理健康问题逐渐增多等，给高校学生的思想政治教育带来了许多新问题，提出了新要求。

（二）世界形势的复杂多变使青年学生思想政治教育面临严峻考验

1. 经济全球化的发展，东西方文化的相互渗透，西方敌对势力和腐朽文化的不断侵蚀，使部分青年学生的理想信念产生了一定的偏差。

2. 各种不良的社会风气，如腐败主义、拜金主义、个人主义和享乐主义等思想的膨胀，对青年学生的世界观、人生观、价值观形成造成了很大的负面影响。

3. 许多社会不安定因素，如“藏独”、“疆独”等各种敌对分裂势力的存在，以及国外敌对分子的文化渗透，使青年学生容易受到诱惑，偏离正确的政治方向。

在这样的情况下，高校的学生思想政治教育工作迫切需要建立一支有着很高思想政治觉悟和丰富教育经验的由离退休老专家组成的辅导队伍，构建良好的二课堂教育平台，推动高校思想政治工作的开展。

二、发挥老专家作用构建二课堂平台的做法和实践

多年来，作为学生工作部具体负责服务学校离退休相关老专家的工作人员，同时也作为吴玉章学院的辅导员，笔者积极地投身到学校关心下一代的相关工作中去，既积极服务于老领导、老专家，又充满爱心地培养学生，在思想政治教育二课堂平台构建方面进行了必要的实践和尝试。

（一）调动名老专家的积极性，构建学校名老专家与学生面对面交流平台

为缓解我校多校区办学中新校区学生课外师资相对匮乏、学生存在巨大需求的矛盾，努力建设和谐校园，同时为了探索我校建设研究型大学培养创新人才的学生工作新途径，发展二课堂启发式教育事业，2003 年学校开始构建四川大学名老专家与本科生面对面交流平台。2006 年，四川大学名老专家与本科生面对面交流服务中心（简称 FTF）正式成立。自工作开展以来，参与辅导的老专家达两千人次以上，接受中心服务的本科生达 3 万人次以上，举办讲座数百场次，在学生中产生了巨大的影响，深受广大青年学生的欢迎和支持，使学生对课外教师辅导需求矛盾得到缓解。

（二）充分利用老专家综合优势，开展创新型人才培养探索

创新型人才培养强调学生的综合素质培养。吴玉章学院作为四川大学创新型人才培养基地，学生工作除了强调发展学生的学习和创新能力之外，也十分重视学生的思想政治教育。学院在学生培养方面大力引进关心下一代工作委员会老专家资源，积极构建二课堂

教育体系，学生工作取得了突破性成效，取得了显著成绩。

1. 请老专家为大一新生做入学教育和辅导。学院每年都会邀请一些有着丰富学生工作经验的老专家为大一新生做入学教育和学习指导，让这些大一新生尽快地适应大学生活，及早地进行自己的大学生涯规划，为自己的大学生活打下坚实的基础。

2. 结合实际，邀请老专家对学生进行思想政治专项教育。学院根据学校要求与学生实际，结合国际国内形势、党和国家的重要战略部署、重大节日、纪念日，通过邀请老同志给学生举行报告会、座谈会、主题教育、专题讲座等多种形式，对学生进行思想道德教育。

3. 邀请老专家担任学院各项专项辅导培训工作的指导老师。学院创新学生工作，加强对学生的分类教育和专项指导，如模拟保研面试、大学生理想信念教育指导，等等。在这些专项辅导工作中，我们引进有着丰富经验的老专家担任评委和指导老师，针对学生各方面的需求提出相应的建议。

4. 邀请老专家加强对海外交流学生的教育工作。随着我校国际化办学进程的加快，通过各类联合培养项目到海外本科学习的海外学生群体日益增大。针对这一情况，学院引进老专家资源，重点开展学生出国前校内的重点培养、行前谈话和回国后汇报考察三项工作，取得了非常好的效果，加快了思想政治教育工作向国外学生群体的延伸。

（三）整合老专家资源，大力加强学生的党建、团建工作

在新的历史时期，国际形势错综复杂，各种敌对势力的不断渗透，使得高校学生党建、团建工作也面临新的考验。青年学生的理想信念出现偏差、入党动机不纯、党的理论知识学习不够扎实等一系列新的问题的出现，要求我们要以科学发展观为指导，不断创新工作方法，充实工作内容，进一步加强党、团建设。

高校离退休的老干部、老党员有着深厚的马列主义和毛泽东思想理论素质和较高的科学技术理论水平，有着严谨的学风和高尚的

品德修养。当他们离开原来的工作岗位后，仍然时刻关心着党和国家的命运和前途，仍然认真学习党的各种先进理论和知识。这批老党员和老专家便是高校党建、团建工作的宝贵财富。

学院邀请多名老专家担任党支部兼职组织员，负责党务工作培训、入党材料把关和学生入党组织谈话等繁琐而重要的工作。更重要的是，老专家们的言传身教对学生体会革命精神和优秀传统，学会一丝不苟、认真做人做事和加强党性修养起到了不可估量的重要作用。

三、几点体会和思考

在多年的工作实践当中，笔者深刻地感受到老专家们具有渊博的学识、深厚的人文底蕴、丰富的人生阅历和对学生深切的关爱，对青年一代的成长具有重要的作用。高校在重视发挥老专家作用、构建二课堂教育平台的时候，应注意以下几方面问题。

（一）完善体制，确保长期有效地运行

目前，我校依托老专家进行的各项学生思想政治教育二课堂工作还没有一个完善的制度和体制，大部分活动都是各部门、各学院自发组织的。要确保这项有意义的活动能长期有效地运行下去，就需要尽快地建立切合实际的管理体制和完善的制度，把更多的老同志组织起来，才能更好地发挥他们在高校青年思想政治教育工作中的优势，有效地帮助和促进青少年健康成长。

（二）扩展思路，丰富教育内容和形式

如何更好地发挥老专家们的优势，除了有好的体制以外，我们还应该扩展我们的思路，使二课堂教育的形式更加多样化、内容更加丰富。这就是说，不仅仅依靠讲座和讲授理论课，更要在教学、社会实践等多方面发挥老专家们的优势，才能更好地促进学生全面发展。

（三）科学发展，确保时效性和实效性

进入信息时代以后，青年学生接受新知识、新信息的速度和手

段大幅度提升，其知识面也较以前的学生得到了极大丰富，原有的教学要点和教学模式已经无法适应学生对新知识渴求的需要。在邀请名老专家与学生进行面对面辅导时，如何使专家们的讲授方式、传授内容为学生所接受，如何缩小两者之间的时间距离、年龄代沟等，确保教与学的时效性和实效性，仍需要思想政治教育工作者做进一步的研究和实践。

参考文献

[1] 刘超美，高杨文. 完善二课堂教育体系，搭建素质教育平台 [J]. 北京教育：高教，2006 (11)

[2] 龙清林. 新时期高校关心下一代工作的几点思考 [J]. 中国林业教育，2003 (2)

帮助学生运用目标管理的科学方法实现自我管理

张　滟
（科技处）

摘要： 培养大学生的自我管理能力既是我国高等教育体制改革的必然要求，也是当代大学生的必备素质，是大学生学有所成的重要保障。因此，加强大学生的自我管理培养，不仅对于大学生自身的发展有着重要影响，同时也是目前高校所面临的一个重要问题。本文从实现学生自我管理的重要意义出发，根据目标管理的理论和原则，帮助学生通过制定有效的目标，科学实施行动，控制目标实施过程，并对目标进行评估和反馈，从而达到高校学生实现自我管理的目的。

关键词： 自我管理　目标管理　科学方法和原则

大学时期是人处于迅速走向成熟而又未真正完全成熟的发展阶段。从中学步入大学，学生的社会角色、生活环境、学习特点等都发生了很大的变化。当代大学生都具有强烈的独立意识，喜欢自我表现，思想上也很超前，但是在自理能力和自控能力方面又存在一些问题。没有了父母的照顾、缺乏老师的严格监督，许多学生常常会陷入生活无目标、学习没动力的境地。大学生的这些特点决定了对他们的管理不能再因循传统的死抓硬管的模式，而应该在学生工作中以学生自我管理为主，在整个教育管理过程中，依据大学生心理发展的特点，引导学生掌握自我教育、自我管理的方法，增强自我认知、自我调控的能力。

近年来，随着我国高等教育体制的重大变革，高校对学生的教育和管理模式也在发生着重大变化。如何培养和提高大学生综合素质，全面推进素质教育，是新时期高校学生管理所面临的重要课题。建立一套符合时代特征和大学生自身特点的管理体系，培养他们的自我管理能力，充分发挥他们在高校管理中的主体作用，则是提高大学生综合素质的重要途径之一。

那么，如何让学生在大学的学习生活中能实现自我管理？本文引入了企业管理中的目标管理这一方法，希望通过把目标管理的思想运用到对学生的指导中，帮助学生在学习生活过程中明晰和规范地制定目标，实施控制过程，不断进行反馈和总结，从而实现目标，最终实现科学的自我管理。

一、自我管理和目标管理的含义

大学生的自我管理，从广义上可以理解为：大学生为了实现高等教育的培养目标以及为满足社会日益发展对个人素质的要求，充分地调动自身的主观能动性，开展的自我认识、自我计划、自我组织、自我控制和自我监督的一系列自我学习、自我教育、自我发展的活动。

目标管理（Management by Objectives，简称 MBO），由管理学大师 Peter Drucker 于 1954 年在他的著作《管理实践》（*The Practice of Management*）一书中提出的。

目标管理是一种以建立目标体系为基础的管理程序，它为每一名员工制定具体的目标任务，并以这些既定的目标去激励、引导、比较员工的工作绩效。特别强调员工与上司共同参与设定具体确实又能客观衡量成果的目标，同时以制定的目标作为激励员工的工具，定期回馈上级共同讨论进行绩效评估，是一种完整的规划与控制程序。

二、引入目标管理指导学生自我管理的意义

将目标管理运用于高校学生的自我管理实现中，能够在管理工

作中发挥极大的作用。第一，它可以充分调动学生的积极性，学生参与设置自己的目标，使得学生主动接受并采取实际行动以达到自己的目标。第二，它使学生的目标规范化、科学化，是一个完整的科学的管理活动体系，而且很容易被判断和评价，有利于学生在实施过程中能随时检查，不断修正自己的行动，从而帮助学生实现最终目标，实现自我管理。第三，目标管理是一种循环性的管理，在一个阶段过后，通过总结经验与教训并实行系统整理，可以将获得的经验借鉴到下一阶段的目标中，使学生不断提高目标管理的质量。第四，目标管理是培养创新人才的有效途径，培养学生自主学习及独立思考能力，保护学生的探索精神和创新思维。第五，通过目标管理，可以培养学生自我教育的能力，将学生真正提到管理的主体地位，这是以人为本的思想，也是教育的最高要求。大学教育不仅要让学生获取知识，更重要的是让学生学会获取知识的本领，让学生能在大学毕业走上社会的时候，更好地面对现实社会的竞争和压力。

三、引入目标管理指导学生自我管理的方法

那么，如何运用目标管理于学生的自我管理中呢？本文从以下几个方面进行讨论。

（一）运用 SMART 原则制定目标

俗语讲，良好的开端是成功的一半。所以，目标制定是否合理恰当，会对目标管理能否实行起到决定性作用。如果目标设定缺乏有效性，那么学生之后执行目标也就走上了一条浪费时间的道路。本文运用目标管理中的 SMART 原则来使制定的目标具有有效性。

所谓 SMART 原则，是由五个英文单词的首写字母组合而成。S 代表具体（Specific），指目标制定一定要具体，不能笼统；M 代表可度量（Measurable），就是目标要可衡量、要数量化或者行为化的；A 代表可实现（Attainable），即设定的目标要高，有挑战性，但一定是可达成的；R 代表相关性（Realistic），指目标是与个

体工作相关联的，绩效指标是实实在在的，可以证明和观察；T代表有时限（Time bound），对设定的目标，要规定什么时间内达成，注重完成绩效指标的特定期限。

（二）运用科学的目标模式实施目标

当制定了有效的目标之后，就应实施目标。在这个阶段，我们主要强调学生的自我认识、自主调控，充分发挥自己的主动性、积极性和创造性，始终要确立一个基本观念，那就是让学生管理好自己的目标。

1. 建立目标分解体系。目标确立之后，接下来面临的就是目标责任的落实和目标的层层分解，即形成目标体系的问题。首先在目标设置的基础上，通过自上而下层层分解，把整体目标分解成若干个目标子系统；然后再将子系统进一步具体化，制定出相应的实现策略，将每个阶段、多长时间、要达到什么子目标列出表格。通过这样一个目标体系的建立，就把大目标划分为了很多个小目标，并规定完成每一个小目标的时间和效果，落实目标责任。通过这个方法可以让学生在实施行动的过程中能很好地控制进度，而更重要的是在目标体系得到实现的过程中，学生能不断地得到激励，能看到在实现总体目标的道路上，自己在不断进步，离总体目标越来越近。

2. 目标执行的协调和引导。学生在目标的实施过程中肯定会遇到这样或那样的困难，这时就需要做好协调和指引工作，加强与学生的沟通，提供物质或信息的支持，跟学生一起想办法解决问题，使学生做好调整，进入角色，知道该怎样去做，做好必要的思想工作，切忌强加帮助或进行压制。

3. 目标实施的检查和控制。在协调和引导的同时，也要定期做好学生目标完成状况的检查和控制工作。目标的实现是一个可变化的动态过程，也是一个需要不断调整的过程。所以，检查和控制目标的实施进度情况、质量情况和措施落实情况，以及加强学生自我控制，就显得非常重要。

（三）目标评估与反馈

目标评估与反馈是目标管理的最后一个阶段，它是目标管理一个周期中的最后一环，也是下一个周期的开始。评估目标实施过程和结果，可以修正学生对自我的认识，通过自我反馈，修正目标实施过程中行为的偏差，保证目标管理更加行之有效。

首先是评估目标的实现状况。评估目标是否在预定的期限内实现了，是否是保质保量地实现了。其次是总结经验教训，进行积极反馈。如果目标实现了，那么学生就可以总结出成功的经验，在进行下一轮目标管理时就会做得更好；如果目标没有实现，学生就可以总结出教训，及时找出并修正。需要注意的是，在学生进行目标评估和反馈过程中，教师也要积极参与，针对学生评估和反馈的信息提出的意见，帮助学生更好地认识过程中的经验教训，也帮助学生更好地认识自我。

做好新形势下学生管理工作，使其顺应时代要求、与时俱进，是每一个学生管理者都必须要解决的课题。目标管理是现代化管理的一项重要内容和手段，在学生教育工作中引进目标管理机制是提高学校学生自我管理水平的一个有益尝试。实践证明，把目标管理的思想运用到普通高校对学生的管理和引导上，并和学生一起做好目标管理的阶段总结，通过总结发现学生在目标管理过程中存在的问题和可挖掘的潜力，确定表现优秀的学生为榜样，发挥榜样的桥梁、纽带与示范作用，使更多的学生参与到实施目标管理的行动中来，培养独立思考能力、独立生存能力和自我控制力，提高自己的个人素质，确定自信、自立、自强的目标，使自己能够更加有效地自我学习。通过这些途径，使其成为合格的当代大学生，适应当前社会的需要，成为社会所需要的高素质人才，也为创造属于自己的美好未来打下牢固基础。

参考文献

[1] 纲目. 有效的目标管理 [M]. 北京：中信出版社，2002

[2] 郑鹏. 论高校学生工作目标管理与目标激励 [J]. 中国集体经济，2007 (4)：168—169
[3] 陈东. 目标管理与高校学生工作 [J]. 重庆大学学报：社会科学版，2007 (5)：135—140
[4] 吕莺. 我与学生一起成长：班级目标管理的体会 [J]. 思想理论教育，2007 (2)：73—74
[5] 许明璋，彭卓，张毅博. 加强自我管理促进大学生健康成长的研究 [J]. 中国医学伦理学，2004，17 (5)：45—46
[6] 代莉平. 浅谈大学生自我管理能力的培养 [J]. 工会博览·理论研究，2009 (2)
[7] 吴迪，谢志远，王晶. 论大学生自我管理能力缺失的原因及对策 [J]. 广西青年干部学院学报，2006，16 (3)：42—43

高校基层学生工作信息化应用的思考

黄小虎
(外国语学院)

摘要：随着网络应用的日益普及，新媒体技术已经广泛应用于高校学生工作。但是从基层工作尤其是院系一级的辅导员工作实践来看，高校基层学生工作的信息化仍然存在很多问题，比如过度依赖商业化软件、个人存储媒介的不规范使用等，这都需要我们积极思考并提出合理的解决办法。

关键词：高校　学生工作　信息化

一、高校基层学生工作信息化的重要作用

中央16号文件指出："要利用校园网为大学生学习、生活提供服务，对大学生进行教育和引导，不断拓展大学生思想政治教育的渠道和空间。要建设好融思想性、知识性、趣味性、服务性于一体的主题教育网站和网页，积极开展生动活泼的网络思想政治教育活动，形成网上网下思想政治教育的合力。要密切关注网上动态，了解大学生思想状况，加强同大学生的沟通与交流，及时回答和解决大学生提出的问题。要运用技术、行政和法律手段，加强校园网的管理，严防各种有害信息在网上传播。加强网络思想政治教育队伍建设，形成网络思想政治教育工作体系，牢牢把握网络思想政治教育主动权。"

由此可见，当代的高校学生工作必须将网络作为大学生思想政治教育工作的新手段。首先，要为大学生提供优质的信息化生活与信息化服务；其次，要利用信息化手段掌握最新的思想动态，与大

学开展互动交流；最后，要充分利用网络信息化建设主动占领网络空间，形成网络思想政治教育的新阵地。要做到以上几点，我们首先必须把握一个关键问题：高校基层学生工作的信息化需求是什么，以及如何实现这个需求即实现需求的具体手段是什么。

人类步入21世纪以后，各类信息不断膨胀，由此引起的信息交流需求也随之增长。然而正是由于信息数量的增加和交流需求的不断增长，信息本身也在传递中瞬息万变，如何把握最真实和有效的信息就成了人们最迫切的要求。所以信息的时效性与有效性至关重要，往往关系着每个人的切身利益。在高校基层的学生工作中，这一点表现得尤为突出。

在高校基层的学生工作中，辅导员一方面要及时快捷地了解学生最新动态，进行及时的沟通与疏导；另一方面要随时获取各方信息，让学生及时了解最新政策、社会动态，实现上情下达。从学生层面来看，随着社会的进步，学生的社会交往层面也逐渐扩大，其个人生活也与社会逐渐同步。除了必修的学习与实践外，学生可以按照学分制自主选课，还有大量的同学在校外兼职、参加实习和志愿者服务工作，因此除了宿舍的集中外，可以说当代高校学生的学习和生活其实是相当分散的。加之如今规模比较大的高校中，没有几个学校不是多校区的情况，且不说住宿小，空间距离的阻隔，即使是校园内部研究生、本科生的群体层次较之十年前更复杂。这一切都说明当代高校的思想政治教育格局已经和十几年前高校的学生工作格局截然不同了，基层辅导员教育和管理学生的难度大大提高了。

所以，高校基层的学生工作信息化要充分利用各类网络信息化建设，拓展新的思想政治教育工作渠道，扩大新的网络教育空间，建立起系统、科学、有效的学生网络思想政治教育工作机制来解决新时期、新条件下的辅导员工作效率问题。

二、高校基层学生工作信息化中存在的问题

近几年来，随着国家的高度重视和有力推动，网络运用深入百姓生活，大量贴近生活的网络运用程序也逐渐普及，我国高校学生工作信息化建设有了长足进展。目前，绝大部分高校的教学、教务、财务、图书馆以及后勤服务等信息化水平已经达到了相当高的层次。但是高校的学生工作由于政治性强，封闭性和开放性兼而有之，学生工作信息化建设进展反而落后于高校内部其他部门，而且随着基层工作与信息化结合的程度越来越深，一些问题突显出来。

由于学生工作的特殊性，这些问题必须引起我们的重视和思考。

第一，过于依赖商业软件。在我国高校基层的学生工作中，商业 IM 软件应用非常广泛，已经达到了无 QQ 无法网络交流，无 QQ 群无法共享信息的地步。还比如，我们的校友录建立在商业门户网站上，学生在校内网、开心网、猫扑网、人人网、天涯上传递分享各种信息，师生各自在不同的博客网站上发表看法，甚至发布官方信息等等。就腾讯的 QQ 群来说，虽然信息传递与交流快捷有效，资源可以共享，但是辅导员要做到信息的安全可控难度实在是太大，而且 QQ 群的分割很容易造成信息壁垒，不利于思想政治教育的广泛宣传和长远发展。又比如，中国移动的飞信已经成了当前思想政治教师发布即时信息最有效的手段之一，如可以利用飞信将会议通知、招聘信息即时发布到手机上。但其发布内容有限，且无法存档和备案。由于学生工作的特殊性，上述信息发布的不规范行为往往会造成事实上的工作阻碍。

由此可见，一方面，高校的网络阵地建设和规范管理确实有待加强。换句话说，高校的网络阵地建设无法满足教师和学生日益增长的信息化需求。另一方面，要想更好地使用商业 IM 软件来服务于高校基层学生工作，就必须加强辅导员队伍的培训和基层学生工作信息化管理的制度和规范化建设。

第二，商业网站邮箱的过度使用。目前这类应用在基层辅导员的工作实践中已经过度了，比如基层学生工作信息的传递和共享往往过于依靠商业化群邮件来实现。这种工作信息的传递与保存仅仅在较小的人群范围内实现，不利于思想政治教育工作的监督与考核，且不利于推动纵向时间范围的校园文化建设，不利于教师之间工作的交接和传递。

第三，移动存储媒介的过度使用。随着存储媒介的普及，大量的信息复制成为可能。于是在基层的学生工作中，信息的保存除了电子邮件之外，电脑和闪存等媒介就是运用最广泛的手段。然而这种信息保存手段的普及程度来得太快，以至于高校基层的学生工作对于如何规范信息的保存、复制和使用还没有完全准备好。由于学生工作的特殊性，有的信息具有封闭性，需要保密，有的信息具有延续性，需要长期保存。从信息的性质来讲，绝大部分学生工作信息属于公有性质，个人不得随意拥有、复制和转移。

由于商业 IM 软件和商业网站邮箱的过度使用，大量的工作信息留存在辅导员个人邮箱里，且随意保存到具有移动性质的闪存媒体里，信息的公有和私有问题在实际工作中已经逐渐被人忽略。由于计算机的不稳定、闪存的丢失和病毒侵袭很容易造成工作信息丢失。因此，如何保存好基层学生工作信息必须引起我们的重视。

三、主动运用新媒体技术，推进和完善基层学生工作信息化建设

上面的问题仅仅是基层辅导员信息化工作中出现的一些有待解决的问题的一部分。从技术角度来讲，就是要解决好高校基层学生工作的信息发布和存储问题。要做到信息发布的规范和存储，笔者认为可以从两个方面着手改进。

第一，必须建立和完善高校基层学生工作信息发布的制度和流程。信息的发布主要有三点：信息本身，信息发布人和信息发布载体。要建立和完善高校基层的学生工作信息发布制度，应该考虑上

面三点。在高校基层学生工作中，除非比较重要的信息，大量日常信息一般都是辅导员制定和发布，所以辅导员往往是面向学生发布信息的主要角色，但是如何规范这类信息发布，就需要制定符合基层学生工作特色的信息制定、信息审核和信息发布流程。同时要对信息发布地点做好规范，比如哪些信息可以发布在校园网官方网站上，哪些信息可以发布在商业 IM 软件上，哪些可以发布在博客和微博上，哪些可以通过邮件发布。

第二，要尽快建立高校基层学生工作的云存储，完善校园邮件系统，打造基层学生工作平台。目前很多高校信息化建设已经达到了相当的高度，几乎每个部门都建立了门户网站，信息的发布也非常及时。但是，人们往往忽视了非常重要的一点，那就是信息的有效性。如果信息发布非常及时，但是信息受众不能及时地获取，信息的及时性就会大打折扣。对于学校来说，希望学生主动点击学校各个相关部门网站获取相关校园信息。但是在基层的辅导员工作实践中，我们发现学生更多地依赖于辅导员来传达信息而较少主动地点击学校相关部门的一级网站。这种现象往往造成了辅导员过度依赖及时 IM 通信软件。所以，从信息化建设的技术角度来说，高校应该重视校园邮件系统的建设，依托校园邮件系统打通各个部门的信息发布系统，做到信息及时有效地传达到教师和学生手里。

要解决校园信息的有效性和及时性，除了依托校园邮件系统，高校基层的学生工作还必须尽快建立类似校友录的院系校友工作平台、学生信息管理平台等代表基层院系官方发布信息的各种网络平台。由于中国的高校和国外高校不同，几乎所有综合性高校的学生人数都非常庞大，院系规模也堪比国外正规大学，所以要解决高校部门一级网站无法满足数量庞大且专业不同学生的多样化需要，探索适合不同院系特色的学生工作信息化途径，就必须建立院系一级的网络平台，比如院系一级的学生信息管理系统、信息共享系统、校友工作系统、党团建设系统，等等，做到让学生最直接地获取基层学生工作的各种信息。这不仅有利于细分高校基层学生思想政治教育工作，而且有利于拓展网络思想政治教育的空间，扩大网络德育阵地。

为了使学生工作方面的信息在无纸化时代能够很好地延续和保存下去，减少人为原因和技术原因造成的信息丢失和泄露，必须在高校基层尽快落实办公数据的云存储方案。从信息化应用的角度来看，学生工作的云存储既能保证信息时代数据备份的问题，也能实现自上而下的针对日常工作的检查和监督，也能方便基层学生管理经验的交流和信息共享。关于这方面的技术如何运用，网络上已经非常流行了，限于篇幅，作者在此不做赘述。

大学生素质教育

大力加强大学校园文化建设，全面促进人才培养

蒲于文　成　春
（学生工作部）

摘要：社会主义文化建设直接关系到我国社会主义建设目标的实现。作为社会主义文化建设的高地，高校在社会主义先进文化建设中占据着重要的地位，发挥着重要的作用。高校要及时贯彻落实中央十七届六中全会精神，明确高校校园文化建设的重要意义，及时总结校园文化建设的经验和成果，大力加强工作的针对性、时效性，在精神文化、制度文化、行为文化、物质文化等方面进行积极的探索和创新，切实推进校园文化建设深入发展，为育人工作提供坚实基础，为社会发展作出新的贡献。

关键词：校园文化　人才培养

党的十七届六中全会作出的《中央中央关于深化文化体制改革推动社会主义文化大发展大繁荣若干重大问题的决定》明确指出："文化是民族的血脉，是人民的精神家园。""没有文化的积极引领，没有人民精神世界的极大丰富，没有全民族精神力量的充分发挥，一个国家、一个民族不可能屹立于世界民族之林。""在新的历史起点上深化文化体制改革、推动社会主义文化大发展大繁荣，关系实现全面建设小康社会奋斗目标，关系坚持和发展中国特色社会主义，关系实现中华民族伟大复兴。"大学，作为社会的文化高地，是传承文化的主渠道之一，是创造知识、传播文明的主要阵地，对文化的传承、传播和创新具有重要作用，对社会的文化建设具有强烈的辐射、提升和示范功能。为此，在国家的文化大繁荣大发展

中，大学要积极贯彻落实十七届六中全会精神，坚持以科学发展观为指导，大力推进高校校园文化建设，不断提高校园文化的凝聚力、创新力和竞争力，为学校人才培养和社会发展作出新的时代贡献。

一、大学校园文化建设的重要作用

所谓大学校园文化，是大学师生在特定观念基础上进行物质与精神创造的过程及结果，以校园为空间，以师生员工尤其是学生为载体，以多学科、多领域的广泛交流为基本形态，是一种独特的组织文化。校园文化体现在学生的文化素质、教师的文化修养、学校的文化品位等诸多方面。不同的校园文化，不同的大学精神，是大学展示自己的"文化名片"，构成了全校师生的不同文化模式，是大学之间相互区别的重要标志和特征，更是一个大学赖以生存、发展的重要根基和血脉；大学校园文化建设是培养学校核心竞争力的主要内容，是学校发展建设的重要推动力量，更是和谐校园建设不可缺少的组成部分。

大学校园文化建设作为社会主义先进文化建设的重要组成部分，关系到学校的全面、协调和可持续发展，关系到青年一代的健康成长，关系到社会主义建设事业中合格人才的培养，关系到中华民族先进文化发展方向的把握，关系到国家科教兴国战略的实施以及社会主义现代化事业的发展。大学之间的竞争是综合实力的较量，而校园文化是提升综合实力的重要因素。良好的校园文化有利于形成良好的校风、学风、教风，它可以凝聚全校师生的力量和精神，形成合力，共同推动学校的发展与提高。校园文化能形成一种有形或无形的文化环境、精神氛围，这样的环境能持久地对身处其中的学生产生"润物细无声"的影响，陶冶他们的灵魂和人格，以潜移默化的方式对学生的成长发挥广泛、久远而又深刻的影响。

校园文化的开展，势必会孕育出新的观念和思想，通过学生、周围的民众乃至社会大众不断传播、扩散，发挥对社会的辐射作用。大学作为社会思想和文化的中心，其文化意识代表了社会的理想价值原则，凝聚了人类真善美的思想和精神，有利于促进社会文明的显著进步。优秀的校园文化影响学生的价值观、人生观，可以培养和输出一批又一批道德高尚、健康向上的高素质人才走进社会，有利于带动整个社会风气的好转，从而促进社会主义精神文明建设，先进的精神文明将带动社会的全面进步与提高。

二、大学校园文化建设的现状分析

高等教育到了21世纪的今天，越来越以一种成熟、大气的教育模式在社会的进步、国家的发展中发挥着举足轻重的作用。毫无疑问，高等教育的发展和进步必然代表着校园文化的发展和进步，校园文化建设取得了令人瞩目的成就。校园物质文化蓬勃发展，学校的教学、生活和文化设施日益健全和完善，学生宿舍漂亮而温馨，校园规划不断与时俱进，校园环境越来越漂亮，为学生创造了一个良好的学习生活环境和氛围。校园制度文化日趋规范，国家和教育部制定了一系列关于高等教育的相关法律法规，在这些法律法规的统领下，各个高校又根据自身情况制定了一系列规章制度，形成了“有章可依、有章必依、执章必严、违章必究”的新局面，学校的教学、生活等一切活动都在一系列规章制度的约束下有条不紊地进行。校园行为文化生机盎然，学术报告和讲座、演讲、辩论、竞赛、书评、影评、摄影、书法、音乐、体育、舞蹈、公益活动等蓬勃开展，内容丰富多彩，校园文明、宿舍文明、交往文明、教学文明等校园文明建设日渐深入。校园精神文化氛围日渐浓厚，校园精神文化建设在高校的重要性越来越得到重视和体现，在大学校园中，大学精神得到提炼，学校校风日益纯正，校园标志逐渐规范，广大师生员工的综合素质大大提升。

在这些巨大成就的背后，毋庸置疑，目前高校校园文化建设仍然存在一些问题和薄弱环节。

（一）校园文化建设缺乏自身个性与特色

20 世纪 80 年代以来，高等教育个性化已成为世界高等教育发展的新趋势。这种趋势是时代的选择，是社会发展的客观要求。目前，各个学校都在开展校园文化建设，但从结果来看，具有自身的个性和特色的少，众多高校大同小异的校风和校训就是最好的例证。目前，个性化和特色化是我国每所高校所面临的战略选择，必须根据自身的特性、历史渊源和发展趋势来创建具有独特个性的校园文化。

（二）网络及非主流文化带来不良影响

方便快捷的互联网为学生提供了强大的资料和信息服务，扩大了学生的知识面和交流范围，有力地促进了学生的发展和提高。但是，与此同时，网络也带来了不小的负面影响。游戏、娱乐、交友等一系列的网上活动严重影响了大学生的正常学习和生活，网上一些色情、暴力以及腐朽生活大肆泛滥，对大学生的价值观念、道德人格产生严重冲击，损害了他们的身心健康。同时，社会上流行的拜金主义、享乐主义、急功近利等不良思想充斥在校园内部，不同程度地腐蚀着学校的学生和老师。另外，低俗的文化现象在学校也随处可见，如课桌上乱写乱画，宿舍装饰渐趋世俗，卧谈语言渐趋庸俗，这些身边的“些微”小事都对学生的文化价值观有重要的影响。

（三）重物质文化建设，轻精神文化建设

当前许多高校对单纯的物质文化建设情有独钟，修建新校区、搞建筑、买设备、建广场、栽花种树等，对这些外在的、收效快的形象建设，普遍给予重视，而对于制度、管理的加强和完善，对隐性的、收效慢的精神文化建设积极性不高。各个学校校舍越来越漂亮，而学生综合素质却不能完全同步提高。不可否认，物质文化是校园文化的载体，确实有一定的重要意义，但是校园文化的核心内涵是精神文化建设，如果忽视精神文化建设，校园文化就只能流于形式，将长期处于低水平状态，无法发挥其在高等教育中应有的作用。

（四）校园文化建设重制度、轻行为，重学生、轻老师

迄今为止，在我国的大学评估中还没有把大学校园文化作为大学总体水平的一个方面进行考评，这在一定程度上使得人们把大学校园文化作为一种副产品，不会作为一项重要的工作来抓，导致很多的大学都在着手校园文化建设，关于校园文化建设的文件和资料层出不穷，而真正落到实处去实施的却很少。另外，长期以来，人们都把大学校园文化建设看作是学校相关行政机关和学生的事，很少把教师纳入其中。事实上，教师也是校园文化建设的主力军，是校园文化的重要载体和传承者，是一股不可忽视的力量，应当充分发挥教师这一群体在校园文化建设中的重要作用。

三、加强大学校园文化建设的思路和举措

在我国改革开放进入到纵深发展的今天，新的时代给大学提出了新的任务和要求，需要大学积极回答和应对。在新的形势面前，大学要认真学习贯彻十七届六中全会精神，准确领会大学校园文化建设的新任务，深入思考校园文化建设新思路，积极开拓校园文化建设新途径，大力推进人才培养，充分发挥大学文化建设的社会引领作用，推动社会不断发展和进步。

（一）坚持校园文化建设指导思想一元化与发展内容多样化相结合

随着经济全球化步伐的加快，文化的交流日益频繁，大学与外界的联系日渐增强，大学校园文化已经被迫融入社会的复杂环境中。与此同时，随着社会的发展和外来文化的传播，传统的本土文化也面临挑战。为此，在大学校园文化建设中，必须始终坚持以社会主义核心价值体系作为指导思想，必须用马列主义、毛泽东思想、邓小平理论和“三个代表”重要思想以及科学发展观教育引导广大师生，强化他们对于中国特色社会主义理论体系的认识和学习。要坚持校园文化重在建设、重在育人、重在落实的原则，坚持

校园文化建设的开放性和多元化发展，在高扬大学精神和文化传统的旗帜下，注意结合各个高校自身的学科特点、历史积淀、办学风格等元素，努力推进高校校园文化建设理论与实践的紧密结合，形成各具特色的校园文化，充分发挥社会主义先进文化的功能和力量，弘扬主旋律，突出高品位，借鉴吸收人类文明的有益成果，帮助学生树立正确的世界观、人生观和价值观，为高校实现培养高素质人才的目标提供坚实的文化底蕴和思想基础，为国家培养合格的社会主义建设者和可靠接班人。

（二）培育大学精神，充分发挥师生在校园文化建设中的主导作用

大学精神，是一所大学最为核心和高度抽象的价值追求和品格特征，形成于长期的办学过程，积淀、整合、提炼出来的反映师生共同的理想目标、精神信念、价值追求、学术风范和行为习惯的观念体系和群体意识，是校园文化的核心和精髓，它集中反映一个学校的特殊个性、价值取向以及精神面貌，对全体师生具有引导、激励、约束、凝聚等作用。

大学师生既是文化的创造者，也是受影响者，一方面受校园文化的影响，另一方面又在实践中创造校园文化。校园文化建设中要以大学精神为核心和统领，以大学精神的内化作为校园文化建设的根本内核，充分发挥大学师生在大学校园文化建设中的主体地位。同时，要动员全体师生积极参与学校的教育教学管理及服务工作，开展丰富多彩的各项活动，让广大师生都能自觉参与其中，发挥大家的主人翁作用，为大学精神的塑造、升华、展示、发扬发挥重要作用。

（三）健全完善大学管理制度，发挥制度育人功能

大学管理制度既包括学校各项具体的规章制度，也包括相应管理体制和工作机制。大学管理制度对于任何一所学校都具有重要意义：首先，大学管理制度具有约束性，并且有奖和惩两方面的机制，对大学的正常运行提供保障；其次，大学管理制度又具有思想性，高校制定的体制、机制和规范更多地表现为对历史积淀的总结和传

承，本身就具有深厚的历史文化底蕴，具有非常明显的思想功能和教育功能，对置身于该文化环境中的所有成员进行潜在的影响和熏陶，并对每个成员的行为作出相应的引导和判断。因此，在校园制度文化建设中，一方面，需要对学校相应的规章制度和工作机制进行梳理总结，要与时俱进，根据新的形势及时对相关制度的设计进行修订完善，要废除、修改过时的不合实际情况的制度，建立新的科学的、合理的管理规范。另一方面，要将学校的管理制度进行系统化建设，要坚决杜绝“文件打架”、部门推诿、“踢皮球”等不良现象，需要对这些体制体系和制度进行全校统筹考虑，科学设置，相互协调，相互统一，形成制度合力。

（四）积极创新校园文化建设的相关措施和办法，营造良好的文化环境

校园文化建设必须要形成自身鲜明的有特色的品牌和工作抓手，这是校园文化建设的重要保证。一方面，学校要结合新的时代特点和学生特点，充分调动校、院两级工作的积极性，形成学校总体协调，学校、学院分工合作的工作机制。校、院两级要及时创新开展一些具有重要影响和导向的活动，引导校园文化建设，如现在学校开展的科技节、文化节、艺术节、体育节等大型活动。另一方面，要大力发挥学生群团的主体作用。根据目前的大学发展状况来看，学生群团是一个很好的载体，他们在学生中有较好的影响力，学生之间有共同的爱好、兴趣，活动易于为学生接受。因此，学校要加强学生社团活动的开展，鼓励学生多搞活动，搞有益的活动，出精品活动。但是，在工作中，学校要加强对学生群团的指导和管理，确保群团活动活泼健康、积极向上。此外，高校加强校园文化建设，一定要培养、打造自己的文化品牌，树立品牌意识。文化品牌，是高校宝贵的财富和资源，集中代表了大学校园文化的内涵，对内起着典型示范、提升校园文化水平的作用，对外发挥着提高学校知名度，提升竞争力，引领社会文化、社会风尚的功能。所以，塑造活动品牌是高校加强校园文化建设非常重要的一个课题。

（五）加强领导，加大投入，美化环境，为校园文化建设打下坚实基础

高校要高度重视校园文化建设，从组织机构、工作机制和条件保障等方面给予大力支持。学校要建立相应的负责开展校园文化建设的工作机构，理顺工作关系，提供相应的条件保障，加大投入，加强校园的建筑规划建设和文化设施建设，将大学精神与环境建设有机结合起来，增加校园道路、建筑名称的文化气息，加强校园文化标志建设，保持校园环境的统一、整洁、有序，形成良好的育人氛围，充分发挥校园环境的育人功能。同时，还要加强和谐校园建设，大力加强校园综合环境整治，加强校园交通、治安、商业等规范管理，营造良好的校风校貌，保证学校良好的教学生活秩序，营造清新、整洁、有序的校园氛围。

参考文献

[1] 何独明. 大学校园文化概论 [M]. 成都：西南交通大学出版社，2010
[2] 孙庆珠. 高校校园文化概论 [M]. 济南：山东大学出版社，2008
[3] 郭广银，杨明. 新时期高校校园文化建设的理论与实践 [M]. 南京：南京大学出版社，2007
[4] 邹世亨，李扬. 新时期我国大学校园文化建设创新的途径探析 [J]. 求实，2009 (SI)
[5] 徐德荣，王琰，邓铁男. “以社会主义核心价值体系引领大学校园文化建设”研讨综述 [J]. 高校理论战线，2010 (8)
[6] 王德斌. 当前高校校园文化建设存在的问题及对策探析 [J]. 思想理论教育导刊，2009 (6)
[7] 杨新起. 校园文化建设要注重打造文化品牌 [J]. 校园文化研究，2010 (2)
[8] 教育部. 共青团中央关于加强和改进高等学校校园文化建设的意见，2004
[9] 中央中央关于深化文化体制改革 推动社会主义文化大发展大繁荣若干重大问题的决定，2011

以科学发展观指导高校研究生校园文化活动建设

陈明惠[1]　杨谨瑗[2]

（1. 图书馆；2. 化学工程学院）

摘要：高校校园文化是高等人才培养的重要土壤，校园文化活动是校园文化的重要组成部分，研究生的思想政治教育、综合素质培养、心理健康教育等方面都离不开校园文化活动这个重要的载体。但是，近年来研究生招生规模的不断扩大并没有带来高校研究生校园文化活动的大力建设。本文结合实际调研，分析高校研究生校园文化活动建设现状，探讨新时期如何更好地以科学发展观指导高校研究生校园文化活动建设。

关键词：科学发展观　高校研究生　校园文化活动

近年来高校研究生教育在国家和社会的高度重视下得到了大力发展，招生人数不断增加，基础设施不断补充，科研鼓励和奖励政策不断完善，培养出了一大批优秀的人才。但是，与强调培养研究生的科研能力方面相比，研究生的社会适应能力、就业创业能力、心理素质等综合能力的提高并不大，许多高校在营造研究生健康、全面、文明的校园文化氛围方面的重视还不够。党的十六届三中全会提出了“坚持以人为本，树立全面、协调、可持续的发展观，促进经济、社会和人的全面发展”。胡锦涛总书记在党的十七大报告中进一步阐述：“科学发展观的第一要义是发展，核心是以人为本，基本要求是全面协调可持续，根本方法是统筹兼顾。”作为高校研究生教育工作者应以科学发展观作为理论指导，探索高校研究生校园文化活动建设新思路和新方法，为培养中国未来建设的高素质接班人作出大胆尝试。

一、加强高校研究生校园文化活动建设的重要性

校园文化是学校的灵魂，是学校文明程度的重要体现，对学生的世界观、人生观、价值观产生着潜移默化的深远影响，对提高学生的道德素养、拓宽视野和综合能力的培养具有深远意义，具有重要的育人作用。校园文化包括整洁的校园环境、学校的办学理念、教师们严谨的治学态度、学生们优良的学风、和谐的师生关系、文明健康的校园文化活动等方面。新时期高校的办学目标不只在于培养专业知识扎实、科研能力突出的高素质社会主义事业建设者，更应培养出一大批政治觉悟高、具有强烈社会责任感、勇于创新的高水平人才。随着高校研究生队伍的不断壮大，社会对研究生的重视和需求不断加大，其培养质量已不仅仅关乎高校发展、教育进步，更关乎祖国的未来发展。高校研究生校园文化活动不但是研究生思想政治教育的重要载体，还是研究生素质教育的主要阵地，同时也是开展研究生心理健康教育的必要补充。

二、高校研究生校园文化生活现状调查

高校研究生校园文化活动对于团结广大青年、丰富课余生活、培养和锻炼研究生社会适应能力、服务研究生科研和学习任务都起着非常重要的作用。但是，由于科研任务重、年龄跨度大、专业划分细、班集体意识淡薄等原因，校园文化活动难开展，参与度低，成效不明显。笔者曾对我校 5 个学院近 400 名研究生进行抽样问卷调查（发放问卷 400 份，收回有效问卷 358 份，有效率为 89.5%），调研高校研究生校园生活现状及对于校园文化活动的建议。下面便是我们了解到的情况。

（一）高校研究生校园生活安排

在调研中我们了解到，高校研究生的科研学习任务比较重，88.5%的同学每周会用 4 天以上的时间学习，仅有 11.5%的同学

每周用于学习的时间为3天及以下，可见课余时间并不太多。课余时间的安排主要有运动、上网、打游戏、逛街、做兼职等，其中仅有13.7%的受访学生会在课余时间参与校园学生活动。

（二）高校研究生参与校园文化活动的现状分析

调研中发现，高校研究生不参加校园活动的主要原因在于活动的形式和内容没有新意（占39.4%），没能与研究生的特点相结合，吸引不了广大研究生同学的参与；一些比赛、竞技性质的活动由于专业性强等原因也让许多同学被“拒之门外”（占24%）；同时，宣传不到位和学习科研任务重也造成了部分研究生同学未能参与到校园活动中来（分别占20.4%和16.2%）。

在调研高校研究生对于校园文化活动的期望值的时候我们发现，绝大多数同学希望通过学校组织的校园文化活动不仅能够完善自我、提高能力，还能增长见识、扩大视野（占80%以上），同时也希望通过活动能够增进同学之间的了解，使之融入集体之中（占将近20%）。

三、以科学发展观指导高校研究生校园文化活动建设

教育部、共青团中央《关于加强和改进高等学校校园文化建设的意见》指出：高等学校校园文化是先进文化的重要组成部分。加强校园文化建设对于推进高等教育改革发展、加强和改进大学生思想政治教育、全面提高大学生综合素质，具有十分重要的意义。科学发展观为新时期高校研究生校园文化活动建设提出了具体要求，也指明了发展方向。高校研究生参与校园文化活动的现状不容乐观，迫切需要以研究生全面发展为中心，坚持以人为本，充分尊重每一名研究生的个性，采用研究生喜欢的方式方法，策划并组织融合研究生特点和兴趣爱好的校园文化活动。

（一）高校研究生校园文化活动建设的“以人为本观”

校园文化活动应结合研究生的个性和特点，围绕研究生的个人成长来设置和开展，可以充分借鉴学分制的模式，为每一名研究生

提供“菜单化”的校园文化活动选择。比如，可以为爱好文学的理工科学生提供交流、品鉴、提高的文学活动，也可以为非医学专业但是爱好医学、保健、养生的同学提供学习、观摩的活动。香港中文大学“书院制”的模式就是“以人为本”教育理念的成功范例，其四所书院都拥有各自非常有特色的校园文化活动，每一名学生入学时可以根据自己的爱好选择书院。我们可以充分借鉴这种模式，加大现有精品校园文化活动的宣传和完善力度，不断增设更多同学们喜闻乐见的活动，为研究生的个性发展提供更多的施展空间。

另外，许多高校的校园文化活动主要是由学生社团来组织和开展的。学生社团是大学生丰富多彩校园生活的集中体现，具有组织机构灵活，充分发挥大学生个性特长，很好地锻炼大学生组织协调能力、管理能力、人际交往能力等的优势，是进行“以人为本”教育的重要阵地。但是，规范、科学的管理和积极、正面的引导是校园文化活动能否顺利开展和能否对学生起到教育作用的重要保证，所以指导教师的培训和考核、相关制度的完善是必须重视的工作。

（二）高校研究生校园文化活动建设的“全面观”与“协调观”

高效研究生掌握较高层次的科学文化知识，是国家建设的重要智力资源，其政治思想觉悟的高低、专业技能熟练程度、是否有强烈的创新意识、能否很快地适应社会等方面的能力，不仅关乎个人的成长，更关乎社会的发展、国家的强盛、民族的进步。新时期高校研究生的成才是全面的成才，需要德、智、体全面发展。高校研究生校园文化活动的建设应从人才发展、社会需求和国家利益全面考虑，加强研究生“三观”教育，开展宣传伟大祖国的奋斗历程、中国共产党的光荣传统等爱国主义教育活动，增强学生的民族自豪感和社会责任感，坚定中国共产党的领导和社会主义道路。同时，发挥校园文化活动是课堂教学活动重要补充的优势，开展人文、地理、社会、科技创新、就业创业指导、心理健康教育等领域的校园主题活动，鼓励研究生跨专业、跨学科参与，与学分制、奖助学金评定、社会荣誉评选相结合，促使更多的研究生参与素质锻炼，培养全面能力。

科学发展观告诉我们：新时期人才培养需要“全面”与“协调”相结合，对人才培养提出了更高的要求。未来社会发展需要的不只是具备坚定的政治信念、熟练的专业技能、良好的社会适应能力的建设者，更需要各方面素质协调发展的高素质人才，只有信念、口号，没有知识、本领的人，只是个“空想家”；而只有专业技能，没有坚定的信念、强烈的社会责任感的人，也仅仅只是个“会说话的工具”。高校研究生校园文化活动建设应结合学生自身特色和社会需要，对不足的方面加以完善，对“过犹不及”的方面加以引导和改正。

（三）高校研究生校园文化活动建设的“可持续观”

高校研究生校园文化活动建设不仅只关注研究生在校阶段的培养和教育，更在于通过校园文化的育人作用对研究生的整个人生起到积极的影响，使其成为一名真正对社会、对国家有用的人才。这就要求研究生校园文化活动建设应具有可持续性，形成一些长效的保障机制和科学的理论支撑。对于研究生培养来讲，我们应强调研究生在校期间不同阶段的教育模式，比如低年级的严格教育与规范教育，到高年级的激励教育与成才教育，注重培养方式的与时俱进。在研究生中引入生涯发展规划理论，帮助其认识自我、完善自我并超越自我，制订适合自己的发展计划，并加以实施。

参考文献

［1］张颖．论校园文化建设与大学生思想政治教育［J］．柳州职业技术学院学报，2009（6）：44－46

［2］段丹．谈大学校园文化建设和研究生培养质量［J］．吉林省经济管理干部学院学报，2009（6）：84－87

［3］殷莎莎．研究型大学特色校园文化建设对策探析［J］．商业经济，2009（4）：119－120

［4］姚利权．论科学发展观对高校研究生思想政治教育工作的指导作用［J］．新西部，2009（2）：4－5

高校辅导员促进学风建设的举措

聂　靖
（软件学院）

摘要：优良的学风是人才培养的“加速器”，学风建设是提高教育质量、培养合格人才的需要。辅导员要充分发挥主导作用，通过思想政治教育、组织管理、协调等促进和引导作用，帮助学生改善学习作风，促进良好学风的形成。

关键词：高校　学风建设　辅导员　举措

一、高校学风的现状

学风是指学生学习的作风，包含学生学习目标、学习动力、学习态度、学习方法、学习纪律等因素的综合范畴。学风是高等学校校风的重要标志，是高等学校育人工作和精神文明建设的一个重要组成部分。

当前，高校学风总体向好，大部分学生在学习专业知识的基础上注重全面发展，努力提高自身的综合素质和能力。但在高等教育大众化与国际化、教学手段信息化、学生就业市场化等复杂背景下，高校的学风建设受到了不容忽视的影响和冲击，致使高校学风呈现以下几方面的问题。

（一）一些学生学习目标不明确，学习动力不充分

学习目标和学习动力是形成高校优良学风的核心。许多学生中学阶段读书的目标是考取大学，进入大学以后则认为其奋斗目标已经实现，未及时调整目标，表现出对“为什么学，为谁学，学习什么，为谁服务”的问题认识模糊。理想的缺位，认识的模糊，直接导致学生学习目标缺失。其具体表现为一些学生过度上网、过度游

戏等，呈现出主修“游戏”辅修“学习”的情况，对学习的热情在过度的游戏和上网的过程中不断消磨。

（二）一些学生学习态度不端正、学习热情不高涨

学习热情和学习态度是提高学习效率的保障。高中与大学的知识结构存在较大差异，高中以学习基础知识为主，大学则偏重于专业学习。有的学生由于对所学专业不感兴趣，逐渐对于专业学习产生了抵触情绪并演变成为排斥和逃避的心理，学习应付了事，学习态度极不端正，学习热情不高涨。

（三）一些学生学习方法不正确、学习纪律不严谨

学习方法和学习纪律是决定学习质量的关键。进入大学以后有的学生无法适应从高中“灌输”式的被动学习模式向大学主动学习模式的转变，表现出“等待”、“依靠”、“突击”等不正确的学习方法。中学阶段很多老师和家长为了让学生有更强的动力考取大学，将大学描绘成自由的天堂。带着这样的认识进入大学，尤其是在脱离了原来高中阶段学校和家长的严格管束之后，很多学生缺乏自觉性，出现了学习纪律松散，自由散漫，上课迟到早退，随意旷课，课前不预习，上课开小差，课后不复习，作业抄袭应付，临考抱“佛脚”，甚至出现考试作弊等学习纪律不严谨现象。

二、辅导员在学风建设中的作用

辅导员作为高校学生思想政治教育工作者，在学生工作的第一线，是大学生人生发展和学习成才的指导者，在思想、学习和生活等方面对学生有全面而准确的理解，辅导员通过对学生进行思想道德教育、行为规范管理、学生事务服务来引导和帮助学生明确学习目的，端正学习态度，树立学习理想，解决学习过程中遇到的困难，营建有利于学生健康成长的生活和学习环境，营造良好的学习风气。

优良学风的形成需要学校和家庭的共同配合，协同推进，而辅导员是联系学生与老师、学校与家长的纽带。辅导员可以通过协调

各种资源经常为学生组织各类学习讲座，及时为学生提供各种学习锻炼的信息和机会，为学生参加各类科技竞赛提供支持和帮助，为学生提供良好的学习资源。辅导员通过与家长定期的联系，反映学生在校的学习情况，告知学生各阶段的学习重点和优秀学生所取得的成绩，请家长共同配合学校完成对于学生的教育引导和监督工作，请家长对学生进行积极正向的引导，形成教育的合力，促进良好学风的形成。

三、辅导员促进学风建设的举措

高校辅导员要以学风建设作为辅导员工作的出发点和落脚点，从生涯规划、监控管理、创设平台、严明纪律、重点帮扶五方面着手，努力创建优良学风。

（一）立足学习生涯规划，落实学风建设

大学四年每个阶段都有不同的学习重点，辅导员应立足于学生的生涯发展，针对大学四年不同的特点，帮助学生合理规划大学四年的学习生活，落实学风建设。

1. 一年级以立志教育和养成教育为重点，帮助学生明确学习目标，养成良好的学习习惯。辅导员应抓住新生入学教育的关键时机，严格管理，建立健全学习制度，保证与高中学习制度的衔接和延伸，帮助学生尽快从开学时松散的状态调整为服从管理、遵章守纪的状态。

2. 二年级以基础教育和素质教育为重点，帮助学生打好学习基础，培养综合能力。辅导员指导学生成立各种学科兴趣小组、专业竞赛小组，形成良好的学习氛围；鼓励学生参与各种社会实践活动，提高综合素质，增强学生的学习责任感和紧迫感。

3. 三年级以专业教育和分类指导为重点，帮助学生加强专业学习，注重个性化指导。辅导员应引导学生及早关注自身的发展方向，结合学生考研、出国、就业等不同的发展需求，帮助学习制订并督促学生实施学习计划。辅导员应通过指导学生参与各种专业性

较强的竞赛、实习，进一步加强实践动手能力的培养，促进学生热爱专业知识。

4. 四年级以职业教育和通达教育为重点，引导学生转换角色，顺利走向社会。辅导员应以就业指导为契机，加强学生就业技能培训，提高学生的就业竞争力，培养学生的社会适应能力。以考研和毕业设计为契机，培养学生对知识的融会贯通能力。

（二）建立学风监管体系，保障学风建设

建立“三位一体”学风监控体系。教师、学生干部和学生家长是学风建设的核心力量，辅导员要充分发挥他们在学风建设中的重要作用，形成“三位一体”的学风监控体系。

1. 重视与专业教师、学分制导师的沟通，加强对学生学习过程的监控。辅导员要经常深入课堂，坚持每周听课制度，加强与专业教师的交流，与专业教师一起探寻并致力于解决学生在学习中存在的问题。

2. 重视发挥学生干部、学生党员的积极性，加强对学生学习纪律的监控。辅导员要充分发挥学生会、党团组织、班级等学生团体在学风建设中的主体作用，通过建立学生学习自律委员会，强化学习纪律，让学生实现自我教育、自我管理、自我服务和自我监控。

3. 重视与学生家长的联系，加强对学生学习情况的监控。辅导员应长期保持与学生家长的联系，及时把学生特别是学习存在困难的学生在学校的情况反馈给家长，并与家长一起分析学生学习出现困难的原因，寻求解决问题的办法。

学风监控体系在发挥作用时，辅导员要保证监控体系畅通，及时把握学生中出现的各种不良的思想和行为，对不良的倾向和现象，给予正确的引导和教育，做到防微杜渐。同时，辅导员要加强对监控工作的检查与落实，定期查寝、查课，召开班、团干部例会，定期了解学风情况，采取有效措施，保障监控工作有效进行。

（三）搭建学风建设平台，推动学风建设

1. 搭建实践平台：（1）创建专业实习基地，深化第一课堂的学习效果。围绕专业学习的内容，组织学生开展专业实践活动，引导学生把学到的理论知识用于实践，深化学习效果。（2）创建社会实践基地，提高学生的综合素质。通过组织学生开展“三下乡”、志愿者服务、勤工助学等社会实践活动，使学生在社会实践中了解社会需求，不断提升自我。

2. 搭建创新平台：（1）开展大学生科研活动。邀请专业教师牵头成立各类课外科技活动小组，并进行经常性的指导。规范学术科研活动管理，要求学生结合专业研究方向拟定科研课题，制订科研计划，定期汇报研究进展。（2）组织学生参与科技竞赛。及时发布各类科技竞赛和活动的通知，组织学生参加以学科竞赛为主的各类科技创新活动。（3）举办学术交流活动。经常举办学术报告和讲座，在师生中广泛进行学术交流，营造良好的学术氛围。

3. 搭建活动平台：（1）开展创优评选活动。开展优良班风、室风评比活动，发动学生以班级、宿舍等为单位开展学风创建活动，营造良好的学习环境。（2）组织学习经验交流活动。通过典型引导、经验介绍，带动中游，激励下游，推动学风建设的深入开展。

（四）严明学风纪律要求，强化学风建设

1. 严格执行各项规章制度。辅导员要把高校的规章制度贯彻到学生的日常管理中，实行选拔学生干部、评奖学金、评优、入党、就业推荐等都与学风挂钩的政策导向，使各项政策成为学风建设有力的指挥棒。辅导员在管理上要严格执行学校关于学风建设、学生违纪处分、学生管理等相关规章制度，是非分明、奖优惩劣，针对违反学习纪律的各种现象予以严肃处理。

2. 加强考风纪律教育，以考风促学风。辅导员应将考风考纪教育深入到学生的班会、形势与政策教育课、党组织生活等各项活动中。特别应该注意考前教育，把不正确的思想尽量消除在萌芽之中，引导学生在平时下工夫。

（五）重点帮扶困难学生，助推学风建设

1. 关注学习困难的学生。开展“一帮一、一帮多”的互帮活动，通过制定明确帮扶目标和采取有力措施来帮助学习有困难的学生树立学习信心，寻找正确的学习方法，提高学习成绩。

2. 关注学习动力不足的学生。对于学习自制力较差的学生，在发现情况后，要及时掌握他们的思想动态，对他们进行单独帮扶教育，督促他们端正学习态度，重点监督他们的学习表现。

3. 关注经济困难的学生。辅导员要及时发现并解决经济困难学生的实际问题，使他们全身心地投入到学习之中。

4. 关注有心理问题的学生。对于有心理问题的学生，辅导员要通过心理疏导，使他们能够以良好的状态投入到学习中。对于存在严重心理问题的学生，要及时发现、疏导和转介。

参考文献

[1] 薛辉，薛玲．论政治辅导员在学风建设中的主导作用［J］．中国科教创新导刊，2008（5）：48

[2] 肖小英．论高校辅导员与学风建设［J］．高教高职研究，2009（27）：136－138

[3] 朱丽莉．新形势下辅导员在学风建设中的作用［J］．高教高职研究，2008（2）：203－204

论研究生诚信教育的内容及实现途径

高　倩
（建筑与环境学院）

摘要：研究生的扩招和师生比例的失调，使研究生思想道德教育形势日益严峻。特别是近年来高校研究生的学术不端行为，更是集中反映了诚信教育的缺失。本文分析了研究生的诚信教育内容：以公民法律责任意识培养为基础，学术道德建设为核心，理想信念追求为根本。以辅导员的实践为蓝本，指出可以通过建立科学的激励和惩戒体系、加强班级和研究生会等自治组织、营造校园诚信文化等途径来进行诚信教育。

关键词：诚信教育　法律责任　学术道德　研究生

诚实守信不仅是中华民族的传统美德，更是新时期社会主义荣辱观的基本要求。胡锦涛主席在2006年明确提出，要引导广大干部群众特别是青少年树立社会主义荣辱观，即“八荣八耻”荣辱观，其中就包括“以诚实守信为荣，以见利忘义为耻”。诚信是当代大学生良好精神面貌的重要体现，也是学生全面发展和成长成才的关键；从古至今，诚信教育都是树德树人的重要部分。

但受到当前社会浮躁之风的影响，升学就业、利益名誉，成为社会评价学校的方式之一，自然也成为学校激励学生的方式之一。随着高校的扩招，在校研究生人数迅猛增长，2009年教育部新设立专业学位后，不少专业研究生规模超过本科生。而与之相应的，研究生的诚信教育形势日益严峻，特别是近年来研究生“学术失范”、“学术造假”都反映了诚信教育的缺失与诚信教育的滞后。究其原因，除了整个社会诚信水平和制度约束不力等大环境影响以外，高校自身在诚信教育方面也有不足。首先，不少学校以政治教育取代道德教育，片面强调政治上的忠诚，而忽视基本诚信品质的培养；片面强调理论灌输，而忽视实践教育和大学生主观能动性的发挥。其次，是内容的偏失，诚实教育多，信用及规则教育少，尤其是与现代市场经济相适应的个人信用以及法律规则等方面的教育太少，而且目前诚信教育大多集中在伦理道德层面，在人文、科学等方面的教育少，严重影响了诚信教育的伦理质量。再次，是诚信评价、法律约束机制的不完善，特别是失信并未纳入法制轨道，使诚信教育举步维艰，教育也只是教师空洞的说教。本文立足于本校研究生的思想现状，探索诚信教育的内容及其实现途径。

一、诚信教育的内容

（一）公民法律责任意识培养是研究生诚信教育的基础

我国正在建设社会主义法治国家，诚信是法治国家的道德基石，法律是最低的道德原则，遵守法律，人人有责，研究生也不能例外。但是，随着应届毕业生和独生子女考上研究生的比例增大，研究生的整体社会责任意识感有所降低，连续多年的校园生活让他们学生身份意识浓厚，公民意识不足，特别是作为一个完全的行为能力人的法律主体责任意识匮乏。以研究生恋爱者中越来越多的未婚同居现象为例，许多同学对此的解释原因有以下几条：

1. 都是学生，没钱没房的，结婚又那么麻烦；

2. 工作还没有定，以后还不知道能不能在一起，结婚把大家都拴住了不好；

3. 大家都是大男大女的了，结婚证不过是个形式，重要的是在一起快乐。

但纵观以上理由，无论从法律还是道德的角度都是不成立的：绝大多数研究生的年龄是符合法定婚龄的，而且现在国家法律和政策也允许大学生结婚；婚姻之所以有法律规定，正是因为它意味着对家庭社会的责任，因为怕麻烦或者认为结婚登记只是形式而同居，说明本质上缺乏对自己和对对方的责任意识，对法律漠视。尽管未婚同居并不是大多数研究生的行为，但是大多数对这种行为的理解和认同是令人担忧的。因为对婚姻家庭都不愿意负责的人，是很难担当建设国家、奉献社会的重任的。

（二）学术道德建设是研究生诚信教育的核心内容

学术活动一般是指科学研究，当然包括社会科学和自然科学研究，指人们探寻、发现自然界和社会的客观规律的活动。根据《中华人民共和国高等教育法》和《中华人民共和国学位条例》的相关规定，高等教育的主要任务就是“培养具有创新精神和实践能力的高级专门人才”，学位评定的宗旨是“促进各门学科学术水平的提高和教育、科学事业的发展”。研究生作为高等教育中的高层次培养对象，其主要活动是“独立从事科学研究”和“独立担负专门技术工作”，即从事学术活动。

学术本身是客观的，学术活动因通过人的活动而具有道德色彩。所以“学术道德就是指从事研究活动的主体在进行学术研究活动的整个过程及结果中处理个人与他人、个人与社会、个人与自然关系时所应遵循的行为准则和规范的总和”。这里的行为准则与规范既包括法律法规的强制规定乃至学术协会共同体的明文规定，也包括在学术发展历史上所形成和倡导的优良传统、原则及思想行为。前者的典型代表有《中华人民共和国著作权法》、《中华人民共和国学位条例》以及《中国工程院院士科学道德行为准则》；多是禁止性或义务性规定，体现了法律或者行政组织的强制外力控制。后者则多以约定俗成的学术规范和为世人所称道的学术界楷模来体现，更多的是一种自律性或倡导性原则，体现了人性向善的内在的自发的约束和积极行为，典型代表有历史上的“吾爱吾师，吾更爱真理”以及哥白尼可以为捍卫真理而赴汤蹈火，也有现实中《中国工程院院士科学道德行为准则的若干自律规定》所倡导的“发扬学术民主，努力培育新人”以及“反对封建迷信和伪科学”等行为。

无论是法律规定的最低学术道德标准还是大师们所倡导的高度自觉的学术道德，从本质来看都是维护学术界的诚信，矛头直指“学术不端”等欺骗舞弊行为。研究生作为从事学术活动数量较大的主体，应当遵从共同的学术道德。

（三）对理想信念的不懈追求是研究生诚信教育的根本

受社会上急功近利和浮躁不良风气的影响，一些学生“把攻读硕士、博士作为暂时找不到工作的权宜之计或是作为提升社会地位的敲门砖，他们的学习目标也从‘求学问’歪曲地转换到‘求学位’”。诚然，由于受西方自由主义等思潮的冲击，人们的思想观念逐渐多元化，即便读研就是为了拿张文凭也无可厚非。但是由拿文凭而滋生的“教育投资”或者“教育消费”的观念，使部分研究生为降低“成本”而减少投入的学术研究时间和精力，更有甚者为了尽快收回“投资”，不惜采用抄袭、剽窃和拼凑等“简便”方式发表论文，完成“在校期间公开发表一篇专业论文”的任务，获取学位，这就从根本上背离了研究生教育的初衷。根据教育部《关于加强和改进研究生德育工作的若干意见》的相关规定：“研究生教育是高等教育人才培养的最高层次，是我国社会主义现代化建设高层次人才培养的重要来源。”“全面提高研究生的思想道德和科学文化素质，使他们成为德智体美等方面全面发展的社会主义事业建设者和接班人中骨干力量。”要登上最高层次，成为骨干力量，就务必要使研究生立下志向，忠诚于理想。“有志，就会有强烈的渴望、无可遏制的激情，如痴，入迷，忘我，去发现，去发明，去创造。”① 因此，研究生诚信教育的根本内容就是要忠诚于自己的理想信念，勇于探索，大胆创新。

---

① 教社政〔2000〕3号，2000年4月6日。

二、研究生诚信教育的途径

（一）建立科学的研究生激励评价和惩戒体系

目前对研究生的激励评价体系主要存在两个方面：一是奖助学金的评选，二是学位授予。两个方面并非截然分开，奖助学金的评选时间虽然在研究生二、三年级中，比学位授予时间早，但是一般在奖助学金规则的制定过程中都会参照获取学位的条件，起到指引、激励作用。

从我校目前对研究生的学位授予规定看：硕士生一般是要求至少公开发表一篇专业论文以上，博士生一般是要求在核心刊物上至少发表两篇或三篇以上。这样将发表论文与学位挂钩的制度在国内高校中屡见不鲜，但是，存在不一定就是合理的。根据《中华人民共和国学位条例》和《中华人民共和国学位条例暂行实施办法》规定，硕士和博士的学位授予条件只有：通过相关课程考试、取得学分和通过学位论文答辩。为何各高校纷纷将发表文章与学位授予挂钩呢？这主要与近年来各种大学排名榜、重点学科、硕士点和博士点、研究项目、基地的评选与评估的指标体系有极大的关系。在事关大学声誉和学科建设等硬件的评比中，论文发表的数量特别是在一定期刊发文的数量是占了不少权重的。虽然学校也是无奈之举，然而制度设计本身并没有取得好的效果。特别是对于硕士研究生而言，两三年的学制中，既包含近一年时间的课程学习，又必须用一年以上的时间做学位论文，在中间不到一年的时间里既要写论文还要争取发表，还有兼职挣生活费和恋爱社交以及实习就业等事情，在这些学习、生活以及就业压力之下，多数研究生很难写出高质量的文章投到高水平的学术期刊上，只有把这些低水平的文章改投到一些低质量的刊物上，成为“学术垃圾”。与其这样，还不如取消发表文章的规定，让学生在完成课程学习后，认认真真地准备自己的学位论文。

另一方面，在研究生的奖学金制度设计方面，研究生的课程成绩差异较小，发表论文也是比较重要的评比指标。特别是社会科学类，几乎都成了发文大比拼了。于是一些同学为了能评上奖学金，就花钱找代理，交几百甚至上千元的“版面费”，给钱发文的“潜规则”几乎成了高校里公开的秘密。对本校本院2011年研究生奖学金状况电子问卷调查结果显示：74.3%的研究生认为奖学金评定还应当考虑同学参与社会实践等因素。学生们在提交给学院的报告中建议：研究生奖学金评比时不要把论文看作唯一标准，要加大社会实践活动的比重，要以评价学生的综合素质为主。

除了科学的激励机制的建立，设立适当的惩戒制度对实现研究生诚信教育也是必不可少的，特别是对学术不端行为的惩戒。从我校目前的规定来看，只有《四川大学学术道德规范》、《四川大学研究生学籍管理规定》以及《四川大学学生纪律处分暂行条例》这三个文件中涉及对研究生学术不端行为的惩戒，但是主要规定了考试时作弊行为，或者是强调发表论文及学术成果的规范，内容较宽泛，可操作性不强。比较而言，国外高校的学术道德规范更加缜密。美国约翰·霍普金斯大学的学术道德委员会认定的违反学术道德的行为不仅包括欺骗、抄袭和剽窃，还包括未经教师许可，将同样的作业或大部分内容相似的作业多次提交给不同科目的教师和把与他人同样或大部分内容相似的作业作为自己的提交。

（二）充分发挥班级、研究生会等学生组织自治作用，发挥学生主体的自律作用

除了内容规定更细致以外，国外的学术道德委员会中一般都包括学生代表。可能是刚设立这个制度，目前国内高校中一般没有把学生纳入。但是从辅导员的工作实践看，学生特别是研究生是具有很强的自我管理能力的。以上面提到的奖助学金评比工作看，我校的研究生社会奖助学金一般由辅导员牵头组织。在笔者的工作实践里，是在辅导员的指导下，由本院的研究生会具体组织这些奖项的规则制定与评比。规则制定在2007级同学刚入校时就开始了。首先公示奖项种类及测评办法，征求同学们的意见，然后回到学院领

导和老师手中，再将领导和教师的初步意见下发给同学们，再次征求同学们的意见后返回到学院领导和老师手中，最后将经过“两下两上”的研究生综合测评办法定稿并公布。这样“从群众中来，到群众中去”的规则很容易为同学们所接受。我院 2007 级同学社会奖助学金的评比就非常顺利。同时，2008 级研究生也成立了研究生学术自律委员会，作为学生组织中学术道德的自我监督机构，以加强学术道德建设。

（三）加强校园文化建设，营造诚信校园的氛围

要提高诚信教育的实效性，还离不开校园环境的熏陶和浸染。环境的教育作用往往是潜移默化、润物无声的。但在校园文化的建设方面，研究生常常被忽略。首先，有必要借鉴本科生的校风校史教育，在研究生新生中开展多种形式的“大学精神”教育。以我校为例，除了按常规参观校史馆、校博物馆和熟悉图书馆以外，完全可以在研究生中开展围绕办学理念、校训以及校风的学习。其次，要从贴近研究生生活实际出发，开设学术道德与学术规范的课程，积极开展诸如职业生涯与学术生涯规划一类的选修课程或讲座，从正面引导学生，教授研究生树立正确的道德观。

（四）其他途径

另外，还可以借鉴国外一些大学的做法，设立荣誉制度，研究生签写诚信承诺书等方式防止学术作假。当然，也可以充分利用学术期刊网络和 QQ 群等信息平台，坚持重大事项公示制度：不仅包括参评奖助学金的成绩论文，还应有发展党员和党员转正公示等情况。

参考文献

[1] 韩玉彬．高校德育工作中的诚信教育［J］．白城师范学院学报，2005（3）
[2] 江新华．研究生学术道德失范：行为表现、教育根源与治理对策［J］．学位与研究生教育，2003（3）：25—29

[3] 肖娟群，唐春珍. 关于研究生学术诚信危机的思考 [C]. 大学·研究与评价，2007 (7，8)：112—125
[4] 杨叔子. 《游褒禅山记》对研究生教育的启思 [J]. 中国高教研究，2003 (6)：3—8
[5] 叶继元. 关于文科研究生"发文规定"是否合理的调查分析 [J]. 图书与情报，2007 (6)：1—8，32
[6] 吴武洲，林伟连，曾敏峰. 研究生所承受的压力如何解决 [J]. 中国研究生，2004 (1)：57—58
[7] 康静雯，周晶晶，龚伟. 论文，你"发"了吗 [J]. 中国研究生，2009 (2)：52—54
[8] 刘培蕾，周绍斌. 约翰·霍普金斯大学本科生学术道德委员会制度及启示 [J]. 世界教育信息，2006 (11)：50—52，64

高校新生心理问题的分析及辅导员心理健康工作思考

杨　柳
（外国语学院）

摘要：笔者分析了大一新生容易出现的心理问题，认为造成他们心理困扰的原因是多方面的，是社会独生子女问题、家庭教育方式等因素作用于个体的结果。同时，笔者根据实际的学生工作经验，还总结出一些辅导员做心理健康工作的小技巧。

关键词：大一新生　心理健康　学生工作　心理咨询技巧

一、高校新生心理问题探析

大学阶段是人生求学的黄金时期。对刚刚迈入大学校园的大一新生来说，这一时期伊始，便是他们独自走向社会、面临新的环境和氛围的开始，因此他们的心理存在着各种各样的不适应。由于90后大学生大部分是独生子女，其中一些大一学生存在对家长的过度依赖、不善于交往、缺乏适应环境的能力等现象，由心理健康问题引发的事件如出走、休学、退学的比例也逐年增高。尽管这些还不是普遍现象，但是大一学生的心理健康问题已经明显地影响了一部分大学生的健康成长，给高等教育敲响了警钟。

根据实际的工作经验，目前大一学生中比较突出的心理问题主要有人际关系适应不良和学业问题带来的心理失衡。

（一）人际关系适应不良

一部分大一学生缺乏人际交往经验。他们缺乏在公众场合表现自己的勇气，缺少与他人交往的能力，面对各种各样的活动，既充满了兴趣又担心失败，久而久之就妨碍了良好的人际交往圈的形成。为了寻求到交际的满足，一些大学生便在网络虚拟世界中去找，有的甚至染上网瘾，迷恋于虚拟世界，自我封闭，不愿与人面对面地交往。这样的结果，严重影响了大学生的认知、情感和心理定位。

（二）学业问题带来的心理失衡

许多大一学生高中阶段都是班上的佼佼者，进入大学后，学习成绩能否领先成了他们十分在乎的事情。一旦学习成绩稍有波动，就会降低自信心，产生巨大的心理落差。

有的大一新生是经过调剂录取的，由于对所学专业不感兴趣，于是学习动力不足、悲观失望，极大地影响了心理健康。

一部分学生入校后自控能力较差，学习目的不明确，缺乏动力，由于沉迷于网络游戏或上网聊天，学习成绩不佳，进而产生厌学心理。

而有的学生对自我要求过高，除了自己的专业课，还自学一些社会急需的课程，再加上辅修专业的学习和计算机、英语过级考试，学习的重压使他们处于超负荷的运转中，长期处在紧张的临战状态。这样长此下去，神经紧张、失眠、考试怯场等多种焦虑并发症在他们身上就相继出现了。

二、成因分析

（一）独生子女的教育问题

90 后大学生大部分都是独生子女，作为家里的小太阳，长期都是父母、长辈围着这一个独苗苗转，由此带来了许多教育问题。由于家长对子女的过高期待、过分保护和关爱，往往容易造成孩子在性格上以自我为中心，不善于换位思考，因而会在人际交往中遇到困难。

同时，独生子女往往对家长的依赖性强，独立生活能力较差，解决问题的能力也不强。因此，在遇到生活或学习中的困难时，他们往往不能正确评价自我和他人，不会主动学习，造成破罐子破摔的消极心态。

再者，由于在家长们小心翼翼的保护下，在高考的压力下，学生们一心只读圣贤书，之前没有接触过社会，他们的阅历相对都比较浅，自我控制和自我判断能力难以完善，容易出现感情与荣誉之间强烈的心理失调等。这些冲突和矛盾若得不到有效疏导、合理解决，长久下去，会造成心理障碍。

（二）家庭教育方式的不同

如果父母对子女管教过于严格，批评指责多，子女虽表现出诚实、礼貌，但往往人际交往方面表现出羞怯、自卑、敏感，唯唯诺诺。

相反，如果父母过分溺爱保护，唯恐孩子受挫折，这种学生依赖性强，遇事退缩，自制能力和自信心差。

还有一种情况是父母对其行为放任，很少约束，这种学生很可能以自我为中心，不懂得尊重他人，很难适应集体生活。

三、辅导员心理健康工作思考

新生在进入大学校园后，环境的变化往往会引起心理的不适应，难免会在遇到人际关系障碍或者学业上的困难时，伴随着思乡情绪而产生对以往生活方式的迷恋，对新生活感到迷惘和不知所措。

辅导员是大学生学习和生活的指导者，大学生的上课情况、人际关系、课余生活、社会活动都受到辅导员的关注和引导。而且辅导员一般都比较熟悉学生家庭背景和性格特点，可以通过和个别学生有针对性地谈话以及召开班会、寝室例会等形式，对有人际交往困难和学习上有畏难情绪的学生进行指导，化解他们的心理问题。

作为辅导员，在工作中一定要及时发现并疏导学生成长过程中存在的各种心理问题，帮助他们以良好的心态去迎接各方面的竞争和挑战。这就要求大一的辅导员具有一定的心理健康教育知识储备，并结合到管理学生工作的实践中来。

笔者在学生工作中，也遇到了一些有心理问题甚至是心理危机的学生个案。在处理和解决问题的过程中，作为第一个直接面对学生解决心理健康问题的老师，笔者认为必须尽可能多地理解学生真实的心理状态，并以此为依据判断情况的严重程度，是否属于心理危机而需要求助于专业心理医生。

在此过程中，合理运用心理咨询的技巧来获得有效的信息是非常重要的。在这里，笔者简单地谈一谈自己的心得体会。

（一）积极关注，设身处地地理解

在谈话的过程中，辅导员一定要换位思考，善于从学生的角度来感知他们的世界。同时，辅导员应把这种感知与学生交流，体察和关心学生的需要。

（二）学会“倾听”的技巧

倾听是理解的前提，倾听也有技巧：

1. 切勿多话。经常插话会使辅导员漏掉学生说的许多重要的情况，也会让他觉得你没有真正地在关注他的讲话。

2. 切勿匆忙评论。要给学生倾诉的时间和机会，切勿断章取义而妄加评议，这样的辅导员会失去学生的信任、尊敬，不仅不利于问题的解决，而且会带来一系列消极反应。

3. 切勿分神。要专心地听，并注意不时地作出一些言语和表情上的反映，引导学生畅所欲言。

（三）重视运用鼓励、重复和总结谈话等心理会谈中的技巧

我们有这样的经验，在给大学生做思想政治工作时适度地鼓励往往能让我们获得超乎想象的有用信息和资料。同样，交谈中一定的重复和结束时的总结也非常重要，既能提纲挈领地归纳交谈的重点，又能加深双方印象。

（四）学会自我表露

辅导员坦诚、适度地向学生透露自己的一些秘密，对于促进信任关系大有好处。例如，我曾经和一位有重度抑郁症、落落寡合的

女学生分享过自己大学时代遇到的人际交往的困惑和经验，鼓励她找到属于自己的合适的方式去融入人群、融入集体。这样取得了不错的效果，她开始分析自己平时的活动、言语，去寻找和其他同学的共同点。当然，这种表露也需要辅导员把握好“度”，不然不仅达不到预期的效果，反而会妨碍心理危机干预的效果。

以上就是我在实际工作中对大一学生心理问题的一些认识和初步分析以及工作经验的粗略总结，以供各位老师和同事参考和修正。

参考文献

[1] 李响. 心理教育是高校辅导亟待解决的新问题 [J]. 辽宁青年干部管理学院学报，2000（1）
[2] 慕乾伟，姜海燕. 心理健康教育在高校学生工作中的有效渗透 [J]. 现代预防医学，2008（18）
[3] 周国玲. 谈高校心理健康在思想政治工作中的运用 [J]. 探索，2008（8）
[4] 戴国立. 论培养高校辅导员的心理咨询技能 [J]. 健康心理学，1997（4）
[5] 王凤兰. 论高校思想政治教育与心理健康教育的关系 [J]. 山西高等学校社会科学学报，2007（10）
[6] 刘宁，徐其涛. 论高校辅导员在大学生心理危机干预中的作用 [J]. 当代教育论坛，2008（9）
[7] 杨光. 大学生心理困扰现状的分析及对策探讨 [J]. 科教文汇，2008（8）
[8] 申艳敏，朱菊华. 高等院校大学生心理健康问题成因分析及对策 [J]. 广州化工，2007（3）
[9] 王振全. 关于大学生心理健康教育问题的思考 [J]. 教育与职业，2006（4）
[10] 袁新敏，曹春诚. 高校辅导员与大学生心理健康教育 [J]. 安徽电子信息职业技术学院学报，2005（2）

高校辅导员应注重加强自身情绪调节与管理

高志华
（组织部）

摘要：辅导员是大学生思想政治教育工作的主要承担者，其工作中存在的职业压力容易引起辅导员自身负面情绪的产生，从而直接影响高校思想政治教育的效果和人才培养质量。本文对高校思政辅导员负面情绪产生的根源和引发的危害进行了初步梳理，并就如何调节与管理自身情绪、防止职业倦怠心理的产生提出一些对策性思考，以期能进一步加强和改进大学生思想政治教育工作。

关键词：高校辅导员　情绪调节　情绪管理

情绪是人对外界事物的态度的体验。它是个人的主观体验和感受，常跟心情、气质、性格和性情有关。情绪常常被划分为正面情绪（积极情绪）和负面情绪（消极情绪），任何人都会有自身的情绪体验。受环境等因素影响，情绪经常会发生变化。如果负面情绪积压时间较长、堆积较多而没有得到有效疏导，容易引发心理问题。就个体而言，保持情绪的平衡和稳定是个体成熟的标志，同时也是处理复杂工作的前提和基础。

高校学生政治辅导员是对大学生进行日常教育管理的最基层也是最直接的实施者，是高校思想政治教育的主力军。他们伴随学生大学生活的各个阶段，是学生接触最多、交流最多，对学生影响最广泛的教育者之一。这支队伍的思想政治素质和心理情绪如何，很大程度上关系着思想政治教育的效果。他们的心理状况对大学生心理素质发展的影响不可低估并直接关系到大学生的成长成才，从而影响到高校稳定局面的长期保持。因此，认真分析和探讨高校学生政治辅导员的情绪控制乃至心理健康问题，就显得非常重要。

一、负面情绪对辅导员工作的危害

学生辅导员在开展学生思想政治教育、心理健康教育中发挥着重要的作用。平时辅导员工作头绪多、任务重、标准高、要求严，在长期的学生工作中积累了一定的心理压力和负面情绪。辅导员的情绪若调节不好，会产生种种身心问题，如焦虑、身心疲惫、健忘、消化紊乱、易发怒、想处罚学生、血压升高、抑郁、悲伤等等。这样，不仅伤害自己的身心，而且会在不知不觉中将情绪带到工作中并有可能伤害学生的自尊，而学生的心理问题又会“反弹”给教师，如此恶性循环，师生关系会越来越紧张，辅导员的工作效率会越来越低，因而心理压力也会越来越大。在情绪问题引发的各种危害中，最应该避免的是产生职业倦怠。

职业倦怠（Job burnout）又称职业衰竭、职业枯竭。职业倦怠的概念是美国心理学家弗鲁顿伯格（Freudenberger）于 1974 年首次提出，用于描述那些服务于助人行业的人们因工作时间过长、工作量过大、工作强度过高所出现的一种疲惫不堪的状态。高校辅导员职业倦怠是指高校辅导员在长期工作压力体验下，呈现出的情绪、态度和行为的衰竭状态。学者马勒诗（Maslach）认为，职业倦怠是由三个维度构成的一种心理状态，即情绪衰竭（Emotional exhaustion）、去个性化（Deperonal lineation）和个人成就感低落（Diminished personal accomplishment）。辅导员的职业倦怠常表现在：长期的情绪倦怠感，对工作的冷漠感，较低的成就感。

二、情绪问题产生的根源

（一）职业特征

辅导员的工作在时间或空间上具有延续性和不断扩张性，具有“无边界性”的特征，不像医生的工作是通过治愈一种疾病而结束，律师的工作是随着一个案件的结案而终结。因为没有明确的界限，辅导员不知道他在什么时候才算“完成了工作”，这就形成了辅导员个人希望看到自己努力工作的成绩的需要与许多成绩又是“无形性”之间的矛盾。另外，还有许多虽非职责范围之内但与学生切实相关的事务耗费了辅导员大量的时间和精力，这用“上面千条线，下面一根针”来形容辅导员的工作是最恰当不过的。由于工作没有明确的界限，辅导员随时都处于待命的持续应激状态，难以有效放松。辅导员职业是典型的助人职业，工作任务重、社会责任大，加上自我期望值高，往往导致教师不能顺利应付工作中的一些压力，这必然会损害教师的工作热情，负面情绪的产生就不可避免了。

（二）工作负荷过重

各高校均制定有政治辅导员岗位职责，其主要任务是学生的思想政治教育工作。除此之外，辅导员在具体工作中还承担了以下几方面任务：第一，学生日常学习生活管理；第二，学生心理健康教育；第三，学生党团组织建设。在工作中，政治辅导员实际上还承担了大量的具体事务性工作，如出早操、检查晨读、检查宿舍安全卫生、检查课堂纪律和考勤、评定各级各类先进、评定奖（助）学金、安排学生勤工助学、组织学生参加各类文体活动等。此外，还要反馈教师授课效果，做好专业分流、实习安排，从事部分教务工作，追缴学费，安排学生宿舍，反映伙食质量，等等。可以说凡是与学生有关的事，就是辅导员的事。

如此繁杂的事务，使辅导员没有更多的时间从事深入细致的学生思想政治教育工作，更没有时间去加强自身的理论学习和提高，从而使辅导员对本职工作的热情和兴趣降低，由此还会导致工作被动、不动脑、工作效益低下的恶性循环，最终诱发工作心理疲劳和情绪问题。

（三）角色冲突与角色模糊

随着高校与社会联系的日益紧密，高校辅导员的社会角色也愈加丰富。与高校的其他教师相比，高校辅导员的角色更具有多重性的特点。一个辅导员往往扮演着教育者、管理者、服务者、“学生保姆”、知心朋友、师兄师姐，甚至是心理咨询师等多重角色。辅导员角色的多重性导致了角色责任的广泛性，有限的精力与无限的责任产生矛盾时，就会使辅导员产生高度的紧张和焦虑。当辅导员要将不同的角色加以融合和组织时，常常会碰到两个角色同时向他提出相反的两种要求，这点在辅导员的身上显得十分突出。例如，辅导员既要树立角色权威，又要成为学生的知心朋友；既要履行管理的职责，又要如同学生的保姆；既要树立辅导员的领导地位，又要尊重学生的主体地位。因此，辅导员为了成功地扮演职业角色，就不得不在面对学生时压抑自己的情绪，在不同角色之间转换必然会引起心理冲突，导致情绪压力产生。

（四）公平感

由亚当斯的公平理论可知，职工的工作动机，不仅受自己所得绝对报酬的影响，而且还受相对报酬的影响。人们会将自己付出的劳动与所得的报酬进行自我历史的纵向比较和与他人的横向比较，只有在感到付出与所得相符时，才会产生最大的工作热情。我们从投入-产出这一角度，将学生工作特点归纳为“三高三低”：投入方面的高期望、高强度、高要求，产出方面的低回报、低创造、低发展。与高校中的其他教师相比，学生工作的“三高三低”现象导致辅导员情绪压力的产生。

三、处理情绪问题必须有面对和克服负面情绪的态度与勇气

（一）正确认识自我

正确认识自我，包括认识自己的个性、兴趣、优点、缺点、工作能力及所负担的角色，有利于减轻工作压力。辅导员应充分发挥自己的个性优势，在教育教学工作中扬长避短，根据个性特点，采用灵活的、适应时代变化的教育策略，以化解职业适应障碍，提高工作效率。

（二）以积极的态度面对压力

当压力构成个人身心伤害和效能降低时，辅导员应学会自我调节，正视生活和工作中的挫折和困难，调整好心态和情绪，学会自我减压。在注重业务学习的同时，掌握一些心理保健方面的知识，通过放松训练、转移注意、与人交谈等方法来减轻工作压力。工作过程中要不断提高个人修养，磨炼自己的意志品质，增强感受及抵抗工作压力的能力。

（三）树立终身学习理念

随着社会的进步，社会对教师的职业精神及专业能力有了更新、更高的要求。高校辅导员要跟上时代的步伐，适应时代的要求，就必须不断学习，牢固地树立终身学习的理念与意识，将学校视为自己不断学习的场所，将教育教学改革视为提升专业能力的机会，对自己的知识与经验进行重组，解决自身在教育教学中遇到的问题，有效地促成专业潜能的发挥，缓解工作压力。

（四）保持良好的人际沟通

保持良好的人际沟通，是缓解工作压力的重要途径。沟通的好处是既能了解别人，又能从别人那里进一步了解自己。能容纳别人与自己不同的观点，这对于完善自我人格有很大的帮助。辅导员要掌握沟通技巧，与他人交往要做到坦诚、友好、信赖、尊重、同情与理解，这样会加强人际间的互助关系，以积极的人生态度与他人和谐相处，减轻来自同事之间的压力。

高校辅导员在具体工作中遇到压力产生情绪困扰是很正常的。对自身情绪的调节管理非常必要，应当引起高校辅导员的高度重视。当然，缓解辅导员的工作压力不是一蹴而就的，它是一项长期的系统工程，需要我们长期不懈地努力。辅导员的职业压力不可能完全消失，也许目前的工作压力得到了缓解，又会有新的压力产生。但只要我们共同努力，从内心认识到情绪管理的重要性和必要性，我们就会把辅导员的工作压力缓解到一个适当的度，进而转化为工作的动力，适应职业发展的需求，以不断的创新精神推动素质教育。

参考文献

[1] 陈翔. 高校思政辅导员心理健康问题的探析及对策研究 [J]. 长春理工大学学报：综合版，2006 (1)

[2] 谢继存. 关于高校辅导员心理困惑的探讨 [J]. 广西青年干部学院学报，2006 (5)

[3] 计新科. 关于落实把德育工作放在首位的几点思考 [M] //求索的足迹. 咸阳：西北农林科技大学出版社，2005

[4] 吴萍，丁志山，陈列平，等. 高校学生思想政治工作队伍的现状与对策 [J]. 福建中医学院学报，2005 (1)

[5] 刘亚军. 关于加强高校学生思想政治工作队伍建设的新思考 [J]. 辽宁教育行政学院学报，2007 (5)

[6] 孟勇. 高校辅导员心理压力与职业倦怠 [J]. 临床心身疾病杂志，2008 (1)

[7] 曾玲娟. 新世纪的关注热点：教师职业倦怠 [J]. 株洲师范高等专科学校学报，2002 (3)

高校贫困生心理问题成因及对策研究

许 弋
（物理科学与技术学院）

摘要：正确认识高校贫困生的心理健康问题并采取有效的措施加以解决，是高校思想政治教育工作中的一项重要课题，需要我们不断地进行探索。本文从工作实践经验出发，对高校贫困生心理健康问题的基本状况做了实事求是的描述，对这些问题产生的原因进行了比较深入的分析，在此基础上有针对性地提出了解决问题的办法。

关键词：高校　贫困生　心理问题

一、高校贫困生心理问题特征解读

（一）自卑、敏感心理

一方面，贫困生可能会由于自己在生活、学习条件和人际交往等方面同经济条件好的同学比较差距很大而产生自卑感；另一方面，他们又有强烈的自尊要求，内心较为敏感多疑。老师、同学正常的举动甚至一句不经意的话都可能引起他们的注意，对他们产生压力。

（二）相对强烈的危机感和压力感

同一般的大学生比较，贫困大学生对学业、将来的工作和生活的美好期望较为强烈。他们清楚地知道，毕业后的就业竞争、就业后的生存竞争是非常激烈的，家境情况好的同学可能在这些竞争中得到家庭和亲友的帮助，而自己却不能，一切都得靠自己！因此，考虑未来，他们就易有较强的危机感和压力感，这就会造成贫困生的心理压力沉重。

（三）抑郁和自我封闭心理

由于经济上的贫穷，有的贫困生自觉或不自觉地在自己和其他同学、特别是那些家境富裕的同学之间划一条沟，觉得矮人半截。害怕别人问及家庭，很少向别人敞开心扉，失去与他人交往的热情。

（四）悲观、失望心理

自卑和敏感心理，较强的危机感和压力感，勤工助学和专业学习的矛盾，对毕业后就业的担心和焦虑，这一切都可能导致贫困大学生身心疲惫。久而久之，其中一些人会感觉无助、迷茫，对学习、生活失去信心，可能产生悲观、失望心理。

（五）虚荣、嫉妒心理

有的贫困生出于虚荣不能正视自己的贫困，失去一次次接受帮助的机会。有些同学可能为贫困而感到羞耻，进而生怨，从怨恨父母、怨恨家庭，发展到怨恨他人、怨恨社会。

二、高校贫困生心理问题成因分析

高校贫困生心理问题产生的原因是多方面的、复杂的，但主要的原因在于下面几个方面。

（一）经济上的贫困是导致贫困生心理问题产生的物质基础

贫困大学生主要来自于贫困家庭，家庭能够给他们提供的财力极其有限。屈智勇等人的调查报告显示，贫困生中有58％的人认为自己家庭经济状况“困难”，25.2％的人认为“特别困难”，两项合计为83.2％。另据周国平2008年在西安市的调查，93％的贫困生家庭年收入不到10000元。要让这样贫困的家庭供养子女上大学，显然是极其困难的。

社会对贫困大学生的资助不足，也是导致他们贫困的一个重要原因。以助学贷款为例，屈智勇等人的调查显示，贫困生中实际上获得助学贷款的比例只有64.5％。而在周国平所调查的贫困生当中，有40.1%的学生没有获得任何形式的资助。

（二）不合理的社会现象、不健康的社会意识和不良社会风气所造成的负面影响，是导致贫困生心理问题产生的外部条件

1. 不合理的社会现象，例如：（1）收入分配不公；（2）贫富差距日益扩大；（3）竞争的不公平。

2. 不健康的社会意识，例如：（1）“一切向钱看”、金钱万能的社会意识；（2）“笑贫不笑娼”的社会意识；（3）嫌贫爱富的社会意识；（4）实用主义的社会意识。

3. 不良的社会风气，例如：（1）办事不是按照法律法规和规章制度，而是凭关系、讲交情；（2）再严肃的问题都可以通过“勾兑”得到解决；（3）造假之风盛行，包括学术造假、成绩造假、文凭造假；（4）炫富斗富，有的人把奢侈、浪费的生活方式看作是荣耀；（5）赌博之风盛行，许多人不愿意老老实实地勤奋劳动，总想通过某种途径一夜成名或者一夜暴富。

（三）生存环境转变是导致贫困生心理问题产生的直接因素

同中学相比，大学的环境有了许多重大的差别：教与学的方式方法不同了；生活条件与生活习惯有了巨大差异；同学之间在学习能力和学习成绩方面，在经济实力、生活习惯、消费方式和消费水平方面以及性格爱好方面的差距明显增大了。一系列的转变让一些贫困生茫然、失措、忧郁、彷徨甚至恐惧，从而容易导致他们心理上的失衡，甚至对某些形式的班级活动与同学交往产生误解，或者把一些小的误会加以放大，形成心理障碍。

从另一个方面看，高校贫困生多数来自经济发展水平较低的地区，这些地区的学校可能物质条件很差，教学手段落后，不少贫困生所在中小学的音乐、艺术、体育、外语、计算机等课程的设施和教师缺乏，不能充分开展相应的学习活动，从而导致贫困生综合素质较差，个性缺乏充分发展，上大学之后感觉各方面都不如其他同学，也因此容易出现心理问题。

（四）贫困生自身的心理素质缺陷是导致贫困生心理问题产生的内部原因

当代贫困大学生自身心理素质缺陷方面的特征主要是：第一，从时代看，他们具有新时代青年较易出现的特性。比如，浮躁，急功近利，责任心比老一辈人差。第二，从家庭关系看，他们大多数是独生子女，具有独生子女易有的特性。比如，以自我为中心，为人处世往往不大替他人着想；意志脆弱，对逆境的承受能力差。第三，从经济状况看，他们来自于贫困家庭，属于当今社会的弱势群体，具有社会弱势群体易有的特性。比如，自卑，怨天尤人，对富有者具有某种程度的或者羡慕或者仇视的心理。这些特性出现在大学贫困生身上，就成为影响和制约他们心理健康的主要内因。

三、高校贫困生心理问题解决途径

（一）建立健全对贫困大学生的资助体系，解决贫困生的经济困难

现行的资助体系还有许多需要完善的地方，如应使助学贷款制度化、法律化、规范化，应利用各种渠道积极筹措资金，建立各种形式的奖励制度、助学基金，如何更好地开展勤工俭学活动等都值得进一步探索。

（二）进一步优化大学生成长的社会环境

必须消除不合理的社会现象、不健康的社会意识和不良社会风气所造成的负面影响，营造有利于大学生（包括贫困大学生在内）健康成长的社会环境。虽然这个问题不是一朝一夕能够解决的，但是，党和政府的各级领导机构、教育管理部门和学校应当对此高度重视，并且经常针对实际情况的变化采取切实有效的措施。

（三）进一步改善学校的工作

要解决贫困生的心理健康问题，学校的工作就不能够是单方面的，而应该有系统的策划和全面配套的措施。这些策划和措施包括：

1. 强化对贫困生的经济资助。一方面，要加大工作的力度；另一方面，这项工作需要特别讲求工作的方式方法。在对贫困生施以援助时，应尽量考虑贫困生的心理接受因素，不能“另眼相看”。

2. 对需要帮助的贫困生提供心理援助。一是建立心理档案和高校贫困生心理危机干预制度；二是通过多种形式对高校贫困生进行心理健康教育和挫折教育，提高他们的心理素质和受挫能力；三是畅通心理宣泄渠道，及时解决贫困生的心理困扰。

3. 对学业有困难的贫困生进行学习方面的帮扶。一是为他们“开小灶”，补基础；二是组织学习成绩好的同学与贫困生结对子，进行“一助一”活动，帮助贫困生学好专业，提高成绩，树立信心。

4. 优化贫困生成长的校园环境。要注重学校、班级、宿舍等育人环境建设，大力提倡同学之间互相关爱、互相帮助，积极营造团结互助的校园氛围，给予贫困大学生更多的人文关怀。

近年来，四川大学学工部结合学校实际，积极探索家庭经济困难学生经济资助、思想政治教育和心理健康教育“三结合”的有机体系，成立了“同心社”等近10个公益社团，使参与爱心公益社团的受助学生达到了几千人，搭建起了受助学生“团结协作、健康成长、奉献爱心、感恩社会”的教育平台，进一步推动了全校受助学生教育管理工作的规范化、制度化、科学化。这样的经验，就很值得推广。

（四）采取多种多样的办法帮助贫困大学生努力提高自身素质，走自立自强之路，尽快实现自我解困

1. 要引导贫困生端正对贫困处境的认识，摆脱因经济贫困而产生的心理压力。让贫困大学生认识到：第一，贫穷不是过错；第二，目前贫穷的状况是可以通过自己的努力改变的。所以，完全不应该因为目前的暂时贫穷而悲观失望。

2. 对贫困生进行励志教育。

3. 要鼓励贫困生主动参与学校和班级的各种活动，融入集体

之中去，感受大家庭的温暖。

4. 要鼓励和组织贫困生适当参加各种形式的勤工助学活动。

参考文献

[1] 屈智勇，张秀兰，王东明. 中西部十省高校贫困生生活与受资助现状调查［J］. 高等教育研究，2007（10）：88—96

[2] 周国平. 民办高校贫困生资助研究：基于西安市的调查［J］. 浙江树人大学学报，2008（6）：12—17

[3] 王朝俊. 贵州民族地区高校学生贫困现状的调查与分析：以凯里学院为例［J］. 中共贵州省委党校学报，2008（1）：122—124

[4] 马静. 高校贫困生心理健康问题面面观［J］. 法制与社会，2009（24）：233—234

[5] 唐海花. 高校贫困生心理困境及对策分析［J］. 湖南人文科技学院学报，2009（2）：112—114

大学生心理健康教育探索与实践

张　瑾
（电气信息学院）

摘要：大学生正处于身心发展的关键时期，面临着知识储备、潜能开发、交友恋爱、择业就业等一系列重大人生课题，同时他们容易受心理发育不成熟、人生阅历单一、自我意识强、情感不稳定等诸多因素影响，出现心理健康方面的问题，从而影响高校育人的成效。结合工作实践，探索大学生心理健康教育的途径和策略，提升大学生心理健康教育实效性成为高校辅导员工作的一项重要任务和课题。

关键词：大学生　心理健康教育　探索　策略

一、大学生心理健康教育的内涵及其重要性

（一）大学生心理健康教育的内涵

大学生心理健康教育是指根据大学生生理、心理发展特点，运用心理学、教育学、体育学乃至精神医学等各种学科的理论和技术，通过多种途径与方法，从而达到培养学生良好心理素质、提高学生心理机能和充分发挥其自身潜能的目标。通过心理健康教育，使大学生能够在复杂多变的社会环境中保持良好的心理适应能力，促进他们整体素质的全面提高和个体和谐发展。

（二）大学生心理健康教育的重要性

大学生作为一个特殊的社会群体，他们承载着国家的希望，他们的身心健康直接关系着一个国家和社会的未来。高校应该对大学生的心理问题从各方面予以切实的关注，努力帮助他们提高心理健

康水平，优化心理素质。随着社会环境的改变，当代大学生的心理问题也随之呈现出相应的特点。探索这些特点，并有针对性地采取系统的办法加以解决，是高校对大学生进行有效心理健康教育的重要工作。

二、我国当代大学生心理健康问题现状

相关资料显示：我国大学生已成为心理障碍的高发群体，因心理问题导致心理疾病成为大学生休学、退学甚至自杀的主要原因之一。大学生群体中的心理问题已经成为大学校园中跃居首位的重点和难点问题，并且有逐年增长的趋势。发生在大学生中的许多冲突甚至犯罪事件的诱因，都与最初反常的心理因素有关，或者说诱因就是心理问题。当前带有共性的心理问题主要有以下几个方面。

（一）失恋导致的心理问题比例呈上升趋势

当代大学生恋爱人群的比例逐年攀升，但因大学生心理发育尚未成熟和情感不够稳定，所以应对失恋的承受力极低，由失恋导致的心理问题也就越发突出。

（二）人际交往障碍导致的“郁闷”心理越来越普遍

越来越多的大学生承认，“郁闷”主要不是来自学习的压力，而是人际交往中的不愉快。越来越多的大学生把人际交往能力视为评价自身综合素质的重要指标，特别重视这方面能力的培养，也特别在意别人对自己这方面能力的评价。人际交往障碍往往成为众多大学生的难题之一。

（三）经济困难导致的自卑心理越来越突出

社会经济的多元化导致社会收入的差距加大，大学校园中富裕学生和贫困学生形成鲜明的对比。来自富裕家庭的学生存有天生的优越感，而来自贫困家庭的学生则感觉心理压力比生活压力本身还要大。部分来自贫困家庭的学生自卑又往往极度自尊，自卑心理导致心理过度敏感和心理扭曲，从而容易引发极端事件。

（四）适应困难成为心理问题的一个诱因

独生子女已然成为当前在校大学生的主体，这部分同学独立生活能力相对较差，由于不能很好地适应独立的大学生活而引发了各种心理问题。大学新生一般需要两个月至半年的适应期来调整自身的心理状态，以适应新的环境和生活。在这个适应期间，学生容易产生各种心理问题，比较集中的是学习焦虑、考试焦虑、厌学等与学习有关的心理问题。

三、我国大学生心理健康教育工作存在的问题分析

（一）认识上高度重视，行动中消极漠视

随着国家有关大学生心理健康教育的一系列文件的相继颁布实施，全国各高校也相继成立了大学生心理健康领导小组，负责本校心理健康教育工作的规划、指导、协调和研究等。但在实际工作当中，部分学校没有相应的检查和督促制度，安排的工作往往流于形式，心理健康教育工作总是在出事之后才被紧急提到领导的议事日程上，在心理健康教育上运用“亡羊补牢”的事后策略，往往收效甚微。

（二）思想政治教育工作替代心理健康教育工作

思想政治教育的目的是提高学生的政治思想和道德品质，而心理健康教育是通过教育、指导、咨询、治疗等多种形式，使学生掌握心理健康知识，提高心理技能，解决存在的心理健康问题，预防精神障碍的发生，促进心理健康水平的提高。心理健康教育是思想政治教育的一部分，但思想政治教育决不能等同于心理健康教育，更不能替代心理健康教育。

（三）心理咨询室工作缺乏系统性

部分高校虽然设立了心理咨询室，但在实际工作中采取“不主动干预”政策，心理咨询工作缺乏系统性和持续性。而咨询心理学认为，通常的心理咨询以 4～5 次的咨询次数为有效，否则很难真正帮助学生解决心理问题，心理咨询的效能难以充分发挥。

（四）心理健康教育工作的体制、机制不健全

目前高校大学生心理健康教育工作，普遍存在机构不健全、编制不落实、分工不明确、管理不到位等问题。虽然许多高校都建立了心理健康教育和咨询的专门机构，但由于缺乏统一规定和明确要求，工作缺乏科学性和规范性，造成从事心理健康教育工作的专职教师流失情况比较严重。

四、提升我国当代大学生心理健康教育实效性的途径和策略

胡锦涛总书记在全国加强和改进大学生思想政治教育工作会议上强调，要高度重视大学生心理健康咨询和教育工作，为大学生健康成长创造良好条件；《中共中央关于构建社会主义和谐社会若干重大问题的决定》明确提出“促进心理和谐”；第十五次全国高等学校党的建设工作会议指出，抓好心理健康教育，塑造大学生良好心态，是和谐校园建设的关键和根本。针对新形势下大学生的心理问题特点，从以下几个方面对高校心理健康教育提出建议，希望能对大学生心理健康教育起到积极的参考作用。

（一）途径改革——利用网络化背景作为新渠道

随着网络技术的成熟与发展，利用网络对大学生进行心理素质培养、解决心理问题、提高心理健康水平，成为切实可行的途径之一。

网络心理教育具有信息快捷、即时性强、信息量大、准确全面、选择自由、隐秘性强、互动性强的特点，这些特点注定网络心理教育必将成为高校心理健康教育的趋势和主流。利用大学生对互联网的兴趣，构筑网上心理咨询平台，发挥网络技术优势，将心理健康教育和学生思想教育工作紧密结合起来。在网站上建立心理咨询栏目，可以开设心理学知识、心理测试、心理治疗、心理咨询案例分析、心理自助、网络心理等专题，使学生通过心理学知识的网上学习，对心理学产生浓厚的兴趣，积极参与网上心理咨询。设置心理咨询专用电子信箱和网上心理咨询呼叫热线，为学生设立又一

道心理防线，确保心理健康教育工作更广泛深入地开展。

（二）方法改革——心理辅导活动内容针对性、辅导形式多样化

大力发展健康的校园文化活动。高校丰富多彩的校园文化活动是最具活力和征服力的活教材，是对大学生进行心理健康教育的有效形式。高校应正确认识校园文化活动的性质和意义，合理、统筹地安排，认真引导与管理，有意识地将心理健康教育融入校园文化活动。

针对大学生不同的阶段安排相应的辅导内容，如大一阶段，以入学适应指导、学习方法辅导、生活辅导、生涯规划指导为主；大二阶段，以人际交往辅导、情绪辅导、爱情观辅导为主；大三阶段，以考研与就业辅导、自我意识和个性完善辅导为主；大四阶段，以求职辅导、职业适应指导为主。

（三）机制改革——发展朋辈心理辅导人员，及时预防心理问题滋生

对高校辅导员和部分热心助人，愿意从事心理辅导的同学或者学生干部进行基础的心理辅导知识和技巧培训。辅导者和被辅导者年龄差距小、生活环境相似、防备心理小，这样被辅导者会比较容易接纳辅导者，更愿意与其沟通，说出自己的问题和苦恼，以便使存在困扰的同学及时得到心理缓解，预防积郁引起的心理疾病的发生。预防教育与心理辅导相结合，是心理健康教育取得成效的必要保证。

五、结语

健康的心理是一个人全面发展必须具备的条件和基础，现代社会对人才的要求不仅局限于丰富的知识，更注重健康的心理素质。因此，对大学生进行有效的心理健康教育和培养，加强和完善大学生心理健康教育工作已成为高校面临的迫切任务和重要责任。作为从事思想政治教育工作的高校辅导员，必须在工作实践中努力探索

心理健康教育工作的新思路、新途径、新机制、新办法，才能有助于进一步提高我国大学生的整体心理健康水平，满足国家和社会对优秀大学生的要求。

参考文献

[1] 叶一舵. 学校心理健康教育基本概念解析［J］. 中小学心理健康教育，2002（9）
[2] 廖迎春. 我国大学生心理健康教育存在的问题分析与对策思考［M］. 武汉：华中师范大学出版社，2002
[3] 李有华，段虹，郭玉宾. 大学生心理健康教育［M］. 北京：中国林业出版社，2001：45－48
[4] 中共中央办公厅. 中共中央国务院关于深化教育改革 全面推进素质教育的决定. 中发〔1999〕9号，1999－06－13
[5] 孙晓峰. 当前我国大学生心理健康教育创新问题研究[D]. 石家庄：河北师范大学，2007

从甲型H1N1流感看高校应对大型突发灾难事件的心理危机干预

孟玉川[1]　华国春[2]
（1. 水利水电学院；2. 规划与建设处）

摘要：从SARS、“5·12”汶川大地震等大型突发灾难事件中凸显了我国对于灾难危机的心理学研究还比较落后。高校大学生由于社会生活经验匮乏，在面对重大突发性的灾难事件时缺乏心理准备，而使灾难发展成重大心理危机，对大学生产生了极大的心理负面影响。因此，在大型突发灾难事件发生时，高校不仅要考虑大学生的人身财产损失，还要关注灾难引发的大学生心理危机。本文结合曾在全球蔓延的甲型H1N1流感疫情这一大型突发灾难事件，明确指出在大型突发灾难心理危机事件中，高校心理危机干预和大学生心理危机自我干预意识存在的问题，提出了应对大型突发灾难的心理危机干预措施，初步构建了心理危机干预模式。这对高校全面做好甲型H1N1流感疫情防控工作也具有一定的参考价值。

关键词：灾难事件　高校　大学生　心理危机干预

一、甲型H1N1流感疫情的基本情况

从2003年的SARS非典、2008年的“5·12”汶川大地震，到甲型H1N1流感的全球大流行，无不是严重的突发性社会心理危机事件。我国各省（市）甲型H1N1流感疫情（截至2010年12月21日），如图1所示，本文以甲型H1N1流感这个典型的社会心理事件为背景，旨在研究大学生应该如何面对突发社会心理危

机事件及采取的应对措施，丰富大学生心理健康教育内容，减小对大学生的心理伤害，促进其健康成长。

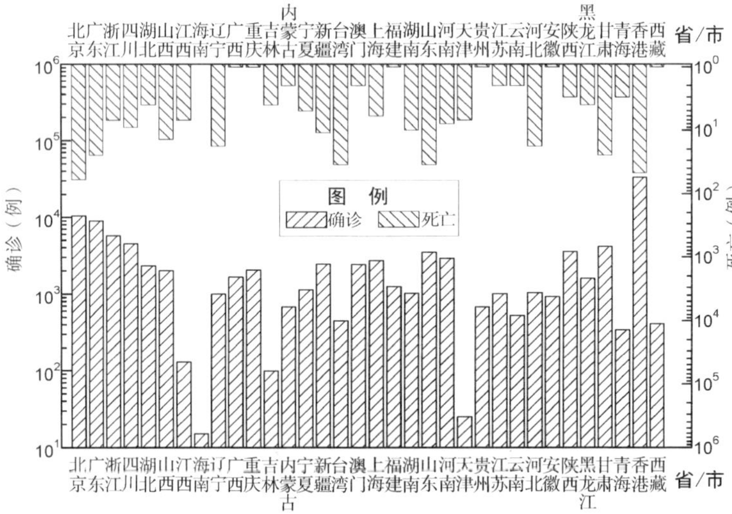

图 1　我国各省（市）甲型 H1N1 流感疫情（截至 2010 年 12 月 21 日）

二、正确全面对待高校的甲型 H1N1 流感疫情防控工作

根据教育部《学校甲型 H1N1 流感防控工作方案》等文件精神，为了保障学生的身体健康及生命安全，维护正常的教育教学秩序，目前各高校已经采取了相应的防控措施。对患有流感样症状的师生要求及时就医，遵照医嘱进行医学观察。曾在全球蔓延的甲型 H1N1 流感疫情，同地震、水灾、火灾、战争、恐怖主义活动等，都是突发的社会灾难事件，不仅威胁人们的生命财产安全，而且会对人们造成极大的心理伤害。

三、应对突发灾难事件，高校心理危机干预现状和大学生心理危机自我干预意识及存在的问题

（一）高校应对突发灾难事件心理危机干预现状及存在的问题

高校缺乏应对突发灾难事件心理危机干预的宣传教育，既没有专门的教育部门，也极少进行公共宣传，甚至个别高校对甲型H1N1流感等灾害存在麻痹思想，对学生应对能力高估。高校对于甲型H1N1流感疫情的防控工作，在心理危机干预方面还存在滞后或不够重视的现象。甲型H1N1流感引起的心理危机，其干预工作是一个系统工程，要求高校师生团结一心，形成应对甲型H1N1流感心理危机干预的团队组织。

（二）大学生应对突发灾难事件心理危机自我干预意识及存在的问题

通过资料收集和结合实际调查发现，目前大学生心理健康教育在国内高校得到了前所未有的重视，心理危机干预已经提上了议事日程。[1]但对于突发灾难事件引发的心理危机，还停留在理论研究阶段，且存在不结合中国国情的照搬国外的做法。虽然学校也会通过张贴海报等方式进行宣传，但是没有将心理危机自我干预的意识落实到大学生的日常生活中。经调查，对于甲型H1N1流感，绝大部分高校学生非常重视，对于疫情是否再度蔓延表示担心。

四、高校应对大型突发灾难的心理危机干预措施，构建心理危机干预模式

（一）加强高校大学生的灾难心理危机教育

高校开展心理危机健康教育不应该仅局限于心理危机中的个体，必须以全体大学生为教育对象。高校应引导大学生进行自我调适，提高适应环境的能力。除了前面提到的讲座、报告等方式外，还可结合印发关于灾难心理危机教育的知识小册子等形式。针对甲型H1N1流感疫情，高校应配合教育部门强化防治知识宣传教育，会同教育部门做好媒体沟通工作，发挥媒体传播信息和引导舆论的

作用，及时公布疫情和防控措施信息，稳定大学生的情绪。[2]

（二）开展形式多样的心理危机干预方式

（1）对于大型突发灾难后心理危机非常严重或对个人隐私保密性有特别要求的大学生，可实行一对一的方式进行个别危机干预，这有助于构建良好的气氛和信任关系，取得良好的效果。（2）对于绝大多数学生来说，可采用团队干预的方式，根据心理危机状况将学生分为小组，同时进行干预，这对于重大突发灾难的心理危机干预非常适用。[3]（3）高校还可以开通24小时服务的热线电话，其保密性强，方便经济，对于不能亲自到高校干预机构的大学生是一种非常重要的干预方式。（4）伴随着网络在高校的普及，利用网络技术进行心理危机干预成为可能，能及时发现大型突发灾难事件后的一些隐患心理危机问题。

（三）构建完善的灾难心理危机干预支持系统

从SARS到甲型H1N1流感，重大突发灾难连续发生。对此，高校有必要建立完善的心理危机干预支持系统。目前，大多数高校已经有了专门的心理咨询机构，但由于制度不够完善，大学生能够接受的心理危机社会支持仍十分有限。[4]因此，高校应加大经费的投入，并由专门人员定期进行审查，从而在大型突发灾难发生后，使心理危机干预能落到实处。

（四）建立高校对灾难的心理危机预警机制

预警机制是有效干预大型突发灾难事件引起的心理危机的关键所在，是心理危机干预的重要阶段。它主要是通过确定预警范围，筛选出预警对象，然后合理分析突发灾难的预警信息，进行灾难危机干预。其预警程序如图2所示。一旦发生突发性的重大灾难，应及时启动心理危机干预机制，防止灾难发展成心理危机，以“防患于未然”。

（五）构建心理危机干预模式，加强后期跟踪巩固疗效

在建立高校对灾难的心理危机预警机制的基础上，还必须构建突发灾难心理危机干预模式，[5]以便及时对陷入危机的大学生进行

心理危机干预，如图 3 所示。

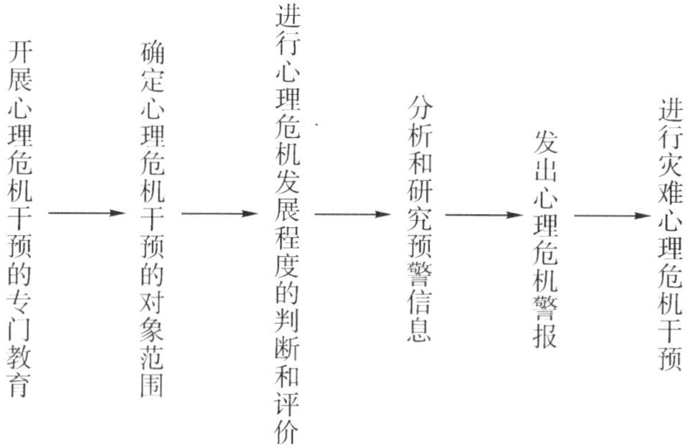

图 2　高校灾难心理危机预警机制示意

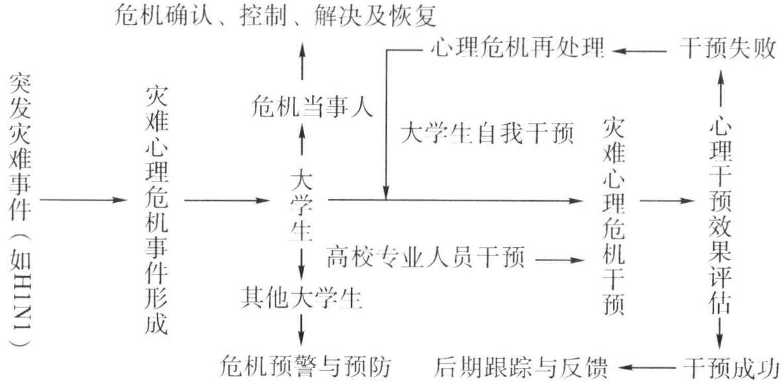

图 3　应对突发灾难心理危机干预模式示意

突发灾难的心理危机事件形成后，即使成功干预，灾难形成的影响可能还会持续几个月甚至更长时期，所以加强后期跟踪巩固疗效显得尤其重要。并且，后期跟踪也是灾难心理危机干预制度的一个重要部分。它既是对干预成功的巩固延续，也是对干预失败的反馈。

（六）加强高校心理危机干预专业队伍的建设

从 SARS 到“5・12”汶川大地震等重大突发灾难事件中，可以发现专业人员缺乏是进行心理危机干预的重大难题。目前我国高校虽然普遍都有了专门心理咨询机构，但是对于应对心理危机干预工作来说，还是存在专业工作人员严重不足的现象。[6]因此，可将各高校的资源联合起来，组建心理危机干预网络，在高校师资培训中增加大学生心理危机干预内容，对从事心理健康教育的工作人员进行专门培训，定期和不定期举办学习班及研讨会，使专业人员能持证上岗，迅速展开心理干预工作。

（七）深入开展大型突发灾难的心理危机干预学术研究与交流

我国高校的相关学术机构，如四川大学的心理健康教育中心、四川大学华西医学中心等也参与了如SARS、“5·12”汶川大地震及甲型H1N1流感疫情的心理危机干预服务。从我国对心理危机干预的研究来看，主要是通过发放各种问卷或直接访谈、抽样调查、比较研究等方式，研究内容大多集中在灾难影响的现象调查上，指出了心理危机干预的重要性，但研究明显不深入，涉及具体干预措施较少。

五、结语

我国正在经历工业化、城镇化的过程，给社会经济带来了极大的发展。但也应该清醒地认识到，全国性、区域性甚至全球性的大型灾难事件随时都会发生，如洪灾、冰雪灾害、SARS非典疫情、“5·12”汶川大地震，以及曾在全球蔓延的甲型H1N1流感疫情，从心理学的角度来说，这些灾难事件均是重大的心理危机事件。这些事件已经影响到高校的正常教学，引起了国家教育管理部门的高度重视。高校必须加强心理危机干预，对灾难事件进行全面考虑；应该认识到大学生的心理危机不仅是个人心理健康问题，而且关系到高校的维稳工作。高校应加大投入，尽快完善专业的心理危机干预队伍建设，做好心理危机干预工作，以保障教学生活秩序的正常运行。

参考文献

[1] 段鑫星，程婧. 大学生心理危机干预 [M]. 北京：科学出版社，2006

[2] 龙少康. 广西某高校学生甲型 H1N1 流感 KABP 分析 [J]. 中国学校卫生，2009，30 (10)：874－875

[3] Sheldene Simola. Concepts of care in organizational crisis prevention [J]. Journal of Business Ethics，2005 (62)：341－345

[4] 张海燕. 走过去，前面是个天：大学生心理危机援助案例集 [M]. 上海：华东理工大学出版社，2005

[5] 樊富珉. SARS 危机干预与心理辅导模式初探 [J]. 中国心理卫生杂志，2003，17 (9)：600－602

[6] 沈永江. 大学生心理危机干预研究 [J]. 江苏教育学院学报：社会科学版，2006，22 (2)：39－41

大学生创业教育浅析

车　莉
（经济学院）

摘要：在全球竞争日趋激烈的今天，必须大力开展创业教育。本文就目前大学生创业教育中存在的问题及其原因展开了详细分析，并提出了应对措施。

关键词：大学生　创业教育

“创业教育”（enterprise education）的概念是由联合国教科文组织提出的。随着创业教育在西方国家的实践，创业教育在培养个人的首创精神、独立工作能力，以及在技术、社交、管理技能方面的重要性就日渐突出。就大学生创业的实践而言，在西方发达国家，大学生创业比例普遍达到15%以上。根据中华英才网2006年公布的数据，在就业意向的表达上，选择创业的中国大学生比例仅能达到4.3%，而毕业后真正选择创业且创业成功的大学生就更是凤毛麟角。究其实质，我国的大学生创业教育不成熟、不到位是最根本的原因。

一、目前的大学生创业教育中存在的问题

（一）大学生创业教育缺乏系统性

创业教育是一个系统工程。就其内容而言，大学生创业教育包括四个方面：首先，必须激发大学生的创业意识，激发他们进行创业实践的欲望。其次，要培养大学生的创业品质，为他们奠定创业成功的坚实基础。再次，创业知识的传授，包括专业知识、职业知识和其他综合性知识。最后，创业能力的培养和提高，涵盖创新能

力、策划能力、组织领导能力等。就其形式而言，大学生创业教育包括课堂讲授、社会实践等环节。而目前的大学生创业教育，基本上是停留在大学校园中个别老师的知识讲授，无论从形式还是内容都无法达到大学生创业教育的要求。

（二）大学生创业教育缺乏针对性

目前大学生创业教育只是就业教育中的一个构成部分，二者远未达到并驾齐驱的态势。大学生就业教育与创业教育本应采用两种不同的教学方式和培养模式，对具备创业潜质的大学生应该采用有别于就业教育的模式进行培养和引导。深化高等教育改革，在就业环节要改变传统的就业教育思维模式，使高校毕业生不仅是求职者，更是工作岗位的创造者。这种以创造性就业和创造新的就业岗位为目的的教育正是创业教育。但在我国大学生教育实践中，与传统就业教育相比，创业教育无论从课程设置、内容安排以及师资培训等方面都远远落后于实际需要。

（三）大学生创业教育缺乏有效性

大学生创业教育，既要切合大学生的需要，又要着重做好科技成果转化。只有把这二者有机地结合起来，大学生创业教育才会取得成效。据统计，我国科技成果转化率只有15%左右，高新技术企业的产值在社会总产值的比例仅为2%，众多的科研成果和专利最终转化为工业产品的比例不足5%。如果能有效转化这部分科技成果，对我国经济社会发展的促进作用将是巨大的。而针对创新欲望和创新能力最为突出的大学生群体开展创业教育，将在很大程度上促进科技成果转化。

二、大学生创业教育中存在问题的原因分析

（一）对大学生群体进行创业的优势认识不够

首先，大学生是社会中创新欲望最为强烈的群体。大学生的求知欲望强，通过大学的系统学习，掌握了较为系统的专业理论和一定的技能，对于传统行业、传统岗位的知识与技能的接受和消化速

度快。同时，他们精力充沛，接受新生事物的能力尤其突出，打破固有的思维习惯与行为模式，进行创新的欲望远远高于社会的其他群体。而这恰恰是进行创业的基础条件。其次，大学生群体具有对创业最有利的知识结构。在中国，虽然大学教育逐渐从精英教育变成了大众教育，但相对巨大的人口基数，大学教育仍然是一种稀缺资源。如果大学生毕业后从事的职业与所受教育没有直接关系，那就意味着社会资源的浪费。最后，大学生掌握创新能力的可能性最大。就基础条件来看，大学生进入高校学习，有足够的时间和软硬件条件，逐步接受创新能力的培养，循序渐进地掌握自主创业所必需的各种能力，创造各种主观条件和客观条件。而从学习能力来看，大学生群体的学习能力和理解能力也明显优于其他群体。

（二）对大学生群体进行创业教育的意义认识不够

第一，对创业教育在国家战略中的地位认识不够。建设创新型国家，已成为我国的重要国策，也是决定今后国家发展速度与水平的重要战略。其首要任务就是要造就大批创新型人才，并推动这些人才创建各类高新技术企业。而创新精神的培养、企业创新主体地位的确立、创新型人才的造就在很大程度上都依赖于创业教育。第二，对高校毕业生在社会就业体系中的定位不够准确。传统意义的就业，是指个体进入到某个组织结构，寻求适合个人的工作岗位。而岗位的提供和创造，历来都是由原有体系中已存的组织结构来实现的。然而，大学生就业遵循的这一传统思路不断受到岗位不足的挑战，大学生就业难也就成了客观现实。因此，如果重新思考原有就业模式的逻辑起点，就不难发现，大学生成为就业岗位的提供者既具有重要性也具有必要性。所以，对大学生进行创业教育具有十分重要的意义。第三，对原有教育体制的反思还不够深入。不少企业反映，在应试教育培养模式中成长的大学生非常缺乏创新能力。追根溯源，高等教育体制沿袭了基础教育的培养方式，仅满足于知识的传授，而忽略了实践能力的培养。而社会需要的，却是书本知识之外的实际技能和综合素质。这些内容只能通过广义的创业教育对其进行补充。只有开展创业教育，才能扭转大学生能力的现实状况与社会需求之间的错位。

（三）对大学生群体进行创业教育的需求关注不足

与以往的大学生相比，当代大学生更加关注自我的成长和自我的需要，在自我价值的实现方面尤其如此。创建自己的企业，贯彻自己的管理思想，逐渐成为许多大学生的理想，以求最大限度上发展个性、实现自身价值。因此，不少学生在学校学习期间就已经投身于社会实践当中，希望多贴近社会，提高解决实际问题的能力。面对激烈的就业竞争压力，不少学生为拓展将来职业发展空间，在夯实理论知识、掌握基本技能的同时，迫切希望学习一定的创业知识，培养创业能力。这就要求高校既要开展传统就业教育，还必须开展创业教育，注重激发学生的创业欲望，培养其创业素质。只有这样，才能使毕业生具备竞争能力和生存能力，既可以去寻找合适的岗位就业，又能够在为了寻求更好的自我发展机会时走向自主创业的道路。

三、必须采取切实措施加强大学生创业教育

（一）必须用全新的教育观念来指导大学生创业教育

要开展大学生创业教育，就必须确立全新的教育观念，树立新的办学指导方针，把培养能够担当社会责任、引领社会进步的优秀创业人才作为新的人才培养目标。要以积极的创业教育思想为抓手，把创业教育放到素质教育的中心地位。对大学生应该因材施教，根据学生不同的情况，有针对性地进行全面的创业教育、创业教育为主就业教育为辅的教育或者就业教育为主创业教育为辅的教育。同时，还必须相应提高创业教育在高校学科中的地位，切实推进大学生创业教育。

（二）必须建设强有力的师资队伍以保障创业教育的实施

必须建设强有力的师资队伍，有效开展创业教育。在创业教育的师资力量的构建上，除了聘请创业教育相关课程的教师外，还要

延揽既有专业基础知识又有创业经历的导师。此外，还应创建一个讲师团，邀请成功的创业人士或有经验的中小企业负责人参与授课和实践活动。除了邀请有较高的理论水平和丰富的创业或创业教育实践经验的导师之外，还应该创设创业论坛，邀请在校创业的大学生和毕业后创业的大学生一起在校园内开展经验交流，这个最贴近大学生的人群的经验总结与分享将对大学生产生重要影响。

（三）必须用丰富的创业教育内容不断完善创业教育课程体系

大学生创业教育是一个完整的体系，其内容不仅包括主观能动性的激发，如创业意识的激发、创业品质的培养以及创业能力的增强，也包括专业知识传授、经营管理综合知识，以及实践实训等环节。创业教育内容的选取应该与时俱进，凡是有利于促进创业教育成效的内容都应该及时更新。必须根据学科特点，选取比较突出的有学科优势与特色的专业内容，结合各种资源，将其内化为创业教育的内容。在教学内容的安排上，应该采用条块结合的原则和模块化的实施方式。同时，为了满足不同类型大学生的需要，一些课程不应仅仅局限于选修课，还可以把部分课程设置为必修课。尤其对于一些已经参加到创业实践中、已取得一定成绩并具有良好效益预期的学生，课程的设置应更加灵活，以适应大学生的需要。

（四）必须结合实践进行创业教育，促进创业教育成果转化

开展创业教育，必须以推动创业实践为最终目的和检验标准，以促进科技和创业教育成果转化为目标。必须在实践中推进和检验创业教育，并以创业教育成果转化来反推创业教育的开展，实现二者的相互促进和提升。必须创造条件成立大学生创新创业中心，设立大学生创新创业基金，从行动上支持学生的创业实践。还应支持大学生多成立一些创业协会和创业团队，从政策上给予支持和实际指导。同时，学校应联系社会企业，主导建立创业教育的实践基地，为学生提供创业实战演练场地，鼓励学生利用业余时间开展创业实践，提高大学生创业实践的积极性。

参考文献

[1] 朱明. 我国大学生创业教育研究综述 [J]. 职业教育研究，2007 (6)：10—12

[2] 姬道兴. 浅析大学生创业教育内容体系和模式 [J]. 教育与职业，2007 (8)：95—96

[3] 刘穿石. 创业能力心理学 [M]. 西安：陕西师范大学出版社，2004

[4] 孙长缨. 当代大学生就业研究 [M]. 北京：高等教育出版社，2008

高校辅导员如何培养高素质创新型人才的措施及建议

张　衡
（学生工作部）

摘要：培养高素质创新型人才，是摆在新时期高校学生工作面前的一道难题。作为人才输出地的高校，能否培养出符合需要的大学生，将决定国家未来的发展。高校辅导员作为与学生交往最多的群体，可以通过规范自身行为在高校与学生之间建立起一条有效沟通的桥梁。文章以高校辅导员为研究主体，通过思想政治、专业学习、素质教育、创新培养等四个方面提出一些在培养高素质创新型人才时可以考虑的措施，借以推动高校学生工作的全面开展。

关键词：高素质创新型　思想政治　专业学习　素质教育　创新培养

当今世界，是以知识经济和信息化为特征的新经济、新技术、新思维不断涌现的时代，国家之间、企业之间的竞争日趋激烈，而所有这一切归根结底是知识创新的竞争，是高素质创新型人才的竞争。唯有培养高素质的创新型人才，方能在未来的社会竞争中拥有一席之地。

辅导员是高等学校教师队伍和管理队伍的重要组成部分，是开展大学生思想政治教育的骨干力量，是高校学生日常思想政治教育和管理工作的组织者、实施者和指导者。因此，作为一名高校辅导员，在实际工作中要以创新的精神为推进高校人才的全面发展作出自己的贡献。基于上述准则，笔者认为高校高素质创新型人才的培养应从以下几个方面落实。

一、加强学生思想政治工作是培养高素质创新型人才的重要保证

思想政治教育对人才的发展起着导向、动力和保证作用。高素质创新型人才首先表现为思想政治觉悟高，拥有正确的世界观、人生观、价值观以及健康健全的心智模式。笔者认为，要培养高素质创新型人才应做好以下工作。

首先，应引导大学生树立起正确的世界观、人生观和价值观。思想政治工作是一切工作的基础，因此帮助大学生树立起正确的“三观”，对于高校辅导员而言尤为重要。具言之，“三观”作为人类对人生、世界的整体认知，对于人生目标的树立有着直接的指导作用。大学生作为最具潜力的高素质创新型群体，其正确目标的树立对于实现社会主义的现代化和中华民族的伟大复兴具有战略性的指导意义。鉴于此，高校辅导员在日常工作中应把“三观教育”置于首位，特别要注意对在校学生进行科学的现代化价值观念教育。同时，对在校大学生道德建设的修炼也是高校思想政治工作不容忽视的一个方面。道德建设是一个民族精神面貌最为集中的表征，通过对大学生进行思想政治教育，提高其道德水准，必将对构建和谐社会产生积极的影响。

其次，帮助在校学生树立健康良好的心态也是思想政治工作需要考虑的一个方面。心理素质作为人的整体素质的组成部分，是在先天基因的基础上，经过后天环境与教育的影响而逐步形成的。实践证明，心理素质与大学生其他素质的发展紧密相关。高校辅导员作为战斗在学生工作第一线的“心灵捕手”，应切实加强其对在校大学生的思想政治教育，为之树立正确的价值观，培养其健康健全的心智，逐步提高大学生适应社会生活的能力。

二、狠抓专业学习是培养高素质创新型人才的基石

衡量一个人是否具备高素质创新型人才的发展潜能，对学生而

言一项很重要的指标就是拥有扎实的专业课程基础。因此，狠抓专业学习仍然是高校辅导员当前工作的重中之重。

第一，强化学风建设，树立良好的学习氛围。学风是学校在长期的实践和积累过程中升华出来的优良传统，凝聚着全体教职员工和广大学生的学术思想、办学理念和思想方法。学风既是一所大学的灵魂和特质，也是其立校之本。学风可以从根本上体现一个学校的师资教学质量和人才培养水平。基于此，高校辅导员在日常学生管理过程中应着重从以下一些方面强化学风建设。一是从学生生活入手，通过查寝等方式了解学生情况，加强师生交流，同时对沉迷于游戏的同学展开批评教育，并给予指导帮助，对学习风气好的寝室树典范，并在全院开展向标兵寝室看齐活动，从而树立学习新风尚。二是坚持辅导员不定期抽查学生上课情况，并加强辅导员与任课教师联系制，同时要求班委干部协助任课教师做好考勤记录，确保课堂到课率，对经常无故旷课的同学及时进行教育帮助。三是通过形教课等方式增强大学生的忧患意识，激发其对学习的顽强意志，为他们的学习生活指明方向。四是帮助学生建立起团队合作的学习意识，树立高素质创新型人才的典型案例供大家学习，从而构建起良好的学习氛围。

第二，开拓学生视野，增加学科知识。四川大学在长期的办学历程中，形成了深厚的人文底蕴、扎实的办学基础和以校训“海纳百川，有容乃大”、校风“严谨、勤奋、求是、创新”为核心的川大精神；确立了培养“具有深厚人文底蕴、扎实专业知识、强烈创新意识、宽广国际视野的国家栋梁和社会精英”的人才培养目标。所以在认真学习专业知识的基础上，广泛涉猎其他相关领域的知识是学生综合能力不断提升的必要条件。因此，在课堂学习之外每周举办学术报告为学生提供接触学术前沿的机会、在各年级开展学习经验交流会、举办优秀毕业生报告会、邀请各专业老师为低年级学生开展专业讲座介绍专业前景等一系列活动，可以使学生将习得的专业知识与其他领域的知识有机地结合起来。

第三，建立激励机制，鼓励学生自主学习。建立正、负强化激励机制，一方面对于在全国、省市各类竞赛中的获奖者，在奖助学金评比和保研中给予其加分政策，对在提高学习风气上作出突出贡献的团体和个人给予通报表扬和相应的物质奖励；另一方面，摸索建立激励性淘汰机制，使学生产生危机感，施以压力促使其主动学习。高校辅导员应从监督考勤制度、强化考风考纪等几方面入手，通过清晰透明的奖惩机制，在学生中扬威立信，从而切实起到加强学风建设的目的。

三、强化学生素质教育是培养高素质人才的有效途径

高等教育应始终以培养综合素质高、具有创新精神和实践能力的复合型应用型人才为己任。这要求高校教育在夯实专业基础知识的同时也不能忽视大学生素质教育的问题。

从群体的视角出发，高素质的教育应建立在以面向全体学生，锻炼团队合作及沟通为目的的基础之上。新时期高校辅导员的职责在于，引导学生学会与他人和谐相处的技巧，以诚实守信、尽职尽责作为立身处世的基本准则和信条，去赢得他人的信任和友谊。因此，在日常学生工作中可通过利用团组织生活等平台开展多种素质拓展活动，使学生了解团队的成功与相互合作息息相关，进而明白团队对于个人的重要性，初步形成团队观念，锻炼沟通技巧。

此外，由个体的角度看，进一步强化以学生干部为平台培养全体学生，鼓励其参加学生社团活动。实践中发现，优秀学生干部在工作中提升自身素质能力的同时，可以对广大同学起到模范带头作用，进而营造出一个积极向上的学习生活氛围。因此，高校学生工作应在面向全体学生的同时，积极培养学生干部，提高其综合素质，进而去带动更多的同学参与其中。通过这种传递效应，在学生中形成一个高素质群体学习交流的平台，促使大家向模范看齐。同时，在保证学生专业知识的学习效果之外，要鼓励其参加学生社团、社会实践、科技创新等活动，这也是促进在校学生自身素质全

面发展的有效途径之一。

四、培养创新型人才是高校教育的发展之道

“创新是一个民族进步的灵魂，是一个国家兴旺发达的不竭动力，一个没有创新人才的民族，就难以屹立于世界民族之林。”高校教育的最终任务在于为国家发展提供不竭的人才动力和智力支持，因此创新型人才的培养成为高校教育工作的发展之道，能否培养出高素质的创新型人才，将决定国家的未来。

就高校辅导员的具体工作而言，尊重学生，突出其创新能力的培养，使学生的个性得到充分发展，这就涉及一个衡量学业标准的问题。川大自主招收“偏才怪才”就是对于创新型人才培养的极好诠释。通过开设大量选修课程，实行学分制，学生根据自己的基础、兴趣、特长和需要，在辅导员的指导下安排学习进程，以求最佳学习效果，从而实现个体的需要。在日常学习生活中，辅导员要懂得爱护和培养学生的好奇心、求知欲，帮助其自主学习，独立思考，保护学生的探索精神、创新思维，营造崇尚真知、追求真理的学习氛围，为学生禀赋和潜能的充分开发创造宽松的环境。要让学生感受、理解知识产生和发展的全过程，重视对学生科学精神和创新思维的培养。

只有坚持与时俱进的科学态度，研究新情况，解决新问题，坚持贴近实际、贴近生活、贴近学生，才能不断开拓政治工作的新局面，才能使学生思想政治工作和创新人才培养的工作更上一层楼，才能为建设社会主义现代化祖国的大军输送人才。

参考文献

[1] 李冬梅. 如何加强学生的心理素质教育 [J]. 中国校外教育，2009 (8)
[2] 陈鹏. 关注优秀生的心理健康 [J]. 贵州教育，2005 (16)
[3] 心理健康教育助学生赢得未来 [J]. 中小学心理健康教育，2004 (1)

大学生就业困难原因及职业指导对策初探

张俊磊
（学生工作部）

摘要：如何以科学发展观为指导，切实解决好大学生就业难的问题，引导大学生树立正确的职业发展观念，实现自身的科学发展，并在今后将自身发展与国家、社会发展相统一，是当前形势下事关社会和谐稳定，关系数千万在校大学生前途和命运的重要命题。本文通过对造成大学生就业难现状的原因进行分析，并针对做好高校就业及职业指导工作提出了相应对策。

关键词：大学生　就业困难　职业指导

当前，大学生就业已经是一个社会关注、全民探讨的重点话题，政府官员、社会各界、专家学者、企业管理者都纷纷站出来为大学生就业难“把脉、诊断、开方”。与此同时，各种针对大学生就业的教育培训机构也如雨后春笋般大量出现，“偏方、怪招”也层出不穷，甚至还将考研深造、考公务员、出国等途径都当作是解决方案。笔者认为，这些方法对造成大学生就业难原因的分析不够深刻，仅仅只能治标，而不能治本。要解决大学生就业难的问题，首先必须客观冷静地追根溯源，分析探索其成因。

一、大学生就业难是高校持续扩招的必然表现

近年来，随着高校进一步扩招，高校毕业生人数不断增加：2003年达到创纪录的212万人，比2002年同期增长46%，2004年增长到280万人，2005年则达到338万人；2007年全国高校毕

业生人数已达495万，比2006年增加85万，同比增幅达19.9%，2008年高校毕业生则已经多达559万，而2009年首次突破610万。预计未来3年内中国高校毕业生人数还将以每年50万的速度增长。

由于高校毕业生人数不断增加，导致就业压力骤增，再加上全球金融危机的影响，很多企业面临裁员，失业无业人数也节节攀升，进一步导致高校毕业生就业形势不断恶化，无业可就人数不断增长。调查显示，自2005年以来，高校毕业生就业率呈明显下降趋势，2005年为80%，2006年则已经跌至70%，至2008年年底，就业率已低于70%。

可以说，“就业寒冬”的来临是高校扩招、经济形势周期性波动的必然结果，只不过比我们预期来得更早、更猛烈些罢了。对此，我们不必过分惊慌。

二、传统社会观念是大学生就业的重要制约因素

“十年寒窗苦读无人晓，一朝金榜题名天下知。”尽管随着我国的高等教育由“精英教育”成功地向“大众教育”转型，高等教育的毛入学率不断提高，但整个社会对于国民素质教育的观念并没有太大改变，盲目将接受高等教育和获得工作岗位进行等换。不仅如此，人们往往还将大学毕业后的工作期望值定位很高，觉得以堂堂大学生之尊，断不能简单做一份波澜不惊的工作。这就造成大学生就业观念呈现偏差，在就业时喜欢留在大城市、坐写字楼、拿高工资。实事求是地讲，随着就业形势的日益严峻，大学生本人已经开始逐步转变观念，愿意接受更为实际的岗位，也更愿意到基层工作，但家庭和社会的观念却常常不予以鼓励，反而要求大学生尽可能留在大城市，使得大城市就业竞争十分激烈，这在很大程度上制约了大学生就业。

中国社会科学院发布的《2009年经济蓝皮书》指出：有近75%的大学毕业生选择留在沿海城市和内地省会城市，而仅有不到3%愿意到中小城市就业。

三、当前教育机制与市场需求存在一定程度的脱轨

时代在不断发展和进步，有人说现在的教育水平比以往退步那是不可能的，但如果说教育机制与市场需求接轨不够倒是事实。确实，我们不能将大学办成职业技术培训中心，不能一味地训练大学生去获得仅仅为满足生存的技能，那样大学将失去存在的意义，整个社会将失去进步的驱动力，将会变成一个大加工厂。

大学的根本使命是为社会培养需要的人才。而当前大学教育从专业设置到招生规模，从采用教材到教学方法，从素质教育到职业指导，都很难谈得上科学规划、专业指导，培养的毕业生与用人单位的实际需求有较大差距。而一些好的模式，如“订单联合培养”等模式又处于方兴未艾的时期，不可能全面铺开。这样一来，大学毕业生往往会眼高手低，不能很好地完成本职工作，也就造成用人单位对大学生评价逐年下降、不喜欢招聘没有工作经验的大学生等实际现象，减少了大学生就业的机会。

综上可知，大学生就业难的现状不是单一因素促成的，而是有着其复杂的成因。与此相对应，要解决大学生就业难这一课题也绝不是一朝一夕之事，而是一项长期的系统工程。在深入学习实践科学发展观的过程中，要破解大学生就业难这一课题，就需要政府、高校、社会乃至家庭都给予大力关注，同时需要一大批专业人员深入实际开展就业及职业指导服务工作，并且要从以下几个主要方面着手：

第一，政府机构、高校应加大对职业指导工作的重视和投入。

作为主管部门，大学生就业事关社会的和谐稳定，政府机构应该予以高度重视，同时应划拨专项资金用于培训专业人员从事大学生职业指导。作为具体实施者的各高校，应予以资源配套，例如设立专职从事就业指导或职业规划的岗位，培训专门人员，课程设计中引入职业规划指导相关内容等，从而积累规划指导的大量宝贵经验，有针对性地对学生进行服务。

应建立一支专门化、专家化的职业指导师队伍。《教育部关于

进一步加强普通高等学校毕业生就业指导服务机构及队伍建设的几点意见》强调："要尽快提高就业指导教师队伍的整体素质，把就业指导教师队伍建设摆到高校师资队伍建设的重要位置，努力提高就业指导队伍的专业化和职业化水平。"所谓专业化，就是指职业指导人员既要具备相关的教育学、心理学、社会学、经济学、法学等专业知识，又要是就业服务领域中的行家里手。只有致力于建立一支稳定的专业化、职业化的就业指导工作者队伍，才能进一步加强对大学毕业生就业的指导服务。

第二，职业指导应引入多元化的评价机制。

在前面大学生就业难成因的分析中已经指出：传统的就业观念对大学生就业产生着重要影响，归结起来其实就在于评价机制产生了偏差。因此，职业指导在就业评价方面必须打破以往的陈旧机制，重新帮助大学生树立起"革命工作没有贵贱之分"的理念，引导大学生放弃固有的留守大城市、盯住高薪酬的想法，实事求是地面对现状，实现多层次就业，鼓励大学生树立"扎根基层，大有可为"的观念，将就业大军引入真正大量需要人才的基层单位。

有研究表明：日本的大学生求职平均需要找 16 家企业，加拿大的大学生就业主要依靠在实习中寻找机会，俄罗斯有 30%的大学生在本专业外的行业就业，西班牙的大学生毕业后更多地成为了"蓝领"而非"白领"。

同时，应积极向大学生宣传政府制定的向基层重点倾斜、提高基层单位福利待遇的政策，构建起科学评价和发展提升机制，在全社会中树立起正面的导向标。例如，基层社会管理和公共服务岗位就业补贴政策、学费和助学贷款代偿政策、西部计划志愿者、应届毕业生入伍政策、"三支一扶"政策、毕业生自主创业税费减免和小额贷款等等。

第三，职业指导应重视实践过程。

纸上得来终觉浅，绝知此事要躬行。理论的指导必须在实践中去体会和验证，对于大学生职业指导来说也是如此。除开理论学习、观念引导外，如何真正让大学生在实际工作中去历练就显得至关重要。

因此，需要在在校大学生中大力推行实习项目，增长他们的实际工作能力。其中应重点解决实习岗位、实习费用、实习前的入职培训等环节，使大学生通过参与实习项目，很好地完成校园与企业的对接，在实践中把书本知识学以致用，同时又在企业里得到了更为专业的培训，大力提升毕业生的竞争能力。如果受人数、经费、资源等条件的限制，也可通过在校内进行模拟招聘、模拟公司等方式适当加以解决。此外，还应该利用好网络平台，鼓励学生多渠道寻找实习和就业机会，例如由教育部主管的全国大学生就业公共服务立体化平台（www. ncss. org. cn）。

第四，职业指导工作应注重与市场需求接轨。

前面提到，当前的教育模式使得大学生所学内容与市场实际需求之间存在差距，而职业指导在做好职业生涯理念的建立、就业观念的引导、求职能力的集中培训等工作之外，更为重要的是应该成为现有教育与市场需求的良好桥梁。

通过收集企业反馈意见、对毕业生进行跟踪调查等形式，深入了解用人单位对人才的实际需求，有针对性地加强对在校大学生就业能力的培训。或与用人单位合作进行订单联合培养，或通过改进课程设置，或通过其他职业教育形式的补充，总之要引导大学生不断贴近用人单位需求，增强自身就业能力，同时也为将来的职业生涯发展奠定坚实的基础。

参考文献

[1] 中共中央国务院. 关于进一步加强和改进大学生思想政治教育的意见，2004

[2] 马征杰. 加强高校职业指导工作的对策思考 [J]. 理论导刊，2008（11）

[3] 陈秋华. 浅谈高校如何做好大学生个性化就业指导工作 [J]. 科学咨询：教育科研，2008（10）

[4] 全国大学生就业公共服务立体化平台（http://www. ncss. org. cn）

论大学生职业生涯设计若干问题

李佳伟
（党委学生工作部）

摘要：职业生涯设计是解决大学生就业问题的有效途径。本文针对目前高校毕业生就业面临的困难，对大学生职业生涯设计的特点以及其中遇到的一些问题进行分析，提出将大学生心理教育和大学生思想政治教育融入大学生职业生涯规划中，根据大学生自身特点开展职业生涯规划教育的工作思路。

关键词：大学生　职业生涯设计　教育

最近两年，随着高校招生范围的逐步扩大，毕业生人数激增，加上国际金融危机带来的不利影响，给高校毕业生就业工作带来了一定的困难。这一情况也激励了高校学生管理者思考如何提高大学毕业生就业率，而职业生涯规划设计是解决大学生就业问题的很好途径。但是，当职业生涯设计应用到大学生这个特殊群体时，会遇到下面一些问题：管理者如何将大学生职业生涯规划融入日常的学生管理和思想政治教育当中；如何让学生对自身和所处环境有一个正确客观的评价，以便明确自己的奋斗目标；如何在实施阶段具体实施个人的规划；如何对自身阶段性的成果和失败进行总结，从而反馈到自己职业生涯规划的路线调整中去等。这一系列问题的存在都影响着大学生职业生涯设计的成功与失败，从而也关乎着一名学生大学阶段的成长和今后的人生发展。

职业生涯是指个体职业生活的历程，包括职业的维持与变更，职务的升迁与变动等，即个体职业发展的整体“路线图”。联系到大学生这个群体，如果直接地提出职业生涯这个概念是不能够被广泛的大学生们所认同的，因为对刚刚入学的低年级学生来说，职业生涯离他们还“很远”。但作为高校的管理者和对大学生最直接的教育者来说，大学是一个人即将步入社会、走向人生职业生涯的最后一个准备阶段，如何让学生能够有一个充分的准备是非常重要的一件事。所以，更多的教育者将职业生涯规划称为人生规划，而人生规划所涵盖的内容更加广泛，具体起来更加困难，也更难被学生所真正理解和接受。对在校大学生来说，如何让他们能够正确地对待职业生涯这个概念是非常重要的。有了正确的认识后，接下来要做的就是如何让学生能够对自身的职业生涯有一个正确的规划设计。

职业生涯设计，就是在对个体的内在心理特征和外部环境条件进行评定、分析、研究的基础上，为其设定明确的长期职业发展目标，并制定相应的发展步骤和具体活动规划。大学生职业生涯设计的目的不仅仅是帮助大学生找到一份合适的工作这么简单，更重要的是如何教会他们进行职业生涯设计，其中包括如何让学生们正确地认识自我、了解自我，如何对自身所处的环境有正确的认识，如何利用自身的优势特长，如何运用环境所提供的有利条件，如何避免受到不利因素的影响，如何铺筑自己成长的路线等具体问题，以及最终能够实现学生个体人生价值的最大化。这一切不仅对学生的未来是有帮助的，而且对学生在大学阶段的学习和生活也有非常大的帮助。简单来讲，就是让学生知道自己擅长什么，可以去做什么，会从这个过程中得到什么，自己的价值是如何体现的。

大学生职业生涯设计的主要程序包括自我评估、环境评估、理想职业目标的选择、职业生涯路线的选择实施、评估与反馈等五个主要步骤，下面就每一个步骤当中存在的问题进行逐一说明和解决。

（一）学生的自我评估

评估自我是进行个人职业生涯规划的前提和基础。个人自我评估是一个非常复杂的系统工程，它包括对自身人生观、价值观、性格、兴趣、能力、心理等多方面的认识，其中也涉及心理学、综合管理学、组织行为学、人事测量学等多方面的专业知识。对于大学生这个群体，他们个人人生经历和阅历有限，同时往往对自身的评价存在着主观的影响因素，再加上大学生还处于成长阶段，他们的心理、知识结构和社会经验都处在成长阶段，因此正确客观地认识自我还有一定困难。作为教育者应该注意到大学生的这一特殊情况，首先要通过教育者的专业知识有目的地去发现和引导学生如何认识自我，使他们掌握一些必备的职业规划、心理学方面的专业知识，能够对自己的行为和方法有一个科学的引导，从科学理论的角度提炼出自己的人生观、价值观；其次，要充分地考虑到大学生思想和自身能力发展的动态性，明确他们对自我的认识应该是一个长期的动态的过程；最后，让学生能够分析和接受来自他人的客观评价，避免局限于自我认识的一个主观框架当中。

（二）对环境的评估

帮助大学生了解自己所处环境的特点、环境发展变化的趋势、自身与环境的关系、周围环境对自己有利和不利的条件是非常重要的，这关系到职业生涯设计的可行性问题。首先，学生在学校里不应该是“两耳不闻窗外事，一心只读圣贤书”，社会环境的变迁时刻影响着学生自身的发展，社会的政治、文化氛围是不能忽略的重要因素，应该让学生了解政治、经济、文化的相互影响和相互作用，了解社会主流的发展与变迁，这对大学生的职业发展是非常重要的。其次，就在校大学生而言，了解学校相关政策、熟悉学校硬件环境是非常必要的，像怎么样转专业、出国留学、本科生如何参与科研项目、学校图书馆丰富的信息资源等这些具体信息对学生的影响也是最直接的。最后，不能忽视家庭环境和人际关系的重大作用，通过这些途径往往能够找到一些机遇，甚至是通往短期目标的一个捷径，应该教会学生如何去运用这些资源。

（三）理想职业目标的选择

对于理想目标的选择，应该遵循理想与现实相结合和长远目标与阶段目标相配合这两个原则。第一，大学生是充满理想走进大学校园的，但这种理想往往与现实是不匹配的。高中步入大学这一过程和大学的新环境，往往会使相当一部分同学失去自己当初的理想目标。理想目标应该在职业生涯设计的自我评估阶段被提取，即让学生认识自我，知道自己想做什么，同时要注意到这一理想目标势必会受到环境的制约。因此，作为教育者应该引导学生正确认识这一情况，实事求是地对自己的理想目标做出相应的调整。第二，职业生涯设计是一个长远的规划，为了实现最终的目标，在具体实施阶段必须有一些阶段性的目标。对在校大学生来讲，年级划分也是制定和实施阶段性目标[5]一个很好的前提条件，通过对这些阶段性目标完成情况进行评估，使学生对自己的职业生涯设计进行反馈，从而实现规划路线的调整。

（四）职业生涯路线的选择与实施

在这一实施环节，理论与实践的结合是非常重要的。前面说过，大学生活本身就是对大学生本人的知识结构、性格完善、能力培养的一个学习和完善过程，学生个体的情况是每天都在逐步变化的，因而仅仅依靠理论的指导去实现制定的路线是远远不够的。例如，学生如何去处理学习和生活的关系，如何处理学习与社团活动的关系，如何通过社团活动锻炼自身能力，这些内容不能仅仅停留在理论阶段，更多的是需要学生自身投入到实践活动中去切身体会。打造良好的实践基地，开展丰富多彩的社团活动，营造良好的校园氛围也是影响学生参与实践活动的重要内容。

（五）评估与反馈

计划毕竟是计划，评估与反馈环节对计划的调整是必要的。大学生通过课堂知识结构的学习、社团实践环节的感受、阶段性目标的实施效果等步骤后，应该适时地对自身进行阶段性的总结，总结取得的成果和失败。通过这种总结，返回到自我评估与环境评估的环节上，对自己的职业生涯路线进行必要的调整，也可能影响自身理想职业目标的重新定位。

总之，大学生职业生涯设计有着自身的特点，不能完全套用职业生涯规划的全部理论，同时在开展工作中应该把大学生职业生涯规划与大学生心理教育和思想政治教育有机地结合起来，从而使这一观念和理论深入到学生教育的每一个环节，让学生学会如何去进行职业生涯的设计，并将其付诸实践。

参考文献

［1］劳动与社会保障部培训就业司中国就业培训技术指导中心．创新职业指导：新理念［M］．北京：中国劳动社会保障出版社，2005

［2］李吉庆．大学生职业生涯规划的基本原则［J］．人才资源开发，2009（10）：80－81

［3］李辉山．论大学生职业生涯规划中的思想政治教育［J］．教育研究，2009：157－158

［4］潘云军．大学生职业生涯规划与心理健康教育的整合［J］．中国青年政治学院学报，2008（5）：30－34

［5］邓庆华．大学生职业生涯设计与就业初探［J］．教育研究，2008（4）：94－95

以科学发展观为指导，推进大学生职业生涯规划

余艳丽
（材料科学与工程学院）

摘要：大学生就业问题已成为困扰社会的一个突出问题。通过对大学生就业过程中遇到的问题，以科学发展观的理论为指导，坚持以人为本，建立健全相关的职业生涯规划机构，增强大学生自身职业规划的意识和能力，转变就业观点，为自己制定一个定位准确、科学的职业规划。

关键词：科学发展观　职业生涯规划

党的十七大指出，深入贯彻落实科学发展观，第一要义是发展，核心是以人为本，基本要求是全面协调可持续发展，根本方法是统筹兼顾。职业生涯规划则是对个人一生职业发展道路的设想和规划。在大学生发展的道路上，以科学发展观为指导全面落实大学生职业生涯规划教育，能有效地解决当前大学生就业难的问题，是一项重要的民生工程。

随着改革开放的深入，近些年来中国就业形势日趋严峻，就业问题已成为困扰中国社会的一个突出问题。而大学生作为一个特殊的社会人群，与之相关的就业问题似乎也被赋予了更加突出的重要性。高校毕业生是人才市场上非常重要的人力资源，但近年来随着高校大规模扩招，在校大学生人数急剧上升，毕业生人数也逐年增加，使得市场上的大学生就业供过于求，大学生的就业形势也就日益严峻了。大学生就业难是中国近年来所面临的社会整体就业状况的一部分，其形成原因也是非常复杂的。首先，大学生的能力问题

特别是专业技能是大学生成功进入职业市场的重要保证，但大学生的社会实践能力和求职技巧的不足，又成为制约大学生就业的一个根本性问题。其次，大学生的个人期待过高，特别是即将毕业的大学生，往往只看好工作环境好、薪酬较高并且具有较高社会地位的职业，而对相对较低的就业岗位则缺乏兴趣，即不能对自身能力水平和就业市场状况进行正确的认识与评估，不能形成较为理性的择业观。再次，大学生与企业之间相互不够了解，即大多数大学生并不了解自己想要进什么样的公司，不了解用人单位的招聘信息情况，盲目找工作，而用人单位也不了解学生的有关情况。这样的结果往往是学生找不到合适的用人单位，用人单位也招不到合适的毕业生。

就当前大学生就业难的严峻形势来看，以科学发展观的理念指导大学生职业规划，能有效帮助大学生正确地认识自己，了解社会，客观地给自己在就业过程中一个准确的定位，从而跨出就业的重要一步。因此，在指导大学生职业规划的过程中要全面落实科学发展观的理念，坚持以人为本，以大学生为本，尊重大学生主体地位，充分考虑大学生的综合素质和个人想法，把解决就业问题作为其职业规划过程中的出发点和落脚点。

（一）统一思想，提高认识

加强对学生职业生涯规划教育是高等学校提高学生培养质量的需要，是大学生成长、成才的需要，能有效帮助大学生的职业素质与择业决策能力的培养开发。目前大学生的职业生涯规划意识薄弱，我们应该加大对大学生职业规划的重视度，良好的职业规划课程可以有效地改善大学生的就业状况，为大学生成才创造一个有利的空间。温多红、姚苗苗对美国哈佛大学大学生学业规划的调查显示，87%的学生没有做学业规划或学业规划模糊，30 年后沦为社会底层或中下层；10%的学生有短期学业规划，30 年后成为社会白领阶层；而 3%的学生有清晰的长期学业规划，因而迈入了社会精英阶层。[1]这些数据足以证明职业生涯规划对学生成长、成才的重要性。

（二）注重培养

要在大学建立一支专业的职业生涯规划教育的师资队伍，通过集中的学习和培训，提高生涯规划教师的综合素质和专业技能。然后，让这部分老师成为大学生职业生涯规划的导航者，在大学期间为学生提供全面的、专业的职业指导和咨询，正确地引导大学生认识个人，客观地了解社会，在个人理想与社会现实中找到合适的平衡点，帮助大学生树立正确的职业观，更加科学地规划自己的人生。[2]

（三）成立专门的就业指导机构

学校一方面要做相关师资队伍的建设与培训，加强生涯规划教师的专业技能；另一方面要为学生提供全方位的、系统的职业规划教育和引导，有针对性地给学生提供职业规划的相关咨询和测评。首先，要为大学生职业规划提供全程教育咨询，将高校普遍进行的“临时抱佛脚”式的就业指导，转变为大学整个过程的全程式生涯辅导（实际内容为生涯规划教育与指导）。学校应根据不同的阶段，切实开展规划教育与服务：第一阶段进行自我探索，主要是面向大一新生，进行就业意识的培养，以了解专业情况、认识自我、认识社会为主；第二阶段拓展职业生涯视野，主要针对大二学生，了解各种职业；第三阶段确定自己的职业发展方向，了解该职业对能力的要求并为之做好相应的准备；第四阶段提高求职技巧，从简历的书写、面试技巧、心理素质等方面对学生进行综合培训。[3]其次，针对大学生在就业过程中存在的各种问题，提出有效措施。第一，在提高大学生的职业素养与择业抉择能力上加强培养，从根本上帮助大学生正确规划自己的职业生涯。第二，加强大学生对社会及个人的认识，客观地认识社会，积极参加各项社会实践活动；认识自我，了解自己的优缺点和擅长的技能，尤其是要了解自己将来可能从事的行业的相关情况，在就业过程中结合自身情况与社会实际做出一个正确的定位，对自己的职业发展有一个比较清晰的路线。[4]

第三，培养大学生在职业规划过程中的应变能力，避免出现“一条道走到黑”的状态，充分发挥学生在就业过程中的能动性，积极根据个人能力和社会的变化调整个人的求职理想，让学生学会自我规划、自我评估，让学生在就业过程中处于主动，而不是被动地被社会所改变。

（四）引导大学生树立正确的就业观念

传统的就业观念已经完全不能适应这个社会的发展了，因此要以统筹兼顾的根本方法来指导大学生自身的职业规划。在职业生涯规划过程中，要本着以学生为本，充分考虑学生的主体地位，体现学生的理想，但是也要考虑社会的需求这一客观因素。当个人理想与社会因素相匹配时，这固然很好，能有助于大学生找到一份满意度极高的工作，成功迈出职业生涯规划中转型的第一步；当个人理想与社会因素不能匹配时，应及时调整个人的状态，争取找到个人理想与社会现实的最佳切合点，做一个适合实际的生涯规划。就业过程中，在考虑个人利益、兴趣和期望的同时，一定要把国家利益、社会导向及现实情况作为重要的因素来指导自己就业。如果只考虑到个人的职业规划，则是违背了现实的“空中楼阁”；相反，如果只考虑国家和社会所需的职业规划，也违背了以人为本的核心。因此，正确的做法是：首先，理性地自我评价，通过反复准确的比较，对自身的潜在能力作出正确判断，明确自我的发展方向。大学生要冲破就业的心理误区，最重要的就是要正确认识和评价自我，明确自己的择业发展方向、爱好特点、性格气质、自己的优势和不足等，从客观上寻找评价的参照尺度。在职业生涯规划过程中，既要把握大家都是大学生、面对相同的社会大环境这个共性，又要根据自己的性格、专业、家庭、社会背景等特点制定一个适合自己的职业生涯规划。其次，把握国家对各行各业人才的需要和政策，积极响应国家的号召，到基层、到乡村、到边远地区去工作。大学生在设计职业生涯规划时，要把个人的志向与国家的利益相结合，统筹考虑，才能真正实现自己的人生价值。最真实地掌握大学生的就业现状，了解未来几年大学生的就业趋势，社会在不断地发展变化，对人才的需求也在不断地变化，要密切关注这些变化，在职业规划的过程中充分考虑这些社会因素，不断调整自己的职业生涯规划，只有这样才能立足于社会的竞争行列不被淘汰。个人的理想和期望固然重要，但必须注意的是，设定个人期望必须考虑个人情况、国家利益、社会环境和家庭情况等现实。

体现全面协调可持续发展，培养创业意识全面协调可持续发展是科学发展观的基本要求。大学生职业规划要做到全面协调发展，不仅要考虑个人求职技巧和方法，还要加强职业观、职业理想、职业道德等综合素质的培养，注意个性的全面发展，针对自己的特长和优势，作出有自己鲜明特色的个性化职业规划；要协调好人与人、人与自然、人与社会的关系；在制定一个相对稳定的人生规划的同时，要着眼未来，不断加强学习，蓄积知识与潜能，结合社会的发展做相应的调整；增强大学生就业基层意识和创业意识，积极扶持大学生自主创业。[5]

参考文献

［1］温多红，姚苗苗．大学生学业规划的国际鉴定及目标有效性分析［J］．黑龙江高教研究，2007（10）：76

［2］何理．贯彻落实科学发展观，推进大学生职业生涯规划教育［J］．海南医学院学报，2008，14（3）

［3］杨振斌，冯刚．高等学校辅导员培训教程［M］．北京：高等教育出版社，2006：244

［4］谢春梅．用“科学发展观”的理念引导大学生规划职业人生［J］．中国大学生就业，2008（10）50－51

［5］张文，张和仕．以科学发展观统揽大学生职业生涯规划［J］．江西理工大学学报，2008，29（4）：72－75

以科学发展观为指导，加强大学生人文素质教育

张晓满
（制造科学与工程学院）

摘要：人文素质教育在大学生的素质教育中占有重要地位。但当前的大学生在诸多方面表现出人文素质的缺乏。本文在对大学生人文素质缺乏的各个方面进行表述的基础上，对产生这些现象的原因进行了分析，并提出了加强大学生人文素质教育的建议与思考。

关键词：科学发展观　人文　人文素质教育　校园文化

科学发展观反映了当代最新的发展理念，把以人为本作为本质和核心，是对人类社会发展经验的深刻总结和高度概括。“以人为本”意味着人生活与生存是在全面、协调、可持续发展的条件下进行的。而高校在办学过程中也应该以科学发展观为指导，确立大学生的主体地位，一切工作都要从满足学生的全面发展出发，把学生能否成长成才、能否培养出更多的高素质创新型人才作为检验学校成败的标准。

人文素质教育在大学生的素质教育中占有基础性的地位。人文，是指与人类社会有直接关系的文化现象；而人文素质，是指社会中的人建立在人文科学知识之上，通过对人类优秀文化或文明的吸纳所反映出来的精神风貌和内在气质的综合体现。人文素质教育是指一种生活态度、人生观及人格修养的教育，其核心就是人文精神的培养。如果说科学教育是要建立国家强壮的躯体，那么人文教育就是要塑造一个民族健康的灵魂。

当代世界各国之间的竞争其实质是人才的竞争，而人才的竞争

在很大程度上又是各国教育水平之间的竞争，高等教育更是这一竞争的重要方面。大学生是社会宝贵的人才资源，但步入21世纪以来，受市场经济和各种社会思潮的影响，大学生的价值取向伴随各自的条件、信念与选择的不同，更加呈现出多样化、多向化、多维化的情状，表现出人文素质的缺乏。从现实情况来说，大学生人文素质的缺乏主要表现在：第一，人文知识面偏窄，知识结构不合理。“河北省高校人力资源现状及未来发展研究”课题组曾对某重点大学的学生进行了随机采访，发现读过四大名著的仅为5%。现在大学生写作能力、语言表达能力较差，不少学生表达能力弱，语言、文字不规范，而且错字百出，文理不通，相关的语文和历史知识缺乏。第二，部分大学生没有学习目标，迷恋网络游戏，荒废学业。第三，部分大学生强调以自我为中心，集体主义观念淡漠，对学院和学校举办的各种校园文化活动没有参与热情。第四，部分大学生缺乏文明修养，不懂得怎样待人接物，不懂得协调人际关系，没有团队精神，甚至连最起码的社会公德都不具备。第五，价值观明显趋于功利，重实惠，为了拿学位证尽可能地选择易得学分的课程，考取各种证书以希望能在毕业时找到一份报酬高的工作。甚至有少数同学走向拜金主义、享乐主义的歧途，出现了道德滑坡的情况。第六，心理承受能力差，对社会问题、个人问题的理解能力和感悟能力较弱，遇到挫折心灰意冷，不能有效调节，容易造成心理障碍或疾病。更有甚者会出现自杀或刑事案件，马加爵事件反映的不仅仅是思想问题与法律问题，而更多的是人格问题。

大学生人文素质的缺失，有着深刻的社会背景。中国这一代大学生是从中学应试教育的禁锢下走进大学校门的，可以说很少有什么人文精神的输入，加之科学技术给社会经济带来了巨大的发展，造成了大学对人的培养演变为狭隘的专业知识职业技能教育，而忽视了对学生的人文素质教育，这使得大学生特别是理工科大学生的人文科学知识相当贫乏。学生为了应付众多的专业课学习考试，无暇顾及人文学科的学习。同时，高校教师的人文素质也有所欠缺，没有充分认识到教书育人的全部含义，为了完成教学任务，常常只传授专业知识而忽视了文化思想教育，所培养出来的学生虽然掌握了科学知识和技能，但不理解真正的科学，对科学与社会、人与自然的关系所知更少。而大学思想政治教育主要是通过“两课”的形式，在教学内容方面，通过多年来的调整、充实，应当说有了较大的改进，但还是有一些亟待解决的问题：注重理论的灌输而忽略了心灵的教化；重视现代化理念教育而忽视了传统理念教育，理论教学的内容与实践教育环节还没有形成有效的联系；作为大学生提高人文素质有效途径的校园文化活动还显得比较单调而缺乏创新，没有体现出大学生全方位选择参与的特征。此外，现在的中国正处在转型期，各种不良思潮侵袭着大学生的思想，面对社会上一些诚信缺失、自私自利的现象，他们茫然无奈，甚至去迎合，直接导致部分大学生难以树立正确的世界观、人生观和价值观。

高科技为生产力的发展提供了强大的动力，为人类提高生活水平打下了坚实的物质基础，同时也蕴藏着破坏生态环境、破坏社会秩序、导致人性异化的危机。环境污染、温室效应、资源危机等一系列全球性灾害，迫使人们对科学的社会功能和人文教育的缺失进行痛苦的反思。现在，人们已认识到高等教育不仅是职业教育、专才教育，而且是更高层次的人文素质教育和基础教育，这不仅是关系到一个国家国计民生的问题，也是关系到整个人类和地球生死存亡的大问题。据报道，美国大学的人文科学课程在本科教育中约占20%，一些著名大学在课程设置上加大了人文素质课程的比例，如美国哈佛大学开设的2500多门课程中，人文学科约占40%。

面向21世纪，要继续保持社会和经济的持续、稳定、健康发展，避免文化的冲突与精神的滑坡。我国高等教育将面临多方面的挑战，必须在抓好自然科学教育的同时，更自觉地加强人文素质教育。而人文素质对于其他素质的形成和发展，又具有很强的渗透力和影响力。就目前形势而言，应该从以下几个方面来加强大学生的人文素质教育。

一、要从科学发展观的内在要求来反思高等教育

人文素质教育是通过教育来实现大学生人文素质的提高，因此只有把人文素质教育作为一种教育理念贯彻到学校教学和管理中，贯彻到学校为学生服务的各系统部门中，才能使学校人文素质教育真正落到实处。所以要转变教育观念，充分领会到加强大学生人文素质教育的重要性和紧迫性。同时，要让大学生充分认识到人文科学的独特价值和学习人文知识的终生受益性，只有这样才能调动大学生学习人文知识的主观能动性，发挥学习动机的内部推动作用，将学习成果内化为人文素质。

二、树立综合教育的思想

深化以加强人文素质教育为主要内容的教育、教学改革，调整专业课程体系，加大人文科学课程比重，开设人文社科类必修课，文理交叉互相渗透，建立统一的各专业必修的人文科学课程体系，填补自然科学、人文科学之间的鸿沟，调整改善大学生的知识结构，培养大学生的人文素质。眼下我国高校开设人文课程还不够全面系统，深受大学生欢迎的人文课程数量还是太少。

三、培养高素质的教师队伍，加强师德建设

教师队伍的素质是人文素质体系的质量保证。江泽民同志在庆祝北京师范大学一百周年大会上的讲话就指出："教师更应与时俱进，不断以新的知识充实自己，成为热爱学习、学会学习和终身学习的楷模。"教师必须在修身养性、陶冶情操方面成为广大学生的楷模；在丰富人文知识，执著追求人生价值方面成为广大学生的良师益友；在激发中华民族精神方面成为广大学生的榜样。同时，教师还要转变职责的观念，树立正确的教育思想，从"以人为本"、"关怀发展"的教育理念出发，充分发挥教师的育人作用，在教好专业课的同时，把人文素质教育内容渗透到教学的各个环节。

四、培育科学、健康、高雅的校园文化，深入开展实践活动

大学，是传承文化的主渠道之一，是创造新文化的基地。人文精神的塑造既要依靠系统的教育，也要依靠与主流文化相结合的校园文化氛围的潜移默化的影响。要积极营造校园文化中的人文氛围，使大学生在深厚的人文教育氛围中受到启迪与熏陶。学校应该根据大学生自身的特点，了解他们的需求，着重考虑大学生的个性，为他们创造必要的条件，多开展人文教育讲座，在校园网上进行有效的主题引导和管理，培养大学生的文化底蕴。积极引导大学生参与校园文化，鼓励学生社团的成长，提供给大学生一个提高人文素质的平台。同时，还要鼓励大学生走出校园，走进社会，开展丰富多彩的社会实践活动，使大学生在与人和社会、自然的交往中开阔视野，认识自己的责任和义务，培养和提高自身的人文素质。

五、要善于借鉴中国优秀传统文化的精华

人类社会的发展过程，就是人文精神不断确立和发展的过程。一个国家没有现代科学就会落后，而一个民族没有人文文化，精神就会迷失，民族就会异化。我们现在常常说对青少年进行素质教育，其实读经典名著、学中国历史文化就是最好的素质教育。我们中华民族具有五千年深厚的人文文化积淀，它是我们宝贵的精神财富和思想财富，让大学生从中华民族发展的历史中汲取丰富的人文营养是当务之急，诸如中国传统的礼仪修养、治学态度、审美情趣、伦理道德、爱国主义等都具有鲜明的民族性。现在，许多高校开设的一些教育大学生正确对待中国历史和文化传统的选修课程就受到学生的普遍欢迎，所以充分利用中国优秀传统文化，对提高大学生人文素质必将起到重要的作用。

参考文献

[1] 眭国荣，蓝天. 理工高校大学生人文素质教育存在的问题及对策 [J].

教育理论与实践，2011（2）：9—11
［2］张百年．试论加强当代大学生人文素质教育［J］．思想教育研究，2009（10）：92—93
［3］林海龙．以人文素质教育为路径培育大学生社会主义核心价值观［J］．高教探求，2009（5）：107—110

百年大计 创行天下

——浅谈科学发展观在高校创新创业与就业指导教育中的应用

刘成家　柯思璇
（制造科学与工程学院）

摘要：创新是民族进步的灵魂，是国家发达、社会发展的原动力。随着高等教育的日趋大众化，大学生就业形势日益严峻。因此，在科学发展观的指导下，大力推进创新创业与就业指导教育的有机融合，全面提升学生的就业竞争力与就业创业质量势在必行。

关键词：创新　科学发展观　创业　就业指导

教育是百年之大计，创新是发展之根本。江泽民同志在庆祝北京师范大学建校一百周年的大会上指出："教育是培养人才和增强民族创新能力的基础，必须放在现代化建设的全局性战略重要位置。"当今知识经济发展迅猛，高等教育也应与时俱进。在科学发展观的指导下，高校应树立一种全新的可持续发展的教育理念，而这种理念的核心应该是"以人为本"，将创新、创业与就业三者有机地结合，充分体现内涵的兼容性与实效性、对象的广泛性与针对性以及模式的多样性与灵活性，切实做到全方位育人。

一、树立全新的创新创业与就业指导教育理念

首先，全程开展创新创业教育，培养大学生创新创业意识，提高就业能力。例如从低年级开始，就应该将创新创业教育列入职业生涯规划及就业指导教育课程的教学计划中，同时围绕高校科技节等系列活动，定期开展创新创业实训，给大学生提供模拟演练的机

会。其次，积极举办创新创业沙龙，定期邀请一些成功人士现身讲座，营造良好的创新创业教育氛围。最后，建立大学生创新创业及就业实习基地，多种形式、多种渠道地争取相关部门的政策支持与资金融通体系，为大学生创新创业与就业提供经济保障及实战场所，真正达到创新创业与就业指导教育的课堂及课外全覆盖。

二、培养过硬的创新创业与就业指导教育师资队伍

首先，应培养一批过硬的专职队伍，专门由从事创新创业或就业指导的相关教师组成。要加强对这部分人员全面化、系统化的培训与深造，经常组织这部分人员进行系统的教育学、心理学、职业规划学、管理学、法学等相关知识的学习，提高专职队伍的专业素质。此外，高校应该积极创造条件，分批次选派相关教师到企事业单位以及相关部门挂职锻炼，使他们从实践中进一步提升创新创业与就业指导教育内容。

其次，应组建一批全面的兼职队伍。兼职队伍由两部分组成，一部分主要是从事各课程的本校教师，由于创新创业与就业教育的兼容性、渗透性、灵活性等特殊要求，高校必须在教师群体中牢固树立创新创业与就业教育意识；另一部分则要充分利用社会资源，积极引进一些长期从事创新创业与就业教育的相关专家和学者来校授课、讲座，这有利于提升职业生涯规划及就业指导教育的质量，打造金牌创新创业与就业指导团队。

三、培育全新的创新创业与就业指导教育意识

大学生创新创业与就业不仅应作为一种能力素质来培养，更应当作为一种尊重人才、尊重创造、崇尚科学和弘扬创新精神的校园文化氛围来塑造，充分激发和培育大学生积极的创新创业与就业意识。

近几年高校大学生创业新潮涌现，但是真正选择自主创业道路的大学生只会是少数。之所以为数不多，正是由于大多数大学生还

缺乏这种创新意识和创业精神。因此，高校开展创新创业教育，首先要教育和引导大学生正确理解自主创新创业的深刻内涵，要使大学生认识到，要适应新时代的要求，就一定要强化自身的创新意识和创业精神；其次要通过宣扬大学生中涌现出的自主创新创业先进典型，引导大学生增强创新创业的信心和勇气，鼓励和扶植更多具备条件的大学生；最后还要使大学生认识到，培养高素质的创新创业人才是我国高等教育一种全新的教育模式和培养体系。

高校毕业生能否顺利就业，在一定程度上取决于其是否具备正确的择业观、良好的心理素质、过硬的专业技能、优良的发展潜能等综合素质和较强的竞争能力。新时代高校创新创业与就业指导教育工作的开展必须根据就业市场的需求来不断调整教育意识。高校相关从业人员要从学生一入学就开始教导其如何树立正确的择业就业观，不断对学生进行就业心理指导与干预，开设专门的就业咨询指导常态机构，树立时时为广大学生服务的教育意识。

四、营造良好的创新创业与就业指导教育氛围

首先，引导大学生主动培养创新创业与就业能力。要使大学生认识到，科技创新、自主创业及良好的就业并非高不可攀。作为知识较丰富的大学生，一般都具有创新、创造的潜能，关键在于自己能否主动去开发。其次，要积极组织创新创业与就业实践活动。结合课堂教学，组织学生参加科研和各种专业竞赛活动、参加创业与就业实践活动是大学生提高创造能力的重要途径。自主创业与良好就业绝非一蹴而就的事情，大学生通过参加各种专业竞赛和科研活动，对于增强创新意识，提高思维力、分析能力和动手操作能力等都是十分有益的。只有在大学生中营造出浓厚的科技创新氛围，才能培养出更多的创新创业人才；只有在大学生中制造浓厚的自我就业能力提升的新氛围，才能使更多的学生好就业，就好业。

五、保证个性化的创新创业与就业指导教育教学

职业生涯规划的根本目的在于促进个体的充分发展。由于学生个体存在着客观差异，只有根据学生的实际情况采取个性化的就业指导教育才有意义。高校应充分采用科学的职业测评手段，保证就业指导个性化的实施。积极利用如“北森职业规划评测系统”等社会资源，实现对现有高校就业指导内容的有效补充。另外，各高校要根据自身实际情况，多与其他高校加强交流合作，完善创新创业与就业指导教育教学体系。现在随着高校就业形势的改变，传统的就业指导课也需要进一步变革完善。以职业生涯规划为核心的创新创业与就业指导课应该以学生为本、以市场为导向，保证个性化教学的顺利开展，这样不仅可以充分开发大学生的个人潜质，更主要的是社会能获得大批高素质专业化人才，从根本上促进高校毕业生的就业质量和就业率的双重提高。

六、倡导新型的创新创业与就业指导工作模式

高校要强化创业型的就业教育理念，注重培养学生的创新精神和创新意识，提高其创新能力。这不仅可以科学地完善就业指导内容，提升就业指导水平，更是知识经济时代对高校就业指导教育提出的迫切需求。

高校新型的创新创业与就业指导工作就是要通过积极引导大学生在充分尊重自身个性发展的基础上科学地择业、就业，最终顺利实现自我创业，即创业型就业。毕业生在这一环节中的致命缺陷就是缺乏工作经验和创业体验，不少用人单位因此减少或放弃对应届毕业生的招聘。有些应届毕业生虽然凭借优异的专业知识顺利通过了面试，最终也会因为缺乏工作经验、创新意识薄弱而被企业放弃。但如果他们曾参与创新项目的开发与建设，曾参加各种实习和社会实践活动，那么再通过与用人单位的零距离接触，就既能充分展示自己的才能，又能为自己的就业与创业积累宝贵的经验。

1998年世界高等教育大会提出了一个崭新的教育理念，即“毕业生将愈来愈不再仅仅是求职者，而首先将成为工作岗位的创造者”。因此，高校在就业指导中应突出创业教育，培养学生的创新精神和创新能力，引导毕业生走艰苦创业、科技创业、自主创业之路。这既是毕业生就业的现实需要，也是实现中华民族伟大复兴的历史要求。

参考文献

[1] 曹胜利. 学者论点：树立创新创业教育的全新价值观 [N]. 中国教育报，2008-03-20

[2] 胥泽银. 大学生就业指导 [M]. 北京：中国科学文化出版社，2003：1

[3] 刘帆，徐林，刘川. 中国创业教育的兴起发展与挑战 [J]. 中国青年研究，2007 (9)

[4] 许庆红，杜嘉. 清华大学职业指导的创新尝试 [N]. 光明日报，2004-10-27

[5] 李冬平，钟秋明. 试论就业指导与高校素质教育 [J]. 黑龙江高教研究，2003 (4)

培育大学生人文文化素养，提升大学生全面素质

于孜清
（电气信息学院）

摘要：人文文化是社会整体文化的重要组成部分，人文文化素养的培育对大学生全面素质的提高具有十分重要的意义。本文根据当代中国大学生人文素养现状及影响，分析了培育大学生人文文化素养的必要性，提出了培育大学生人文文化素养的具体措施与建议。

关键词：人文文化　人文素养　大学生　全面素质

人文文化和科学文化是社会整体文化的两个方面，人类社会的演进和发展，是科学文化与人文文化不断形成与升华的历史。科学文化与人文文化所透析的科学精神和人文精神，孕育了一代又一代人类，创造了历史，推进了历史。科学文化与人文文化的素养，对于培育全面的高素质人才是不可或缺的，重视大学生人文文化素养的培育具有十分重要的意义。

一、当代中国大学生人文素养现状及影响

当代中国大学生，尤其是理工科大学生，通过在校多门专业课程的系统学习，对于“概念—推理—命题”的逻辑思考方式和“观察—实验—结论—再实验—寻求规律”的实证研究方式，已经逐步熟悉，可以说具备了一定的科学文化素养。但是，由于课程设置的限制，以及人文大环境的相对欠缺，在培育人文文化素养方面有待提高。

从当代中国大学生接受的基础教育来看，人文素养的培养缺少一种连贯、有效、为社会所普遍认同的系统安排。同时，高中文理分科过早，大多数学生都选择理科，欠缺深入的人文基础教育。即使是文科学生，由于应试教育的影响，人文素养的培养难免流于知识的表层形式。

人文文化素养的欠缺，对大学生健康成长的影响是显而易见的。必要的人文思维能力不够，导致部分大学生在遇到问题时，不能理清思路，不能清晰表达自己的想法，不能与老师或同学进行充分有效的沟通。部分大学生在需要语言或文字表达时，层次不清，主旨不明，词不达意，语言枯燥，没有感染力和吸引力，妨碍了他们在高校正常的学习和愉快的生活，也难以对多门专业课程的学业形成有效的支撑。从长远来看，缺少人文素养的大学生胸怀、理想和意趣将受到影响，难以成为担当大任的杰出人才。

二、培育大学生人文文化素养的必要性

（一）良好的人文文化教养是人生价值观的基石

学校要培养人才，更要培养杰出的人才。要成长为重量级的人才，必须有意志和品质作为支撑，高尚的情操和远大的抱负是必备前提。科学是对客观世界的探索，而探索的原动力，则源于人文文化的核心——人生的价值观。价值观的形成，在于长期的人文文化的教化。

成长的道路是艰辛的，价值观在于坚持，前进的道路上总有无数的挑战与考验。对人文文化的学习，不仅在于青少年时期的培养，还要在人生的旅途中，不断地从人类人文文化的历史宝库中，从最新成果中，汲取营养，得到激励，不断夯实自己的信念。为此，有必要在大学阶段对大学生进行这方面的指导和修习，以利于他们今后有所依循。

（二）优秀的人文素质是专业成才的助推剂

无数事实表明，人文素质对于科技人才的成长，是不可或缺

的。当我们拜读科学大师的文章时，可以深刻感受到他们深厚的国学功底和美学修养，甚至他们的科技论文，也是文采横溢。这表明，人文素养，提升了他们的精神境界，开拓了他们的创新灵性，从而把科学研究带到一个新的高度。在大学校园中，那些专业课程学得出类拔萃的学生，其人文素质也往往可圈可点，这从一个侧面佐证了人文文化教育对科技成长的作用。

人文素质，不仅指文学、历史、政治、哲学、美学、伦理学等学科，同样也包含了音乐、书法乃至舞蹈等艺术涵养。爱因斯坦拉得一手好提琴，钱学森在音乐欣赏方面有相当高的造诣和格调。这些高雅的艺术活动，不仅放松了科学家的心情，净化了科学家的心灵，更对科学创造产生意想不到的影响。

人文素养，常常能培养人的浪漫气质，或许这层浪漫，就可以成为打开科学创新之门的金钥匙。在著名的 1978 年全国科学大会上，时任中国科学院院长的郭沫若先生就在致词中大声疾呼："科学工作者同志们，请你们不要把幻想让诗人独占了。"他还说："既异想天开，又实事求是，这是科学工作者特有的风格。"作为科学院院长的这种精辟见解，是值得我们深思和践行的。

（三）丰实的人文素养，是滋养大学生情感世界的养分

人文素养，是人类文化的灵魂，是人类精神家园的宿主，影响着人们的心理机制、审美体验和情感世界。我们的教育要立足于培养大学生健全的人格，健康、丰富的感情。我们希望大学生有精彩的人生经历，还要伴以瑰丽的情感世界，这些都要源于人文文化的教养。有了人文文化的积淀，大学生的精神世界就不会是单薄、枯燥的或是索然无味的。名人名言的吟诵，名篇巨著情节的回忆，都会引起心灵的共振，或激发豪情，或抚慰心智。例如，一个能把范仲淹的《岳阳楼记》熟背于胸的同学，在听到"先天下之忧而忧，后天下之乐而乐"的慨叹时，就不仅能体察这个伟人在"天下"和"个人"两者面前孰先孰后的抉择，更能跟着伟人面对"南极潇湘，北通巫峡"，"横无际涯"的洞庭湖，在经历"居庙堂之高"，"处江

湖之远”的位置更迭时情感发生起伏跌宕，从而得到一种情怀释放的快慰。

再从大学生的日常活动而言，人文素养能改善人的言语谈吐，待人礼节，为大学生活增添和谐气氛和风采活力。在大学生的文化生活中，一项能体现中华文化深厚内涵的创意，会更多地吸引同学们参与，产生更大范围的影响。

三、培育大学生人文文化素养的具体措施与建议

（一）在体制上统筹安排，持久推进

推进校园人文文化建设，提高大学生的人文文化素养，是一个大课题，也是一项涉及面甚广的系统工程，还是一项难以短期见效的世代工程，必须从全局上统一筹划，做出制度性的安排。

第一，从培养目标上，把专业教育与素质教育结合起来，站在培育大师级人才苗子的高度，主动地将自然科学和人文科学的教育有机结合，把人文素质的培育纳入高素质人才的全面规划，创造出一个高校人文文化的氛围。

第二，从学科建设入手，优化课程设置，精选若干人文课程，纳入理工科学生“公共基础课”的必修课程，利用课程教育的优势，落实人文文化最基本知识层面的传授，还要鼓励学生多阅读学科专业发展史及科学家人生传记。

第三，发挥综合性大学优势，向全校开放文科类的知识课程，允许理工科师生选修或旁听，吸引他们参加文科学院系举办的讲座、论坛等活动。

第四，利用校内宣传工具、多媒体网络乃至利用社会传媒，广泛报道涉及校园人文活动的信息，扩大影响，激发学生的自豪感和积极性。

（二）提高教师的人文素养

专业教师的素养包括其学识水平和人文素养。学识水平即教师在本专业研究中的深度与广度，人文素养则包括教师对人文精神的

理解，对历史文化的继承，以及将科学文化和人文文化结合的程度。教师的人格魅力所折射出的社会文化的价值观、审美情感等，是学生人文素养建构的重要参照。高素质的教师对学生的影响是长期的、持续的，甚至是终生的。

必须特别提到，辅导员是与学生接触最多的老师，他们的人文文化素质会对学生有更直接的影响，随着高校教师队伍人才结构的优化，辅导员队伍的职业化、专业化、专家化建设正在推进，所以，在辅导员自身人文文化素养方面要提出更高的要求。

首先，在人文科学的多个方面，要进行系统的补课和深造，打好扎实的根基，以适应新的“传道、授业、解惑”的工作需要。如果在某一方面能有所突破，有所建树，那就更能增强人文交流的影响力。

其次，在全球信息化、网络化的新形势下，人文文化的新思潮、新作品、新传送方式层出不穷，并以前所未有的速度传播。为了有针对性地因势利导，辅导员要与时俱进，善于接受新事物，不断更新和充实自己的知识结构，要善于使用新文化概念、新文化符号、新文化形式与学生进行交流。

（三）创造机会，鼓励学生参与人文文化的交流

“80后”与“90后”的大学生是充满活力的一代，他们赶上了改革开放的好时代，思想束缚少，接受新事物、新信息的渠道多，在多种文化火星的刺激下，思想相对活跃，也渴望自身的能力得到证明。顺应他们的积极性，从提升他们的文化层次出发，学校可以考虑多组织一些活动，如专题讨论会、辩论会、诗歌朗诵会，以及古典诗词、经典散文诵读会等，还可以组织专场的交响乐欣赏，戏剧观赏；搭建适当的平台，为学生活动、学生社团建立提供方便。校园文化活动的蓬勃开展，可以使学生在交流中互相启发，提高兴趣，发现不足，寻找提高自身文化素养的着力点，还应该着眼更大、更宽阔的平台，让学生在接触社会中进行文化修炼。在接触社会中，学生可以更直接地感受时代的脉搏、人文文化的丰富多彩，

以及生活的艰辛；在了解社会对人才的现实需求后，他们将更能体验社会发展对个人命运的影响，反思自己的人生价值和个人在社会上的地位，滋生对社会的责任感，以及对自己命运负责的自觉性。这些对于大学生塑造自己的人格、增进与人互动的能力都大有裨益。

参考文献

[1] 王革. 新时期大学生思想政治教育研究［M］. 威阳：西北农林科技大学出版社，2008：8

[2] 杨叔子. 科学文化与人文文化的交融是时代发展的必然趋势［J］. 苏州教育学院学报，2007（1）

[3] 何向东. 中国西部人文：文化资源与素质教育（点燃西部的阳光）［M］. 北京：中国人民大学出版社. 2008：10

[4] 李霞玲，李诗和. 科学文化与人文文化融合的伦理思考［J］. 科技创业月刊，2004（7）：77－78

浅析大学生职业生涯规划在高校教育中的应用

孙国蕊
（计算机学院）

摘要：大学生职业生涯规划是学生在自己兴趣、爱好前提下认真分析个人性格特征基础上，结合自己的专业特长和知识结构，对未来所从事工作做出的方向性的发展方案。本文详细阐述了大学生职业生涯规划解决学生思想实际问题和满足学生成才需求的重要意义，以及结合高校思想政治教育开展的具体措施。

关键词：大学生　职业生涯规划　思想政治教育

职业生涯规划是以追求人的发展为目标的，是以人为本思想的突出体现，高校思想政治教育的核心理念是“以人为本，促进人的全面发展”，二者在教育的本质上是统一的。大学生职业生涯规划贴近学生思想实际，满足学生主体需求，体现了思想政治教育的具体化、个体化。高校思想政治教育必须把职业生涯规划作为新的抓手，并以此为途径实现教育导向性和学生主体性的有机结合，满足社会对人才的需求和学生自身成才的需要。

一、职业生涯规划概述

职业生涯规划（career planning）是一个近年来才在中国引人关注的词语，它的价值凸现是与我国正在蓬勃发展的市场经济紧密联系的。

职业生涯规划简称生涯规划，又叫职业生涯设计，是指组织或者个人把个人发展与组织发展相结合，对决定个人职业生涯的个人因素、组织因素和社会因素等进行分析，制定有关对个人一生中在事业发展上的战略设想与计划安排。用我们自己的话说，职业生涯规划就是：你打算选择什么样的行业、什么样的职业、什么样的组织，想达到什么样的成就，想过一种什么样的生活，如何通过你的学习与工作达到你的目标。大学生首先要认识到生涯规划的重要意义，职业生涯活动将伴随我们的大半生，拥有成功的职业生涯才能实现完美人生。因此，职业生涯规划具有特别重要的意义。

二、我国大学生职业生涯规划教育中存在的问题

就目前状况来看，虽然许多高校逐渐重视大学生职业生涯教育这项工作，但在具体实施过程中，无论是对于高校还是学生自身，仍然存在着一些不可忽视的问题。

（一）在思想上忽视职业生涯规划

因为家庭教育、中学教育的缺陷，以高考成绩为主导，遏制了大学生选择专业、选择职业的自由性。因此，很多在校大学生职业生涯规划意识模糊，真正理解职业生涯规划的人并不多，更不清楚如何真正去规划自己的学习、生活以及其他方面，甚至觉得没有必要把未来的职业选择归于外因。

（二）职业生涯规划急功近利

部分学生在规划自己的职业生涯途径时，常常定位在经济较发达的城市，或是收入、福利较高的单位，而不愿意去条件较差的地方或单位，甚至宁愿为了一己的某些利益而不顾大局利益。大学生首先要认识到生涯规划的重要意义，职业生涯活动将伴随大学生的大半生，拥有成功的职业生涯才能实现完美人生。

（三）高校缺乏完整的职业生涯辅导工作体系

大学生职业生涯辅导是一个系统工程，要将个人的自我规划和学校、社会的职业生涯指导结合起来进行，不是仅靠几个指导教师和几场讲座就可以完成的。由于缺乏对学生的系统培训和教育，学生把职业规划与求职技巧、参加招聘会等同起来。

三、大学生职业生涯规划的必要性

2004年北森测评网与劳动和社会保障部劳动科学研究所、新浪网联合进行的当代大学生第一份工作现状调查的调查结果显示，在找到第一份工作后，有50%的大学生选择在一年内更换工作，两年内大学生的流失率接近75%，很多学生没有太多考虑就跟着感觉走选择了第一份工作，在选择时能够兼顾兴趣和未来发展空间的只占了17.5%。这说明高校现有的就业指导并不能满足学生的成才需求。通过大学生职业生涯规划，可以使大学生在择业就业时根据自己未来的发展方向作出选择，实现“和谐”就业和“发展性”就业，满足社会对人才的需求和学生自身发展的需要。

（一）大学生职业生涯规划现状

目前，高校大学生的就业压力越来越大。这种压力，一部分来自于扩招带来的大学生毕业数量的绝对增长；一部分来自于学校就业指导部门指导滞后，停留在只为毕业生提供单一的就业指导，缺乏全面的系统指导；还有一部分来自于大学生对个人和职业了解不够，没有实施职业生涯规划。据中国人民大学近年进行的一项问卷调查，目前52.9%的高校在大四才进行就业指导，只有17.6%的高校从大一就开始对学生进行就业指导，然而仅为就业准备的就业指导显然不能满足大学生就业的需要。该问卷调查还显示，在被调查的205位大学生中，不知道、不了解职业规划理论的有125位，占61.3%，这种状况显然不利于大学生就业。

（二）越来越严峻的就业形势的要求

随着高等教育改革的不断深入，就业方式呈现出多样化，自主择业虽然给毕业生带来了较为宽阔的就业空间，同时也扩大了用人单位挑选人才的余地，但择优录用加大了毕业生的就业难度。特别是扩招以后的学生陆续走向社会，已经出现岗位需求大于岗位供给的局面，造成高校毕业生就业形势非常严峻。对此，要想从根本上解决问题，就必须提高毕业生的综合素质，增强大学生的职业道德教育，这样才有利于提高毕业生的质量和就业率，才有利于促进高校的各项改革。

四、大学生职业生涯规划应用于思想政治教育的具体措施

（一）要高度重视职业生涯规划教育，树立科学的职业生涯规划教育理念

首先，高校要认识到职业生涯规划教育对大学生和学校发展的重要性，是以学生的可持续发展为第一要务的教育理念。高校要把职业生涯规划教育作为学校的一件大事来抓，完善职业生涯规划教育机构，做好课程的开设和咨询解答等与职业生涯规划相关的工作。其次，学校要做好宣传和教育工作，通过校园网、校报、广播站等媒体以及举办讲座等方式宣传职业生涯规划的内涵、意义和作用；让学生主动、热情、负责地参与到自己的生涯规划中来，更好地促进大学生职业生涯规划教育在学校和广大学生中开展起来。

（二）建立完善的大学生职业生涯规划课程体系

进行职业生涯理念导入、方法传授和目标设定，建立系统的职业生涯规划课程是大学生职业生涯规划的基础。加快职业生涯规划教育课程体系建设，对大学生进行职业生涯规划教育，课程建设是关键。高校可以依托自身学科门类齐全的优势，针对不同的专业，编写相应的就业指导教材，设置职业生涯规划理论、实践活动、文化素质等教育课程，课程的设置要有前瞻性，使学生了解学科相关职业最前沿的动向与发展。

（三）选择和开发大学生的职业生涯规划系统和测评工具

大学生群体的特殊性决定了他们进行职业生涯规划的特殊性。因此，高校应充分认识到职业测评在大学生职业生涯规划管理教育和职业选择中的作用，挑选和引进合适的测评工具，凭借内部人员或与外部的测评机构共同开发。通过科学、完善的测评手段，给予所有学生而不仅仅是毕业生完整、科学的自我认知。

（四）建立专业化的大学生职业生涯规划指导队伍

队伍建设是关键。要培养一批专业强、素质高的职业生涯指导教师。对大学生进行职业生涯教育，根本在于教师。大学生职业生涯规划不仅涉及了心理学、教育学等专业知识，而且还要求指导教师必须了解社会需求、熟知市场变化，同时也必须了解、关心和爱护学生，有强烈的责任感。一方面，加强对思想政治工作人员的职业生涯规划理论与实践的培训，加强其职业指导和咨询能力；另一方面，学校要下大力气引进专业的职业生涯指导教师。

（五）加强跟踪调查和信息反馈，完善大学生职业生涯规划管理体系

大学生职业生涯规划是一个循序渐进、动态发展的过程。作为学校组织，一是要加强对大学生职业生涯规划的跟踪调查，比较他们的修正规律，总结实践经验，积累案例；二是要加强对毕业生的后续跟踪，收集就业信息，为学校教学工作反馈信息；三是要做好用人单位的回访工作，了解毕业生的实际工作状况和单位对毕业生工作的评价意见；四是邀请各阶段毕业的校友回校交流。通过比较研究，探寻大学生在校期间及毕业之后职业生涯规划的规律性，为学校开展职业生涯指导提供科学的依据，不断完善大学生职业生涯规划管理体系。

大学生职业生涯规划是一项系统工程，为高校做好大学生思想政治工作提供了新的途径。同时，大学生职业生涯规划又必须以大学生思想实际和成才需求为切入点，以教育导向性和学生主体性为结合点，充分挖掘大学生的潜力，调动大学生学习的积极性、主动性和创造性。在高校思想政治实际工作中，要不断挖掘大学生职业生涯规划的思想政治教育功能，不断完善大学生职业生涯规划的各项措施，借以提高高校思想政治教育的针对性和实效性。

参考文献

［1］张莉萍，陈宪庚. 对高校大学生个人职业生涯规划教育问题研究［J］.

河北大学学报：哲学社会科学版，2005，6（30）：143－144
[2] 李学强．大学生职业生涯规划的现状与对策［J］．山西省政法管理干部学院学报，2006，19（1）：68－70
[3] 闵晓阳．试论大学生职业指导的内容和方法［J］．高教论坛，2006（2）：154－157
[4] 蒋嵘涛．大学生职业生涯规划与高等教育人才培养模式改革的思考［J］．湘潭大学学报：哲学社会科学版，2004（3）

大学生创业教育思考

黎红友[1]　韩　芳[2]
（1. 计算机学院；2. 电气信息学院）

摘要：目前我国大学生就业面临严峻的挑战，而大学生创业是增加就业的有效途径。本文回顾了大学生创业教育的历史和内涵，阐述了开展大学生创业教育的意义，总结了大学生创业的现状，并提出开展大学生创业教育的途径和方法。

关键词：大学生　创业教育　途径

一、大学生创业教育的历史和内涵

20 世纪七八十年代，西方发达国家首先提出了创业教育的概念。在历史上，美国高等学校经历了一个教学—研究—创业的线性发展过程，即从教学型院校发展到研究型大学再到创业型大学的过程。美国高校的转型促进了大学生创业，而大学生的创业又推动了高校创业教育的发展。联合国教科文组织对创业教育的解释是：创业教育从广义上讲，是为了培养具有开拓性的个人。这种人应该具有首创精神和冒险精神，具有创业能力和独立工作的能力，具有社交能力和社会管理能力。从狭义上讲，它与增收培训联系在一起，增收培训是为目标人口，特别是为那些贫困和不利人口提供急需的技能、技巧和资源。目前，创业教育在西方发达国家的高校已经得到了普遍的重视。而在我国，创业教育对我国高等教育来说还是一个新生事物，正处于起步阶段。因此，开展具有中国特色的创业教育研究和实践具有重大意义。

二、实施大学生创业教育的意义

为什么要在大学生中开展创业教育？这是开展创业教育首先要思考的问题。经过调研归纳总结，开展针对大学生的创业教育，在当前情况下具有重要的意义，具体表现在以下方面。

（一）开展大学生创业教育能够缓解目前高校就业压力

我国高等教育规模持续扩大，已经从精英教育迈进大众教育，这就致使每年进入就业市场的大学毕业生持续增加。据统计，2001年我国高校毕业生是114万，而2009年高校毕业生的数量就达到了710万，是2001年的6.23倍。而2008年的全球经济危机，致使全球经济陷入了低迷，在这种大背景下，高校毕业生的就业形势相当严峻。所以，各高校通过各种就业渠道缓解就业压力，其中鼓励学生自主创业是减缓就业压力的重要方法。鼓励学生从就业走向创业，不仅可以自己就业，还可为他人创造就业机会，提供就业岗位。可以说，目前大学生就业压力的增大是催生中国高等院校开展创业教育的首要因素。因此，对受过高等教育的大学毕业生进行创业教育是一个明智的选择。

（二）开展大学生创业教育是中国社会大踏步向前发展的需要

现代社会，国与国之间的竞争异常激烈，而高科技是决定一个国家国际竞争力的重要因素。目前来说，经济的发展对传统行业已经造成了冲击，未来经济的发展将越来越脱离传统的模式，而未来新的经济模式需要由具有创业意识和创业能力的人来开拓。在第三产业高度发展的今天，如何将科技成果转化为现实的生产力，需要大批的创业型人才。在我国的高校和科研院所中，每年的科研成果很多，而真正能转化为生产力的却不多，一个重要的原因就是缺少创业型人才。未来的中华民族要想傲立于世界民族之林，不仅仅需要具有创造高新技术的人才，还需要能够将高科技转化为生产力的创业型人才。而开展大学生创业教育是培养创业型人才的重要途径，创业型人才的需求反过来又促进了创业教育的发展。

（三）开展大学生创业教育是大学生个人发展的必然需要

一个人的发展不仅需要智力的培养，更需要非智力的培养，这其中就包括理想、毅力、信念等。通过对大学生进行创业教育，让他们深深体会到创业的艰辛，使他们在竞争日趋激烈的社会中勤于思考、善于观察。通过这方面的教育，可以使大学生增强自我的生存能力，在以后的工作岗位中担当起重任，实现自身价值和社会价值。

三、大学生创业现状分析

经过调研归纳，中国大学生创业现状大致有以下特点。

（一）大学生创业热情高，但真正创业的少，缺乏创业理念

目前，大学生获得资讯越来越容易，创业的各种信息充斥在耳边，大部分大学生对创业有所了解，创业的激情和欲望很强烈，但是真正实际去创业的比例却很低。大学生心目中的创业，更多的是社会上成功的案例，心态自然是理想主义的。其实，成功的背后更多的是失败。一些大学生从事创业活动凭的是一时心血来潮，缺乏长期坚持的意志品质，创业中如遇到挫折和失败，就感到痛苦沮丧。创业活动不仅要有创业想法，而且要有强大的精神动力和锲而不舍的意志。

（二）大学生创新意识薄弱

同样是创业，大学生创业和社会人员创业有很多不同，社会人员创业在很多方面都要比大学生创业有优势。那么，大学生创业要能真正走向社会，必须在创新上下工夫，不走寻常路。通过对国内创业学生的分析，有很大比例的学生从事家教、洗衣、网络销售、书店等无创新的行业。虽然大学生熟悉校园，选择这类校园服务项目成功率较高，但是复制性差。

（三）大学生创业能力低

创业能力是一个很广泛的概念，包括社会交际能力、经营管理能力、个人承受能力、专业技术能力等。目前在校的大学生，大部

分“眼高手低”，虽然实践的机会很多，但是能够静下心来好好参与，锻炼自己的少之又少。

（四）目前大学生创业的基础设施不完善，缺少系统化创业教育

大学生创业在我国的历史相对于西方发达国家比较短，所以与创业相关的政策等设施不够完善，特别是缺乏风险投资家的青睐。另外，虽然社会以及高校对大学生创业的意义有所认识，但是多数高校缺少系统化的创业教育体系。

四、有效开展大学生创业教育的途径和方法

创业教育作为高等教育发展史上一种新的教育理念，是知识经济时代社会和经济结构调整时期人才需求变化的要求，是提倡素质教育新的突破口，也是解决当前以及以后大学生就业的有效方法。目前，国内的高校越来越重视大学生创业教育，就拿四川大学为例，近年来学校深入开展创业教育，深受学生欢迎。据统计，在过去的六届“挑战杯”中国大学生创业计划竞赛中，四川大学共获得3金5银3铜的好成绩，并且连续三届被评为全国高校优秀组织奖。

（一）加强对有中国特色的创业教育理论的研究

近年来，各高校对创业教育都极为重视，采取了一系列措施促进大学生的创业教育，但经过这些年的发展，现状并不乐观。首先，对创业教育的理论研究是不系统的、零散的，缺乏对创业教育深层次的探讨，缺少对大学生创业教育系统的全面研究。中国的创业教育起步较晚，有很多方面可以吸取西方发达国家的创业教育经验。但是，中国有自身的国情，中国有自己的文化背景和自身的创业环境，在吸收别人优秀经验的同时，更要加强对有中国特色的创业教育理论的研究。有深刻的理论做指导，才有可能教育出更多优秀的创业人才。

（二）转变教育观念，确立创业教育在高校中的地位

从西方发达国家高等学校发展历程可以看出，教育观念是随着社会的发展而发展的。从国内的情况来看，要想有效地开展大学生创业教育，首先要更新教育观念，将培养优秀创业型人才纳入到学校的办学方针中去，确立创业教育在高等院校教育中的重要地位。

（三）加强创业教育师资队伍建设

好的创业教育师资队伍是创业教育有效开展的有力保障。创业教育的师资队伍主要由三个部分组成：一是创业教育课程的老师，二是有创业成功经验的创业活动讲师，三是学生的辅导员。国内高校自身创业较少，和社会上企业联系不多，创业经验缺乏，直接导致了教育教学上的缺陷。因此，加强创业教育师资队伍的建设，对学生创业能力的培养至关重要。创业教育企图通过开设一两门创业教育课程，从而达到创业教育的目的是不切实际的，而多数高校忽视辅导员在学生创业教育中的重要作用更是错误的。辅导员和学生的关系最密切，是学生创业教育的启蒙老师，是创业教育的指导者和创业活动的组织者。因此，要加强高校辅导员队伍建设。

（四）创业教育需要社会各界的支持

大学生创业教育是一项系统工程，它需要社会各个方面的努力配合。首先，政府要加强对创业教育的领导。政府可以从各个方面，包括政策、物力、人力、财力等方面提供良好的创业环境，给创业教育提供良好的见习机会。其次，高校除了提高创业教育质量外，还要提供良好的创业环境，加大对大学生创业方面的投入，如成立大学生创业社团，开展一系列丰富多样的创业文化活动等。最后，对于好的创业项目，好的创业想法，社会上的风险投资家要敢于在风险资金方面进行投入。

大学生创业教育在我国还是一个新生事物，新生事物总得有阳光的照耀才能茁壮成长。虽然与国际上先进的创业教育相比，我国的创业教育还处在初级阶段，但是随着国家对大学生创业的投入，加上高校对创业教育的深入研究，以及社会各界的共同努力，我国

的创业教育定能培养出更多更好的创业型人才。

参考文献

[1] 杨德林. 中国科技型创业家行为与成长 [M]. 北京：清华大学出版社，2004

[2] 吴泽俊. 高校创新创业教育及其启示 [J]. 南昌工程学报，2007 (5)

[3] 赵志军. 关于推进创业教育若干思考 [J]. 教育研究，2006 (4)：23－25

浅谈如何做好工科大学毕业生的就业工作

兰中仁
（建筑与环境学院）

摘要：高校毕业生是国家宝贵的人才资源。本文分析了目前工科大学毕业生就业工作所处的时代背景，指出了工科大学毕业生就业的特点和问题，提出了做好工科大学毕业生就业工作的措施。

关键词：毕业生　就业　措施

高校毕业生是国家宝贵的人才资源。高校毕业生就业牵涉很多方面，不仅关系到广大毕业生的切身利益，而且关系到社会稳定和高等教育的可持续发展。据统计，2009 年全国普通高校毕业生达到 611 万人，比 2008 年增加 52 万人，而 2010 年全国普通高校毕业生则达到了 630 余万人。在国际金融危机给我国经济和就业带来严重不利影响的情况下，高校毕业生就业工作面临着前所未有的压力和挑战。作为从事高校工科大学生思想政治教育工作的管理人员，如何在严峻的就业形势下做好工科大学生的就业工作成了工作的重中之重。

一、目前大学生就业工作面临的时代背景

由美国次贷危机引发的国际金融危机迅速波及全球，其来势之猛、影响之深，远超出各方面的预料。国际金融危机严重冲击了国际金融体系，并进一步传导至全球实体经济。2009 年的中央一号文件作出了“2009 年可能是新世纪以来我国经济发展最为困难的一年”的判断[1]。国际金融危机深刻影响着我国社会经济的发展，

进一步加剧了大学生就业难的严峻形势，对高校人才培养提出了更高的要求。当前我国经济形势总体上呈现企稳向好的势头，但经济回升的基础还不稳定、不巩固、不平衡，国际金融危机对我国就业的不利影响还将延续，我国宏观就业形势仍很严峻。因此，我们需要在认真分析国际金融危机给大学生就业带来挑战的基础上，大胆创新，做好工科大学毕业生的就业工作。

二、工科大学生就业的特点及存在的问题

以我院近年来毕业生的就业情况为例。近年来，我院毕业生总体就业率保持较高水平，毕业生分布在党政机关、科研单位、高等院校、金融单位、国有企业、三资企业、私营企业、公安部队，呈多元化分布。

从就业分布的情况来看，选择国有企业就业的同学比例呈下降趋势，选择三资企业、私营企业、民营企业就业的同学数量逐渐增多，特别是参军入伍的同学有所增加，受到各专业同学的关注。此外，更多的同学响应国家号召，到西部、到基层、到艰苦地区、到艰苦行业就业。

从考取研究生的情况来看，应届毕业生考取研究生的比例逐年提高，反映出越来越多的学生选择继续深造，在就业形势严峻的情况下适当缓解就业压力，增加就业成功率。由于各专业的就业情况不同，各专业学生的读研情况也不相同，但总体情况为就业形势较好的专业考研率相对较高。由于选择考研的学生比例逐年提高，对学生签约就业也带来了一定程度的影响。

在工科毕业生呈现出上述就业特点的同时，也暴露出存在的一些问题。

（一）毕业生职业规划不够成熟

调查显示，相当一部分工科毕业生没有明确的就业打算，或者随波逐流，随行就市，或者迫于就业压力及亲人压力准备继续考研。这反映出当前工科毕业生就业思想尚未成熟，对职业规划缺乏

认识，进而不能做出合理的职业规划。

（二）毕业生就业期望值过高[2]

毕业生就业期望值过高，已成为毕业生就业时普遍存在的现象。在工科毕业生中对基层就业、自主创业、多元化就业的选择与接受程度较低。通过调查，工科毕业生中关注西部就业、基层就业、西部计划、村官计划、选调生等的同学相对较少，对相应政策也缺乏一定了解，更多的毕业生选择在东部沿海地区和经济发达地区就业，对就业的薪酬也有较高的要求。即便在未就业的工科大学毕业生中，更多的人选择了观望的态度，拿到几份接收函仍在选择，希望找到一个工作环境、薪金等条件比较好的单位，而这种观望往往使他们失去了就业良机。

（三）抗挫折能力不强，就业心理问题更加突出

由于国际金融危机对实体经济影响的进一步加深，大学生就业形势更加严峻。目前，在校大学生普遍都是“80后”甚至是“90后”，独生子女，从小受到父母的百般关爱，面对就业难的问题，部分大学生感到人生迷茫和有强烈的挫折感，例如投了很多简历却石沉大海、面试失败等，这些都可能引发严重的心理问题。特别是工科学生中的女同学，在就业时面临着更大的困难。

三、做好工科大学生就业的措施

（一）加强对毕业生就业观、择业观的教育

提高认识，端正就业工作的指导思想。在“市场导向、政府调控、学校推荐、学生和用人单位双向选择”的改革思路中，大力加强毕业生的思想教育工作，指导广大毕业生认清就业形势，使大学生完成从一步到位向先就业、后择业的转变，从等待就业向自主创业的转变，从国有向民营的转变，从东部向西部的转变，从白领向蓝领的转变。健全机制，理顺关系，增强活力，逐步完善毕业生就业工作管理体制，做到毕业生工作全员动员、全员参与。

（二）加强对工科大学生的职业生涯规划教育

从大学生入校开始，便有步骤和分层次地采取专题讲座、工作坊、在线测评等多种方式，使大学生认清自我，了解自己的性格、兴趣，明确自身工作定位，为就业打下良好基础。

（三）加大对工科大学生就业技能的培训

高分低能、动手能力差、不善于交流沟通的大学生是不受欢迎的，全面开展大学生综合素质教育迫在眉睫。要注重大学生素质的培养，鼓励大学生通过大学英语等级考试、计算机等级考试，特别要要求学生了解职业资格认证的相关知识，以便顺利地通过相应资格认证考试，从而提高学生的市场竞争能力。此外，还应采取课堂教学、案例分析、角色扮演等，传授大学生就业的基本技能，加强学生个人形象设计、制作简历、求职面试等方面的指导，使学生学会采用多种有效方式和渠道来宣传自己、展现自己、“推销”自己，提高求职的成功率。从我们了解的情况来看，用人单位更需要具有团结协作、团队精神、创新思维能力、责任心、敬业精神的大学生，因此需要加强学生工作责任意识、规范意识、质量意识、沟通能力、团队合作意识的训练与指导，逐步实现就业教育和指导的全程化。

（四）密切与用人单位的联系

加强同用人单位的联系，做好毕业生跟踪调查。只有充分了解社会需求，了解人才需求，了解毕业生的需求，才能培养出适应经济建设发展需要的合格人才，从而建立长期稳定的就业市场。做好毕业生就业信息资源的收集与整理工作，充分利用计算机网络优势，通过QQ群和电子邮件等多种方式及时发布各类招聘信息。同时，让用人单位通过网络了解毕业生，尽可能做到共享就业信息资源。加大与用人单位的合作力度，建立实习基地，进行“订单式”培养。

（五）加强毕业生思想政治教育工作

积极做好毕业生的思想政治教育工作，处处为毕业生着想，用真情对毕业生进行教育，让每一名毕业生对学校充满感情，增强毕业生的就业信心，真正做到以人为本，做到文明离校。认真做好毕业生外出求职、面试的请销假制度，完善毕业生的日常管理，避免在毕业生的管理上出现漏洞。特别要加强对有心理健康问题的学生、家庭贫困的学生等特殊大学生的关注。有心理健康问题的学生、家庭贫困的学生等特殊大学生往往是大学生中的不稳定因素，特别是面对就业问题时，往往会比其他学生出现更多的问题。因此，对特殊大学生的关注是非常必要的。

总之，高校毕业生就业工作是一项十分重要的工作，任务艰巨，责任重大。我们要站在讲政治的高度，以“三个代表”重要思想和科学发展观为指导，不断总结高校毕业生就业工作的先进经验，不断探索高校毕业生就业工作的新思维、新路子、新方法，千方百计做好高校毕业生就业工作，为建设人力资源强国作出新的更大贡献。

参考文献

[1] 段羡菊. 危机面前，没有旁观者 [J]. 半月谈，2009 (3)：4
[2] 朱小燕. 工科大学生就业观念存在的问题 [J]. 山东省团校学报，2009 (4)：29

严峻就业形势下的供需关系探析

冯国涛　李　慧
（轻纺与食品学院）

摘要：随着中国经济的快速发展，各行业的人才（尤其是专业技术人才）需求迅速增加并一直呈上升趋势，即使在全球金融危机的冲击下也有很大的需求空间。同时，随着我国高等教育从“精英化”到“大众化”的转变，高校的逐年扩招让高校毕业生人数急剧增加，大学生就业也就成为一个难题。因此，一方面企业的人才需求量很大，另一方面高校毕业生的就业形势又非常严峻，二者的供需关系严重失衡。本文就这种供需关系失衡的原因进行了简要的探析。

关键词：供需关系　大学生　就业

供需关系（supply-demand relationship）指在商品经济条件下，商品供给和需求之间相互联系、相互制约的关系，它是生产和消费之间的关系在市场上的反映。在竞争和生产无政府状态占统治地位的私有制商品经济中，价值规律通过价格与价值的偏离自发地调节供需关系。供大于求，价格就降低；供不应求，价格就会上升。而在高校毕业生的就业中，大学毕业生是卖方市场，企业是买方市场，作为交换的商品就是大学毕业生。当企业、行业的人才需求增加，所需专业技术人才较少时，就会出现供不应求的局面，这时大学生会受到企业的重用，在工作中得到各方面的满足感与成就感，就业情况也会非常乐观。但当企业、行业受到一定冲击，人才需求减少时，所需专业技术人才数量就会降低，出现供大于求的局面，这时大学生就业将受到严重影响。

一、买方市场的需求形势

中国劳动和社会保障部科学研究所的数据显示：我国在“十一五”期间计划年均新增劳动力需求总量为1800万人，但是“十一五”期间每年新增劳动力供给为2000万人，每年将出现200万富余劳动力，供给和需求之间存在差距，预计我国未来几年内在劳动力总量上将供大于求，出现劳动力大量闲置现象。

但根据中国人事科学研究院《2005中国人才报告》预计，到2010年我国专业技术人才供应总量为4000万人，而需求总量为6000万人。此项数据表明，我国劳动力总体有富余，但专业技术人才仍将出现供不应求的局面。

第一产业：2010年农业科技人才需求达到几百万人，但是相关人才供给有限。根据国务院颁布的《农业科技发展纲要（2001—2010)》数据，我国共有涉农院校43所，在校学生约为9万人，教学和科研人员约为3.5万人，130万大中专毕业生中已有80万人离开了农业。2010年，人才缺口达到218万人。

第二产业：我国大学生中38%为工科类学生，但毕业生人数还是不够。振兴我国工业需要大量的工程师，主要集中在IT、微电子、汽车、环保、系统集成、新材料、新能源与节能技术开发、条码技术、铁路高速客运技术等领域。2010年，人才缺口数字最大，达1220万人。

第三产业：该产业是扩大就业岗位最多的，特别是一些高端涉外人才需求很大，比如涉外会计、涉外律师、涉外金融服务、同声传译、电子商务、数字媒体、物流、精算和心理咨询。2010年，人才缺口在325万人。

由此可知，2010年我国各产业的专业技术人才需要量合计达1760万人左右。

二、卖方市场面临的严峻就业形势

据教育部统计，2008年全国普通高校毕业生达559万人，比2007年增加64万人；2009年达611万人，比2008年增加52万人；2010年达630万人。可想而知，再加上往届没有实现就业的毕业生，我国需要就业的毕业生数量非常大。教育部部长袁贵仁同志在2010年全国普通高校毕业生就业工作视频会议上直言：国际金融危机对我国就业的不利影响还没有消除，如果说2009年是我国经济最困难的一年，那么2010年可能是最复杂的一年，整个宏观层面上的就业形势非常严峻。

三、我校某工科专业供需关系对比

在各级领导的高度重视和各相关就业部门的密切配合下，我校某工科专业在2009届毕业生中，学院提供专业对口企业74家，计划用人为178人，通过双方考察、协商，最终达成共识的签约人数仅为70人，该专业仍有15人未能就业。企业的计划用人数量是需要在该行业中就业学生人数的2倍，在2009年就业形势相当严峻的情况下能有就业学生人数2倍的信息量非常不易。

而在2009年下半年，全球经济稍有复苏，各行业人才需求量有所增加。在短短4个月内，学院已为2010届该专业毕业生提供对口企业33家，计划用人为94人，签约人数仅为30人，仍有96人没有找到工作，信息利用率仅为32%。

从以上供需关系可以看出，该工科专业的相应企业用人需求量非常大，企业的用人计划远远高于该专业的就业学生人数。但是，在这些机会面前，很多学生却不能把握，甚至毫无兴趣；相反，自己又在盲目地进行着无数次失败的其他就业面试。

四、导致供需关系不能有效匹配的原因探析

既然买方市场有很大的需求空间，卖方市场也有大量的毕业生

未能就业，是什么原因导致供需不能有效匹配呢？笔者认为，主要有以下几方面的原因。

（一）用人单位的需求与学生素质不匹配

用人单位对大学生的素质要求，往往最看重的五个指标分别是：专业知识与技能、敬业精神、学习意愿与可塑性、沟通协调能力、解决问题的能力。对工科学生来讲，专业知识与技能是从业的基础，企业需要懂专业、懂技术的大学生，而不是普通的机器操作工，这一要求大学生通过四年的学习提高是完全能够达到的。同时，工作态度、敬业精神、职业道德、人际关系处理等非认知技能是有效工作的重要条件，这跟一个人的态度、观念甚至价值观密切相关。这正是大多数中国大学生在校期间难以获得的，也成了大学生就业中的最大障碍。比如，现在的大学生期望值太高，希望企业提供丰厚的福利与完善的社会保障，但作为以盈利为目的的大多数企业来讲，所有应届大学生需要进一步培训才能上岗，但毕业生培训一结束，学到技术就跳槽的比比皆是。因此，企业在用人方面非常谨慎，大学生在选择企业时也非常挑剔。

（二）大学生就业区域选择偏好与政府政策激励上的错位

由于我国经济发展的地区间与城乡间差异，经济欠发达地区特别是西部地区很难对大学生形成有效需求。而且在较长的时期内，地区性的有效需求不足的局面难以改变，从而对扩大高校毕业生的市场需求是一个不利因素。

虽然国家实施到西部就业、到基层就业等政策，并且需求很大，但由于欠发达地区所能提供的工资收入、发展机会、流动性等不足以补偿大学生的人力资本投资，因此，按照劳动力市场机制，无法实现供需结合。

与此相反，由于大城市是中国的经济中心，对大学生就业吸引力很大，而且这些中心的高端产业结构对大学生有着强劲的需求，但是一些地方性的需求抑制（显性的指标限制与隐性的行政限制）与对中小企业或非正规部门的需求抑制（户口、社会保障、流动等），导致大学生就业市场的人为分割，其结果要么是直接人为地降低了用人单位的有效需求，要么是“促进”灵活就业，增加了大学生的就业成本与风险。

（三）职业生涯规划的严重缺乏

职业发展应该是伴随个人一生的过程，这个过程包括了个人所选择的工作、职业以及各种相应的活动，它受到个人家庭状况、学校教育、宗教信仰以及其他各种社会因素的影响。因此，职业生涯规划对一个人各个阶段的成长是相当重要的。然而，在现今的大学教育中，职业生涯规划仅作为学生的选修课或是公共服务机构，很难做到使每位同学都学到职业生涯规划相关的理论知识，更难以保证每位学生都有面对面的职业咨询机会。在大学期间，相当部分学生没有职业生涯规划，既不了解自己的兴趣、能力、价值观以及性格，也不了解社会、行业的现状，根本无从谈及职业选择。从对专业的怨恨到对行业的失望，却没有任何的反思与挣扎，仅是被动地接受学校教学计划的安排，除了专业知识还将就之外，没有学到任何一技之长，到毕业找工作时，却猛然发现自己没有任何优势，只能再次被动接受命运的主宰。因此，加强在校大学生的职业生涯规划课程教学，扩大职业咨询的受众面，对大学生从大一开始就进行职业规划、生涯咨询教育非常重要。也只有这样，才能培养具有明确目标、富有时代责任感的专业技术人才，才能满足社会、行业的需求。

（四）就业主动性、积极性不足

在就业招聘现场，专业对口的招聘会往往是企业等学生，在辅导员的再三催促下一些学生才赶来。也有很多同学不关注就业信息，认为找工作是老师的事情、是父母的事情，自己只需要搞好学习就可以了，根本就没有就业的主动性与相关准备。或者是就业期望值太高、就业不诚信等问题也浪费了很多就业机会。这样既浪费了就业信息，同时也伤害了企业与学校的感情，长此以往，对以后的就业工作也会产生严重的影响和压力。

总之，供需关系的不匹配既有社会大环境的影响，国家相关教育政策的导向与课程设置的问题，也有企业方面用人有效性的问题，更有学生个体差异的问题。为了使供需关系得到较好的改善，使我国高等教育的人才培养与各产业结构的人才需求更趋合理化发展，必须要各部门全力配合，相互支持，才能真正实现国民经济的快速发展与国民素质的全面提升。

参考文献

[1] 教育部关于做好 2010 年普通高等学校毕业生就业工作的通知. 教学〔2009〕15 号，2009

[2] 里尔登. 职业生涯发展与规划 [M]. 侯志瑾，伍新春，译. 北京：高等教育出版社，2005

[3] 中国人民科学研究院. 2005 中国人才报告 [M]. 北京：人民出版社，2005

大学生就业的影响因素及对策探讨①

郑　艳
（华西口腔医学院）

摘要：大学教育的培养质量、学科结构、组织模式和运行机制，大学生的就业观，与大学生就业相关的配套政策、措施，以及用人单位选才标准、家庭教育和社会舆论等都对大学生就业有很大影响。本文通过深入分析影响大学生就业的因素，提出了以就业为导向，调整大学专业设置、学科结构，改革人才培养模式，转变大学生的就业观，建立健全大学生就业相关的配套政策、措施，和社会教育、家庭教育相结合等对策，以解决大学生就业问题。

关键词：大学生　就业

大学生是宝贵的人力资源，他们肩负着民族的希望，承载着上千万家庭的重托。让大学生学有所用，学有所得，自食其力，不仅关乎大学生的生存发展，更关乎社会稳定。近年来，随着高等教育大众化步伐的加快，毕业生人数增加，受金融危机等多种因素影响，就业日益成为社会共同关注的热点问题。[1]

教育部门有关研究数据表明：2005 年到 2007 年我国大学毕业生人数分别为 338 万、413 万和 495 万，而大学生就业率只由 2001 年的 74.42%增长到 2006 年的 77.82%，平均就业率为 76.25%，年均增长率仅为 0.68%，增长幅度缓慢。[2]据人力资源和社会保障部门统计，2008 年大学毕业生人数为 559 万，2009 年为 610 万，

① 资助项目：国家社会科学基金教育学青年课题：大学生创业教育及保障支持体系研究（CIA110139）。

加上往年未能就业者，将有超过700万毕业生就业。[3]大学生就业问题十分严峻。

随着改革开放的深入推进，我国经济社会不断发展，工业化、城市化进程加快，大量的农村剩余劳动力向城市转移；同时，随着政府机构和人事制度的改革，城镇新增劳动力和下岗失业人员再就业需求增加，导致了社会人才需求的减弱。[4]另外，国际金融危机的蔓延，造成就业岗位减少，需求人数下降。今年我国需要就业的总人数已达2400万。如果GDP实现增长8%的目标，只能解决900万人的就业问题。[3]这在一定程度上增加了大学生就业的难度。

一、影响大学生就业的因素

（一）大学教育的培养质量、学科结构、组织模式和运行机制

大学生就业难问题，在很大程度上暴露出高等教育的培养质量、学科结构、组织模式和运行机制亟待提高与完善的问题。从培养质量和培养模式上看，过去主要强调学科标准、教师主导、静态评估，对实际能力重视不够，使学生难以适应生产力的发展变化和科学技术的不断进步；从学科结构上看，专业划分、招生结构和教学组织长期沿用计划经济的办法，缺乏适应性和弹性；从学校组织模式和运行机制上看，学校重培养轻就业，重管理轻服务，学校管理机构行政化。[4]

（二）大学生的就业观

大学生就业预期过高，就业观念急需转变。目前，中西部、基层缺乏与大学生的择业观相匹配的工作岗位，而部分大学生宁愿在大城市漂泊，也不愿意到中西部、农村地区和基层单位就业。他们不能全面、客观、正确地认识自我，有的过高地评价自己的能力，盲目抬高就业期望值，求职心态过于理想化；有的低估自己的综合素质，时常表现出悲观和消极的心态。[5]

（三）与大学生就业相关的配套政策、措施

与就业相关的配套政策、措施还需建立健全。社会用工制度、

社会保障制度、档案管理和户籍制度等改革与毕业生就业制度改革不完全配套，不利于大学生人才流动；显性指标限制与隐性行政限制抑制了对大学生有效需求的形成；由于地方财政的原因，贫困地区及其重点行业无法吸收急需人才，造成市场配置就业的机制失灵，从而在客观上制约了大学生顺利就业。[6]

（四）用人单位选才标准、家庭教育和社会舆论

用人单位选才标准、家庭教育和社会舆论对大学生就业有很大影响。一是一些用人单位片面地以“学历”为第一标准，或者只招收有工作经验的社会人员，盲目抬高用人门槛，增加大学生就业难度。二是传媒等社会舆论对大学生价值观有深层次的影响，使大学毕业生过分关注薪酬待遇和工作条件，过分关注个人价值的实现。[6]很长一段时间以来，媒体对就业大学生个案的宣传上，对进世界知名大公司、对刚毕业就成功创业等方面个案的宣传，其频率要远远高于对基层就业毕业生的宣传。三是家庭是一种凝聚力很强的社会心理群体，家长的就业观念对子女有着重要的影响。一方面，理想化设计子女未来；另一方面，对大众化就业形势及子女自身的情况缺乏客观分析，影响子女准确定位，主动就业。[6]

二、解决大学生就业的对策

（一）以就业为导向，调整大学专业设置、学科结构，改革人才培养模式

根据社会需求调整专业设置、学科结构，改革人才培养模式、课程体系、教学内容和教学方法，[7]努力培养社会所需要的人才。以适应就业需要为前提，建立适应新形势的大学生综合素质培养就业创业教育体系。学校要从大学一年级就开始对大学生进行职业生涯规划指导、专业教育、创业教育等系统性的就业创业教育，注重对大学生实践能力以及社会所需要的其他综合素质的培养，使他们能够明确学习目标，形成良好的学习习惯，掌握丰富的知识和专业技能，使他们正确认识自己、了解社会需求、把握就业政策、转变

择业观念、调整择业心态、积累择业技巧。

（二）转变大学生的就业观

我国社会正在发生急剧变化的一个信号，是我国社会正在由身份社会向职业社会转变，这是一个具有重大象征意义的转变。[8]在我国，大学教育已从“精英教育”转变为“大众化教育”。因此，大学生要丢掉“精英”意识，改变“只往高处走”的传统观念，树立正确的就业观和择业观，以低姿态进入社会，在基层工作岗位上寻找发展的机会。[9]

（三）建立健全大学生就业相关的配套政策、措施

我国经济体制改革的不充分和社会保障体系的不健全，致使国家出台的一些促进就业的政策得不到很好落实。所以，要在保持社会经济健康平稳发展的前提下，采取有效措施，努力消除制度性障碍，出台与就业相关的配套政策、措施，保证人才与岗位的合理配置。坚持推进西部大开发、振兴东北等老工业基地，促进地区协调，根据实际情况对就业政策进行合理化调整，缓解就业的结构性矛盾。[6]

（四）社会教育、家庭教育相结合

加强用人单位、家庭和社会舆论对大学生就业的正面引导。一是用人单位要转变片面的用人标准，配合学校做好大学生的社会实践活动，适时主动联系学校，积极为大学生提供更多的实习岗位和就业机会，使大学生得到真正的锻炼。二是家庭要发挥好基础教育作用，为大学生创造良好的家庭氛围。三是用正面的社会舆论，积极引导社会形成“尊重知识、尊重人才、尊重劳动、尊重创造”的良好氛围。

参考文献

[1] 王健. 开展创业与就业教育 促进学生全面发展 [J]. 正德学院学报，2009，7 (1)：4

[2] 李怀民. 从大学生的核心竞争力谈就业教育 [J]. 山西高等学校社会科学

学报，2009，21（7）：117—119
[3] 何勇. 大学生如何学有所用［N］. 人民日报，2009—01—12
[4] 熊道陵，陈石清. 浅谈大学生创业与就业教育［J］. 中国大学生就业，2009（24）：49—50
[5] 马炜. 对做好当代大学生就业教育的若干思考［J］. 华章，2009（12）
[6] 王晓红. 加强大学生就业教育的新视角［J］. 教育与职业，2008（2）：160—162
[7] 陈春意. 大学生创业就业教育之研究［J］. 创业经济，2006（3）：43—44
[8] 李小平. 只存在劳动力过剩，不存在大学生过剩［J］. 首都经济杂志，2003（10）：9
[9] 涂思义. 大学生就业难的原因分析与对策分析［J］. 成都教育学院学报，2005（1）：14

高校大学生就业能力研究

张妍妍
（经济学院）

摘要：大学生就业能力是指大学生在校期间通过学习和实践获得的能够实现就业理想、满足社会需求、体现自身价值的能力，它包括就业的基础性能力、就业的专业知识能力、就业的职业规划能力和创造性能力以及求职技能。文章提出，通过改革高等教育体制和人才培养模式，完善以职业规划和就业咨询为核心的就业指导机制，全面提升大学生个体的能力，从根本上培育大学生就业能力。

关键词：大学生　就业能力　培养策略

高校大学生是我国宝贵的人力资源。然而，受国际金融危机影响，当前我国就业形势日益严峻，高校毕业生就业压力也随之日益加大。中国人力资源和社会保障部就业促进司统计的数据显示，2009 年应届高校毕业生的数量为 610 万，而 2007 年毕业的 495 万大学生和 2008 年毕业的 560 万大学生分别还有 100 万、150 万没有找到工作。近几年，随着我国大学毕业生数量的不断攀升，大学生就业能力的培养工作越来越受到政府、学校和大学生的关注，积极寻求提升大学生就业能力的有效途径成为各方的迫切要求。

一、大学生就业能力的基本构成

大学生应具备的就业能力应是与自身情况相结合，同时也与用人单位的要求相契合的。这些能力主要包括：一是就业的基础性能力，是指为了就业而应当具备的基本能力即素质性就业能力，包括思想道德素质、文化素质、心理素质等。二是就业的专业知识能力，包括大学生在校期间所学的专业知识能力和外语、计算机的应用能力。三是就业的职业规划能力和求职技能。职业规划是个人成才的有效办法，大学生通过对个人职业生涯的主客观因素进行分析、总结和测定，可以发现自己所具有的潜质，优点和缺点，从而充分发挥个人的长处。而具备一定的求职的技巧和方法，可以帮助大学生顺利就业。四是创造性能力，是指大学毕业生通过发挥自己的主观能动性，能在具备以上几种就业能力的基础上不断提升工作水平的综合性能力，包括组织管理能力、创新能力、决策能力等。

二、影响大学生就业能力的基本因素及现状

（一）政府教育体制

近几年来，国务院、教育部已先后出台了《国家促进普通高校毕业生就业政策公告》、《关于加强普通高等学校毕业生就业工作的通知》、《国家促进普通高校毕业生就业政策百问》等文件，并多次强调和督促各地区、各有关部门要把高校毕业生就业摆在当前就业工作的首位，采取切实有效的措施吸纳和稳定高校毕业生就业。可以看出，政府在培养和提升大学生就业能力方面有所作为，但政府责任仍然存在“缺位”现象。

首先，反就业歧视的法规体系不完善，监督不力。劳动力市场的需方由于受到外部因素的影响，对某些特征的大学生实行差别对待即歧视性用人，这是一种有违公平的就业排斥。其次，劳动力市场的二元分割导致了大学生流动就业能力欠缺。大学生就业的首选是首属劳动力市场，而很少考虑进入次属、非正规劳动力市场就业。再次，政府各相关部门对就业的管理存在错位。教育部门、人事和劳动部门等对如何提高就业能力和促进就业协调不够，降低了政策的效用水平，导致了大学生就业服务体系建设滞后，许多大学生初次就业时成为弱势群体。

（二）高校教育体制和人才培养模式

高校是培养人才的基地，高校的高等教育体制和人才培养模式

势必对大学生就业能力产生根源性的影响。如果高校教育体制出了问题，教育将无法承担为社会经济发展培养合格人才的责任。这些亟待解决的问题包括：一是专业及课程设置与市场需求脱节，专业课教师一般不重视所授内容与学生就业的关系，一定程度上缺乏实用性，导致人才培养低效率。二是学籍管理缺乏必要的灵活性。三是学生管理方式、方法相对滞后，限制了大学生创新意识的培养。四是大学生就业指导课未得到应有的重视且多流于形式。五是就业指导师资力量薄弱。从教师数量上看，根据全国教育事业发展统计公报的数据，我国普通高等学校专任教师数量为 107.6 万，平均师生比为 1∶18，而专家论证，高校师生比不应当突破 1∶13，否则会增加教师负担，影响教学质量。加之现有的就业指导人员因缺乏长期、系统的业务培训，专业素质不高，难以为学生提供有效的帮助。

（三）大学生个体的素质和能力

大学生个人的基本素质和能力将对其就业能力产生基础性影响。相关调查表明，当前大学生个体在就业能力方面主要有以下缺失：一是学生自我认识不足。学生对个人的兴趣与特长、性格与价值观、选定的目标与需求、情商、工作经验、学历与能力、生理情况等方面及自己适合从事何种工作等问题存在认知不清的现象。二是学生职业生涯规划不科学。大部分学生没有很好地考虑过自己的未来并进行清晰的职业生涯规划，对提高自身就业能力的重视程度也不够。三是学生不重视自身综合素质的提高，不重视科学素质与人文素质的共同提高，不注重智力因素和非智力因素的协调发展。四是社会实践能力不强。一些大学生眼高手低，缺乏工作经验和实践能力。

三、大学生就业能力的培养策略

（一）深化政府教育体制改革

首先，从完善立法方面，应建立健全与就业相关的法律法规体系，规范用人单位的招聘行为和大学生的择业行为，加大对用人单位就业歧视的监督力度。建议国家在立法上制定规范就业的专门法，具体界定各种相关法律行为，明确违反相关规定的法律责任，并确立专门机构进行管理。其次，在规范劳动力市场方面，政府应从协调产业、区域发展政策和扫除制度性障碍两方面入手，彻底打破劳动力市场的二元分割，形成一体化的劳动力市场体系。同时，应培育统一、开放、有序的大学生就业市场，建立、完善全国人才市场信息网，构筑大学生就业市场价格指导体系，制定科学合理的人才录用标准，维护市场信誉。再次，在就业政策方面，要实施积极的就业政策，发挥政府主管部门的指导、监督、调控功能，大力扶持和完善教育市场中介组织，共同为大学生职前培训、职业发展服务。

（二）切实推进高校教育体制和人才培养模式的改革

高等教育结构调整是社会经济发展对高等教育提出的必然要求，也是高等教育对社会经济发展所应承载的使命和责任。而要调整高等教育结构，人才培养模式的转变至关重要。首先，要构建合理的人才培养模式，教育部门和高校要转变观念，应以培养创新型、创业型人才作为人才培养的目标。鼓励、支持学生自主学习，实行弹性或非全日制的学习制度。其次，应该调整学生管理和专业课程的设置，实行灵活的学籍管理制度，拓宽专业口径，培养复合型人才。与此同时，还可以让学生自主选择，在保留原有特色的基础上积极拓展新专业，从而培养出社会真正需要的创新型人才。再次，高校应致力于不断完善以职业规划和就业咨询为核心的就业指导机制，建立高校学生就业能力培养组织体系，实现个性化、全程化的指导，由面到点地深入工作，从政策、人员、设施到资金都要真正落实到位，切实做好学生的引导工作。同时，还要加强就业指导师队伍建设。首先是增加专业指导师的数量，并加大对原有就业指导人员的培训力度；其次是以专职就业指导师代替院系辅导员的就业指导职能，并聘请校外就业指导专家作为就业指导师队伍的重要补充。

（三）全面提升大学生个人的综合能力

一是要重视大学生素质教育，把大学生的品格养成和思想教育贯穿于教育教学的各个环节，加强人文关怀和心理疏导，引导大学生正确对待自己、他人和社会，形成全员育人、全程育人、全方位育人的格局。二是要加强学生就业主体意识教育，强化学生的主体参与意识、主体认识意识和主体探索意识。三是要切实提高大学生的实践能力，要努力创造条件让学生到市场经济大潮中去积极锻炼，寻求发展。例如，建立附属教育实习基地，随时让学生实践演练；跟一些相关单位形成合作关系，为学生提供适合专业的实习机会；与同类学校建立友好关系，采取互派学生交流等形式提高实践能力。四是大力发掘大学生的创新能力和提高就业竞争力，充分利用课外活动这一培养竞争能力的载体，在竞争中去肯定自己的优势，发现自己的不足，从而更加正确地认识自己，完善自己。

（四）大学生个体要主动提高自身就业能力

大学生要树立正确的学习观、就业观、成才观。刻苦学习，建立合理的知识结构；勇于实践，培养广泛的兴趣爱好，积极参加第二课堂活动，提前适应社会；树立科学的职业理想、合理的就业目标，增强就业的主动性，保持积极健康的就业心态，勇于竞争、坚定信心。在实践中不断提高自己的综合素质，正确处理知识、能力、素质的关系。

参考文献

[1] 帕特丽夏·威奈尔特．就业能力：从理论到实践［M］．北京：中国劳动社会保障出版社，2004：41－49

[2] 李进宏．当代大学生心理解读［M］．武汉：武汉理工大学出版社，2003

[3] 邵海燕，胡芳．大学生的就业能力探析［J］．高教发展与评估，2005（5）

[4] 顾红．当代就业教育的内涵及作用［J］．天津市教科院学报，2003（4）

[5] 孔燕，等．大学生心理健康教育［M］．修订版．合肥：安徽人民出版社，2001

基于建构主义学习理论，探索高校辅导员在创业教育中的角色定位

谢　明　吕海涛
（继续教育学院）

摘要：创业教育是时代发展的产物，有效开展大学生创业教育，不仅能够缓解我国当前巨大的就业压力，而且更利于高校培养出创新型人才。当前，我国创业教育尚处于起步探索阶段，存在着诸多亟待解决的问题，高校辅导员应当主动加强和改进大学生的创业教育。文章通过对大学生创业教育国内外现状的分析及其发展历程的回顾，强调了高校辅导员在其中的重要作用，并以建构主义学习理论为基础分析了高校辅导员在大学生创业教育中的角色定位及其应发挥的作用。

关键词：大学生创业　创业教育　建构主义学习理论　高校辅导员

一、大学生创业教育的国内外现状及其发展历程

20 世纪 80 年代，联合国教科文组织在面向 21 世纪国际教育发展趋势研讨会上第一次提出了“创业教育”的概念。之后，教科文组织便要求高校必须将创业技能和创业精神作为高等教育的基本目标，要求将它提升到与学术研究和职业教育同等重要的地位。纵观全球，在知识服务、现代服务和高新技术领域，大学生创业已经成为世界性趋势。美国是世界上实行创业教育最成功的国家，已有 1100 多所学院和大学开设了创业领域的课程，许多院校还设有创业专业，有 50%以上的大学生边学习边创业，毕业后即拥有了初具规模的产业。

与国外相比，我国高校创业教育的开展较晚，目前仍处于起步

探索阶段。有数据显示，在发达国家，高校学生选择创业的人数为20%～30%；而在我国，高校学生选择创业的仅为1%～2%。我国大学生真正走向自主创业始于1998年5月在清华大学举办的首届"'挑战杯'中国大学生创业计划大赛"。随着这项赛事的成功举办，在全国高校中掀起了一股创新、创业的热潮。同年，我国正式将创业教育确定为教育改革的重要内容。2002年，教育部确定了清华大学、北京航空航天大学等9所高校为我国创业教育试点院校，有步骤、分层次地在这些高校进行创业教育的探索，大学生的创业精神与创业基本素质和能力，已经成为评价高等教育质量的标志之一。

二、高校辅导员在大学生创业教育中的重要作用

大学生创业教育是一项长期的、系统的、复杂的、艰巨的工程，它需要社会各方面的努力、配合，尤其是大学生和教育工作者的努力。高校辅导员作为大学生思想的引导者，理应在大学生创业教育系统中发挥重要作用。

大学生创业教育，不是通过开设一两门创业教育课程就可以达到其目的的。在创业教育实施过程中，高校辅导员一方面需要对大学生宣传创业政策、启蒙创业意识、传授创业知识，另一方面需要对在创业大学生提供创业指导、进行心理教育、强化创业能力。而这些方面，也正是大学生创业成功的重要保障。

三、建构主义学习理论对高校辅导员参与创业教育的指导意义

建构主义学习理论是在当代三大哲学思潮与维果茨基的心理发展理论相互融合的过程中形成和发展起来，主张知识源于社会的意义建构，学习者应在社会情境中积极地相互作用。就高校辅导员参与创业教育来讲，一方面，创业本身是一个极其复杂的活动，不是简单的知识传递可以教会的；另一方面，大部分高校辅导员自身并没有参加过创业活动，也就无法进行经验传授。因此，我们认为，

在几大学习理论中，倡导学习者的主观能动作用，强调教育者引导作用的建构主义学习理论更适合于用来指导高校辅导员开展创业教育实践。

在创业教育的实践中，高校辅导员的作用应从传统的传递知识转变为学生学习的辅导者，成为学生学习的高级伙伴或合作者。在此期间，辅导员是意义建构的帮助者、促进者，而不是知识的提供者和灌输者；学生是学习信息加工的主体，是意义建构的主动者，而不是知识的被动接收者和被灌输的对象。简言之，高校辅导员是创业教育的引导者，最终要使学生达到独立学习的程度，即完成创业活动。

四、基于建构主义学习理论，探索高校辅导员在创业教育中的角色定位

按照建构主义学习理论，高校辅导员在实施创业教育的过程中应当充分发挥学生自身的主体作用，同时重视教师的引导作用，即互动式的教学。可以说，高校辅导员是学校开展创业教育能否取得显著成效的一个关键因素。高校辅导员在大学生创业教育工作中的角色定位是值得思考的，结合建构主义学习理论，我们可以大致归纳出以下五个方面。

（一）高校辅导员是创业信息的宣传者

我国政府十分重视大学生创业工作，每年都制定出台了一系列支持、优惠政策和具体措施，教育行政部门和学校也有一套完整规范的管理服务办法和程序。高校辅导员是学校教育学生、管理学生、服务学生的一线直接责任人，理当做好有关学生创业各项方针、政策、办法、措施以及其他信息的宣传和解释工作。

（二）高校辅导员是创业梦想的启发者

大学生一进入大学，学校就应针对学生特点开展了形式多样的创业指导讲座，注意对学生创业梦想的启发，制定创业规划，明确职业生涯每一个阶段的奋斗目标和实现所有目标的具体措施。首先

要帮助学生全面理解创业的深刻含义，其实质是要求学生能结合专业特长，根据市场前景和社会需求开发出自己的创新成果，并把研究成果转化为产品，创造出可观的经济效益，由知识的拥有者变成社会价值的创造者和作出贡献的创业者。高校辅导员可以从日常教育服务管理的工作过程中，根据每位同学的实际情况，启发学生的职业梦想，与学生共同制定职业生涯规划，发挥其引导作用。

（三）高校辅导员是创业能力的培养者

创业能力，顾名思义就是创办企业（或产业）的能力，一般集中体现为经验、知识和网络。创业经验是指做过同类工作，对创业过程中的资源、组织和变化等有所了解和预见；创业知识是构建、运行和发展企业所要求的基本常识和流程等；创业网络是发展企业需要的市场以及政府、企业和社会的联系。高校辅导员虽然没有直接参与过创业活动，却也可以通过各种途径培养学生的创业能力。例如，高校辅导员可以通过推介实习单位进行实习和开展市场调查，使青年学生学会在实践中不断完善自己的创业技能，包括计划决策、人事管理、市场营销、生产运作、财务管理及融资的能力；高校辅导员可以通过组织班级活动，举办班级竞赛，培养学生的团队合作精神和把握机会（商机）的能力；高校辅导员也可以通过案例学习班会或邀请知名企业家开设讲座，培养青年学生独特的领导才能、独有的管理风格和化解各种矛盾的能力；高校辅导员还可以通过能力拓展训练，培养青年学生的自我表达能力，为创业奠定坚实的基础。通过这些方法，以建构主义学习理论为指导，使学生从各种活动中锻炼创业技能。

（四）高校辅导员是创业实践的指导者

实践教学是培养学生具有创业精神和创业能力的重要环节，而各种创业计划竞赛则是目前我国乃至美国、韩国等创业教育开展较为成功的国家进行创业实践的重要方式。自 1998 年举办至今的“‘挑战杯’中国大学生创业计划大赛”，高校辅导员作为指导老师的比例在不断增加。这一方面说明辅导员队伍的素质在不断地提高，另一方面也说明辅导员队伍在高校创业实践中作为指导者的作用越来越突出。

在创业实践环节，高校辅导员还可以通过开展形式多样的模拟商业活动来全面提升学生的实践能力，如撰写创业企划，进行案例分析，模拟商业公关，乃至于小范围的创业计划竞赛，等等，促使学生在实践活动中完成自我教育。

（五）高校辅导员是创业压力的疏导者

高校辅导员要做好引导工作，担当起帮助大学生成长成才的重任，就必须培养大学生开创事业必备的心理素质。大学生创业时由于社会经验不足，对创业常常盲目乐观，没有充足的心理准备。当在创业中遭遇挫折和失败时，常常表现为痛苦茫然、沮丧消沉。此外，也有期望过高、缺乏理智、急于求成、缺乏经验等消极因素。因此，只有深入了解大学生创业时的心理特征，才能有针对性地开展创业教育，才能对大学生的创业心理进行正确引导，才能促使大学生对创业和成功充满信心。

在市场竞争日趋激烈的今日，大学生创业成功与否，不仅取决于其是否有强烈的创业意识、娴熟的专业技能和卓越的管理才华，而且在更大程度上取决于其面对挫折、摆脱困境和超越困难的能力及心态。因此，在实施创业教育的过程中，应当着重培养大学生的抗压能力，使其在逆境面前形成良好的思维反应方式，增强意志力和摆脱困境的能力，从而提高大学生创业的成功率。同时，还要引导大学生养成脚踏实地的心态和冷静观察的习惯，遇事多思考，多比较，尽量克服盲目努力没有效果的情况。

参考文献

[1] 贺伟，杜桂萍. 大学生创业教育的实现途径 [J]. 辽宁科技大学学报，2008（4）
[2] 刘洋. 高等学校实施创业教育的研究与探索 [J]. 现代教育科学，2004（2）

[3] 韩丰琨，等. 加强大学生创业教育的若干思考 [J]. 中国商界，2008 (5)

[4] 周微微. 促进以创业带动就业：大学生创业体系建设日显紧迫 [J]. 浙江经济，2008 (8)

[5] 刘天. 传统道德教育与大学生创业 [J]. 中国青年研究，2008 (11)

[6] 张俊，等. 论大学生创业教育 [J]. 北京交通大学学报：社会科学版，2008 (1)

东风夜放花千树

——浅析科学发展观在高校个性化教育中的探索应用

柯思璇
（制造科学与工程学院）

摘要：人才的培养和塑造需要科学的教育理念和先进的管理方法，全面掌握学生的心理和才能，是高校个性化教育得以科学推行的必要条件。文章旨在剖析科学发展观的深刻内涵，运用这一先进的理论为指导，秉承以人为本、因材施教的育人理念，从心理健康教育和就业创业指导这两方面探索实践科学发展观在高校个性化教育中的应用。

关键词：科学发展观　个性化教育　因材施教　创新型人才

自科学发展观被胡锦涛总书记作为一种新的方法论在党的十六届三中全会提出以来，全国上下掀起了深入学习实践科学发展观的热潮。高校是新思潮涌动的源头，是新观念集结的中心，是新方法推行的主阵地。作为高校思政教师，我们应该坚持“以人为本”，坚持“以理服人”，坚持“以情论理”，“全面”掌握学生的思想动态，科学“协调”学生的个性发展，“持续”关爱后进生的生活实际，努力实践科学发展观在高校个性化教育中的探索应用。

大学教育有两个基本功能，一是传承历史积淀的文化精粹，二是开拓创造新的知识领域。前一个只需要“科学”地讲授，是一种平稳的铺陈；后一个则赋予大学教育以“发展”的使命，是一种灵动的飞跃。要生存就要不断发展，要发展就要不断创新。一所大学，有个性化的教育方法，才能培养出个性鲜明、各具所长的学生，才能在激烈的竞争中获胜。美国的大学尤其注重用个性化的办学特色角逐教育市场，耶鲁大学主张“吸引、教育和激励背景各异的最优异学生”，并明确提出“养成个性”的办学宗旨。由此可见，个性化教育在高校教育中的地位举足轻重。

具有中国特色的个性化教育旨在着力提升学生的优良个性，而不是狭隘地追求学生某一方面的成功，它需要全面掌握学生的心理和才能所在，充分尊重学生自身发展的特点，科学实践因材施教的育人理念，全面推进人才社会化的价值体现。

一、以人为本，实践心理辅导中的个性化教育

《三字经》曰：“人之初，性本善。”我相信下面这个学生也不例外，只是不科学的苦难教育使他的思维出现偏差，让他倔强地生活在只有书和自己的臆想世界。

2009 年 1 月 8 日下午，江安保卫处打来电话，一位学生在基础教学楼前偷车……

我只觉得这一定是一个顽劣应该被严惩的坏学生。可是当我在保卫处见到他的时候，我感到一阵阵的惊愕。这位身高 180cm 左右的学生，衣衫褴褛，一见我便天真地笑着为自己争辩：“老师，我只想用这辆车换钱买书，我需要看书，我需要学习，我需要好工作，我需要孝敬父母。”然后，他满脸疑惑地看着我，浑然不觉自己犯了错。见到父母后，他像个只有五六岁的孩子，乖顺地紧贴着妈妈而坐，一步也不肯离开，委屈地重复着一句话：“我想买书！”

经过调查，我们发现该学生家境殷实，父母均受过良好的教育。但是，在教育子女方面，他们过于迷信“穷则思变”。从小到大，一家三口在衣食住行诸方面均过度节俭，父母经常故意抱怨生活的艰辛，悉数工作的坎坷，甚至不科学地放大人际交往中的世态炎凉，想借此激励孩子奋发图强。因此，进入大学后，过分的“穷”让他自卑，逼他逃离现实，可是出于对父母的感恩，他疯狂地寻找出路——学习，看书。在大学这样一个“强中自有强中手”

的开放性竞争环境中屡战屡败后，他更执著地迷信书的力量，于是蛮力追逐，一错再错……最终，经医生诊断证实，该学生因为长期抑郁表现出明显的身心发育不协调。

全面掌握了该学生的实际情况后，我们采取了三步“回归式”温暖教育法，即回归家庭，回归自我，回归集体。

第一步，回归家庭。从心理学的角度来讲，家的概念和实体都可以给人足够的安全感，使身心真正得以最大限度地放松。因此，我们让父母先带他回家休养一个假期，假期中尽量不参与学习活动，着重了解父母现在的工作状态、生活状态以及家里生意的运营状态。随父母外出旅游，探亲访友，回忆从小长大的趣事，唤起他内心深处的幸福感和喜悦感。

第二步，回归自我。假期归来，我首先仔细询问了他的寒假生活，然后客观地分析了他的学习现状，让他明白虽然比上不足，但绝对比下有余。这种“比下有余”会让他觉得安全，而这种安全感是抗击打能力弱的学生最需要的原动力。这样，找准了自己的位置，他可以全身心地投入到寻求科学的学习当中，合理安排时间，充分享用资源，去弥补“比上不足”。

第三步，回归集体。寝室是学生的第二个家，打造温馨的寝室氛围，和室友友好往来是每个同学都不排斥的集体生活状态。我们鼓励他主动向同学问好，主动为同学服务，主动参加团队活动。在这个过程中要豁达地包容别人的排斥，甚至拒绝，给自己一个缓冲，也给同学们一个缓冲，要坚信“精诚所至，金石为开”，只要肯坚持，同学们终会欢迎队友的回归。

经过近半年的帮助和教育，当我在阳光下看到这样一个衣着整齐的青年和同学们携手向前的背影时，我感到了温暖和生机，这是个性化教育在心理辅导中的成功应用。

二、因材施教，实现个性化教育的社会化价值

人是社会性的动物，只有符合社会发展趋势的个性才能顺应历

史，个人的价值才能充分体现，这也是教育的最终目的。在纷繁的职业取向中，帮助学生寻找一条最符合其个性才能、最能激发其创造性的发展轨迹，使其得以顺利地走向社会，适应社会，最终回馈社会。放眼整个学生群体，我们会发现，到了大三，学生们已经自然分成了三类：科研型、就业型和创业型。

科研型的学生沉静，对于书本知识有浓厚的兴趣，有独到的学习方法，善于总结，乐于钻研。我们应该帮助他们优化学习方法，拓展知识结构，夯实知识储备，通过参加各类知识性较强的竞赛以激活创造性思维，鼓励提早攻读硕士研究生，为推动社会发展和科技进步提供强有力的技术保障。

就业型的学生务实，动手能力强，团队合作意识强，也许专业课的成绩平平，但是实验课的成绩一定是名列前茅的。对于这类学生，我们应鼓励他们参加各类创新性的结构或产品设计竞赛以提高实战能力，及早掌握其就业取向，准确把握目标企业、目标职位的用人需求，提倡以实习生的身份提前进岗，不断积累工作经验，正式签约时就可“有的放矢”，他们将成为推动经济建设的中坚力量。

创业型的学生是这三类学生中个性化特征最明显的，他们最不安分，乐于寻找各种机会去凸显自己的领导能力。他们决策力强，有想法，有闯劲。论成绩，他们不是最出色的；论纪律，他们不是最乖顺的；但是论坚持、论胆略，他们绝对是出类拔萃的。面对新形势下就业难的问题，鼓励大学生创业是缓解就业压力的有效途径。因此，对于创业型的学生，我们应着重培养其以下几方面的能力。

（一）敏锐的洞察力

大一进校，帮助他们客观评价个人能力，仔细权衡兴趣爱好，结合经济发展形势、朝阳产业的发展方向以及个人实际情况，慎重选择一到两个感兴趣的社团组织。进入后，认真观察团队领导的决策能力，团队成员的工作实力，团队管理的科学度和严谨度，最终决定去留。

（二）持久的战斗力

我们应该告诫学生：一旦决定留下，就应该不畏艰险，勇往直前。在团队工作的过程中，他们将面临三方面的困难：怎样正确处理工作和学习的关系？怎样正确处理同事和同学的关系？怎样突显自己的领导才能已获得提升？首先，要帮助他们学会合理分配时间并在保证足够学习时间的前提下，全情投入工作。接着，要帮助他们树立甘愿服务、甘愿被领导、甘愿从小事做起的耐受力。荀子在《劝学》中曰："不积跬步，无以至千里；不积小流，无以成江海。""创业艰难百战多"，坚强地走到最后的学生才是真正合格的创业型人才。

（三）非凡的亲和力

创业型的学生必须具有领导者的气质，需要有决策力、有执行力、有威慑力，但更应该具有非凡的亲和力，这样才能不断壮大自己的团队，获得更全面的信息，适时寻找机遇以实现个人与团队的社会价值。

创新性是现代人才的核心竞争力，因为竞争优势的持续性必然源自与时俱进的创新性。因此，我们必须在充分尊重学生个性发展的基础上，科学整合其竞争优势，帮助他们充分利用现代教育网络、图书馆、工程训练中心等资源，鼓励他们积极参加各类知识或技能创新大赛并不断总结、提高。这样，在科学发展观的指导下，个性化教育的社会化价值才能得以最大限度地实现。科学发展观在高校个性化教育中的应用还在探索中前行，作为年轻的思政教师，我们更应该清楚地认识到，教育涉及"教"与"学"两个方面，个性化教育的成功推行除了要研读学生的个性特点外，还要努力塑造教育者自身的人格魅力，不断提高专业素养，灵活调整工作方法，全情投入于伟大的教育事业，实现"东风夜放花千树"的绚彩华章。

参考文献

[1] 黎雯. 教育个性化的价值取向探析 [J]. 教学与管理，2009 (10)：3—5

[2] 朱江，王丽娟. 当代高等教育中的新理念 [J]. 长春理工大学学报：社会科学版，2009 (9)：783—784

[3] 刘影. 以人为本推进高校管理的科学化发展 [J]. 产业与科技论坛，2009 (8)：226—227

[4] 杜建耀. 高校规范化教学管理下的个性化人才培养问题探讨 [J]. 上海工程技术大学教育研究，2006 (4)：5—15

[5] 林嘉声. 当代教育实践中若干教育哲学问题的探讨 [J]. 福建师范大学学报：哲学社会科学版，1993 (4)：127—137

关于艺术类大学生通识教育的思考

李　蓉
（艺术学院）

摘要：加强通识教育，弘扬人文精神，促进人的全面发展，是落实科学发展观，以人为本的高等教育事业发展中应有的题中之意。为解决好当前艺术类大学生通识教育与专业教育二者的矛盾和冲突，笔者提出从四个方面来实现二者的有机融合：一是树立正确的通识教育观念，二是传承中华民族的优秀文化，三是倚重相互渗透式的教学模式，四是构建互为相长的课程结构体系。

关键词：艺术类大学生　通识教育　专业教育

我们生活在一个伟大的时代，时代呼唤我们要使自己成为一个全面发展的人。马克思和恩格斯曾热烈称颂欧洲文艺复兴是需要巨人和产生了巨人的时代，那个时代的文化巨人，无一不是学识渊博、多才多艺、全面发展的通识之士。在当前建设中国特色社会主义事业的进程中，我们不仅需要千百万有一技之长的艺术专门人才，而且更需要大批有广博科学知识和高度人文素养的艺术英才。加强通识教育，弘扬人文精神，促进人的全面发展，是落实科学发展观，以人为本的高等教育事业发展中应有的题中之意。

通识教育源于古希腊哲学家亚里士多德提出的自由教育（Liberal Education）思想，起源于欧洲，成形在美国。通识教育是一个多层次的概念，首先从教育理念上看，强调要给学生全面的教育与训练，核心是如何做人的教育；其次从教育内容上看，是高等教育重要组成部分中“非专业性、非职业性、非功利性的知识能力与态度的教育”；最后从人才培养模式上看，即学生通过融会贯通的学习方式，形成宽厚的专业基础和知识、能力、思维与价值结构，发展全面的人格素质与广阔的知识视野。自 1945 年哈佛大学发表《自由社会中的通识教育》(*General Education in a Free Society*)报告以来，通识教育日益成为高等教育瞩目的焦点。在我国，通识教育也日益为人们所重视。2005 年，复旦大学组建了包括哲学智慧与批判性思维等六大模块在内的通识教育核心课程体系，力求帮助学生形成基本的人文修养、思想视野和精神感悟。

目前我国艺术类高等院校“轻通识、重专业”的情况普遍存在，弱化的文化熏陶，狭窄的专业教育，过重的功利主义导向，加之艺术分科太细又相对封闭，过分倚靠技术手法，使得通识教育与专业教育“两张皮”现象十分突出，通识教育与专业教育泾渭分明、互不相让，通识教育与专业教育之间的日益矛盾与冲突，已成为当下艺术类高校遭遇的难题之一。正是由于缺乏人文精神，部分艺术类学生行为举止不文明，生活品位低下，追求极端的个人享乐主义；以自我为中心，自私自利，斤斤计较，打架斗殴事件时有发生；不善于处理人际关系，爱走极端，缺乏诚信；文、史、哲等人文知识浅薄，对中国传统文化的传承性了解甚少；更有部分学生的语言文字功底单薄，行文错字连篇，逻辑连贯性差，甚至连简单的应用文都写不好，这些都会直接影响到其专业技能的进一步提高。为解决好当前艺术类大学生通识教育与专业教育之间的矛盾，笔者提出通过以下途径来实现二者的有机融合。

一、树立正确的通识教育观念

现代社会技术更新速度加快，随着劳动力市场格局的变化，人们终身从事一种职业已越来越不可能，任何高校都不可能一应俱全地直接为社会每一种职业设置一种专业，艺术院校也不例外。原清华大学校长梅贻琦认为，“窃以为大学期内，通专虽应兼顾，而重心所寄，应在通而不在专”，“通识为本，专识为末”。[1] 在《艺术概论》一书中，王宏建先生提出了艺术家修养的五个方面，其中四项都与通识教育有密切联系，尤其是“学识修养能帮助艺术家从整体提高创作的境界，文化素养直接影响艺术的表现力”[2]。艺术类高等院校只有拓宽专业能力，加强人文基础知识，在一定学科专业领域开展通识教育，培养艺术类大学生洞察、剖析、选择、整合和迁移的能力，从艺术岗位适应转变为社会适应，从能就业到也能创业之路，这才是艺术院校成功之所在。艺术类大学生具有成才的多样性，不仅要培养出德艺兼备的艺术家，也要培养出从事文化艺术普及性的艺术工作者，而且还要培养一批能创业、善经营、懂管理的实业家，这是社会对艺术教育人才的现实要求，也符合艺术类大学生“人各有志”的职业规划取向，从而真正实现艺术生多种成才可能性的“毛坯式”人才培养目标。

二、传承中华民族的优秀文化

我国艺术类高等院校担负着向国家社会培养、输送优秀艺术人才的崇高使命，遵循艺术教育规律，传承民族优秀文化思想，以社会主义核心价值体系引领校园精神文化建设，将爱国主义的民族精神和改革创新的时代精神，融入艺术教育的全过程。艺术教育是一门具有浓厚人文思想的综合性学科，与人文社会学、自然基础科学、逻辑思维科学等有着密切的联系。作为一门综合性的交叉学科，需要广泛的文化理论知识和道德修养作为支撑；同时，作为艺术作品的诞生与问世，也需要相关艺术专业理论不断创新的支撑。因此，艺术类大学生的艺术教育不仅仅是单纯的艺术技巧技法教育，还是一种高尚人格的情感教育，教人如何对待自己、家庭、别人、社会以及周围自然环境，更是一个开发智慧、创新作品的工

① 梅贻琦：《大学一解》，《清华学报》第十三卷第一期，1941 年 4 月。
② 王宏建：《艺术概论》文化艺术出版社，2010 年 10 月版，第 278 页。

程，必须以知识储备和文化素养为基础，熟悉了解艺术学科的发展历史，具有艺术欣赏能力和艺术评价能力。尤其在当代经济全球化的语境下，通识教育还着力教人怎样做一个中国人，怎样正确地对待自己民族的文化，维护和保持自己民族的文化特性，弘扬本民族的文化传统。因此，要大加强通识教育，提高艺术类大学生的人文素质和精神境界，从而推动社会文艺事业的繁荣与发展。

三、倚重相互渗透式的教学模式

在进行艺术专业教学时，要引导学生关注“文科”问题，如设计的社会学问题、建筑的美学问题、绘画的民族学问题等；同时，专业教育应遵循由基础到专深的循序渐进规律，通识教育也应由浅入深，注重学科渗透交融，使自然学科与人文科学之间、抽象思维与形象思维之间实现对话、相通和交融。改革课堂教学模式，营造民主、自由、平等、和谐的教育氛围，师生平等，尊重个性，有效地强化学生的主体意识，培养良好通识的艺术人才，发挥其各自贯通互补的专长。应该去奢从俭、弃繁华而近朴素，以由简入繁、循序渐进教学方式，促进学生扩展艺术的知识面，提高创造艺术形式的有效表达能力。教师，特别是青年教师，可以通过精心设计的作业与思考问题，加强双向讨论，激发双方灵感，相互开放，相互融合，相互渗透；可以通过讲授通识课程，在不同专业领域的技能、人际沟通与交流上皆有所收获，既为学生开阔了新的视野，也能开启教师对待讲授课程的新眼光，达到“教学相长”的功效，使学生不仅具有“做事”的专业技能，又具有“做人”的人格修养，从而既满足社会对人才的需求，又符合个人全面、和谐、可持续发展的需要。在艺术课程的教学实施中，我们可以借鉴教育部倡导的综合艺术教学模式的实验模式，整体教学以单元的形式进行，一个单元中又有多个课题围绕某个人文主题形成有机的联系，这就打破了单一的艺术门类教学模式，契合了艺术学的本质要求。采用这样的综合艺术教学模式，要求教师要有较高的文化素质和教学技巧，能够了解、掌握艺术各门类的理论和技巧。

四、构建互为相长的课程结构体系

艺术教育贵在创造。艺术课程是专业教育与通识教育的主线和载体，科学规划课程结构，整合学分配置，为专业教育与通识教育的融合奠定基础。一方面要注重专业课程的改造，既要充分发挥艺术院校的学科优势，直接为社会文化建设提供艺术人才的特色，注重专业课程改造与开发的个性化和专业实用性，在学校的艺术专业特色和主干学科专业课程上下工夫，又要注重课程改造与开发的可拓展性和跨学科性，拓宽学生的专业基础，培养学生融会贯通的能力，以适应学科的不断更新及艺术学生的可持续发展；另一方面更要重视通识课程的设置，“松绑”必修课，增加选修课。在我们所做的 2008 年教育部思政司课题“西部高校艺术类学生思想政治状况调查分析研究”中，曾专题调查艺术类大学生对专业教育和通识教育的态度，超过半数的同学首先看重自己所学的专业课程，同时也重视通识课程的学习。在调查中，当问及“在大学阶段开设的专业课、公共基础课、校内可供选修的其他课程，对你学习的重要性课程是”什么时，52.88％的学生选择“专业课、公共基础课、校内可选修的其他课程”，25.42％的学生选择“专业课、校内可选修的其他课程、公共基础课”，4.7％的学生选择“专业课、校内可选修的其他课程、公共基础课”，剩余其他选择占 17％。调查结果显示，艺术类大学生非常看重自己所学的专业课程，大部分艺术类专业课程都是从小习练的“童子功”起步，在珍惜自己的专业特长的同时，再重视学校的通识课程——公共政治课、英语课以及其他选修课程，故有超过一半的同学选择了将它们放在第二重要的学习地位，重视个人综合素质和人文精神的提升。我们完全有理由相信，接受过这种通识教育训练的学生，因其所拥有的人文精神，在通往优秀艺术家的道路上一定会比别人先行一大步。

五、结束语

他山之石，可以攻玉。艺术门类虽有不同，但艺术教育的规律有章可循，艺术发展的自律与他律是相同的。所以，要培养艺术类大学生有目的地进行生活探索和现实研究，使他们具备纵横有度的通识思想，直抒胸臆的速写技艺，融会东西的现代思潮，不断梳理艺术的伟大精神，就一定能够将意蕴丰厚的通识教育推向艺术教育的大舞台。

参考文献

[1] 汝信. 人文通识教育要与时俱进 [J]. 中国高等教育，2009 (19)
[2] 吴新中. 高校通识教育与专业教育的冲突与融合 [J]. 西南民族大学学报：人文社科版，2009 (10)
[3] 裴宇星. 艺术类高职院校实施通识教育的必要性与实现途径 [J]. 辽宁教育行政学院学报，2009 (6)
[4] 王永慧. 科学发展观与大学通识教育：关于高等艺术教育中素质教育的思考 [J]. 音乐探索，2008 (1)

浅谈合唱与大学生的素质培养

蒋　敏
（学生工作部）

摘要：合唱是一种集体参与的艺术活动，它不仅能给人带来美的享受，更能使参与者在获得声乐、合唱技能的同时，提高音乐文化素质和修养。对大学生而言，更是如此。合唱在大学生的成长过程中有着不可忽视的影响，在他们的文化素养和情操素质的培养方面起着至关重要的作用。

关键词：合唱　大学生　素质　精神

一、合唱的特点

合唱，第一注重的是声音，通过合唱中的声乐训练，掌握科学的发声方法、技巧，塑造动人的声音形象，提高演唱水平以及培养对声乐学习的兴趣。科学的发声方法不仅能挖掘人声的潜力，美化人的声音，还能使歌唱者对能驾驭自己的声音而感到幸福和自豪。

合唱与大学生的素质息息相关。通过演唱各类作品，可以了解不同时代、不同民族、不同国度的合唱作品的风格和语言特点，积累合唱作品的曲目和知识，了解大量的世界合唱文献，从而培养出大学生热爱合唱、热爱音乐的品质，使他们成为专业知识与文化素养兼备的新时代的大学生。

二、加强团队合作，培养集体意识

（一）合唱能培养团队精神

合唱是一种集体的活动，需要众多的人共同参与完成。合唱队员们为了共同的兴趣爱好聚集到一起，他们互相学习，共同提高，营造出一个良好的学习氛围和环境。每一个队员都为合唱团贡献自己最大的力量，特别是团长、声部长为合唱团付出诸多，如为排练印歌谱、联络队员、组织排练、带领各声部练习、演出时整理收发服装等。

合唱团就像一个大家庭，它用美妙的歌声将同学们凝聚在一起，给同学们带来共同相处的机会；同学们珍惜、热爱合唱团，是合唱艺术给同学们带来了快乐和幸福。在合唱团里，每一个人都是主角，承担着重要的任务；同时，每一个人又都是配角，配合着大家共同完成合唱作品。

既为集体，最重要的便是大家共同的信任与相互合作。每一部作品的完成，凝聚的不光是美丽的艺术形式，更是完美彰显的团队精神。

（二）合唱能培养集体荣誉感

合唱最能体现集体的智慧和力量，是集体主义教育的最好形式之一。集体的力量汇聚在一起，大家努力追求最完美的艺术效果，积极争取共同的荣誉。

合唱是人类音乐文化宝库中一颗璀璨的明珠，是一种音乐的表现形式。合唱对于培养团队精神、群体意识等是学校教育极好的选择，要让学生学会团结协作、共同进退、分工有序的团队精神。大多数人天生就喜欢唱歌，很多学生对唱歌有着强烈的表现欲望，这就给合唱队的组织和合唱队员的选择提供了优异的条件。

经常组织参加各种演出和活动，让学生在舞台上体会集体付出所带来的荣誉和快乐，在这个过程中潜移默化地培养并加强了学生的集体荣誉感和责任感。[2]

（三）合唱可以培养严于律己、相互配合的品质

合唱团有严格的纪律要求，每个队员必须养成不迟到、早退和无故缺席的习惯。在合唱团里，没有“我”，只有“我们”。在合唱过程中，需要相互支持、协调以及自我约束，根据自己在合唱团里

所担负的声部和和声层次，从作品的整体效果出发，注意对音量、音色的调整和控制，声音追求共性而克服个性，建立声部的独立意识与合唱的整体意识。

坚持，是合唱队员必须具备的品质。合唱训练是一个长期的过程，这需要毅力、耐心和责任心。合唱是由集体的共同努力而完成的，在排练过程中，一些队员不能尽快达到指挥的要求时，就需要其他队员的耐心配合，坚持到最后。只有大家配合默契了，才能使合唱音响达到高度的统一、协调。

服从，也是对每个合唱队员的要求。首先，个人要服从合唱指挥的调配、安排和要求；其次，个人的声音、演唱要服从整体演唱的要求；最后，每个合唱队员要服从合唱团的时间安排。只有每个队员都做到了，才能高效率、高质量地完成每一次排练的任务。

三、提高人文素养，促进身心健康

“文化在推动全民族文明素质提高中的作用亟待加强。”[1] 加强大学生的文明素质是大学老师的重要任务之一，因为大学生是我国建设社会主义文化强国的生力军。健康的合唱作品能唤起青年人积极进取的精神，在美好情感的体验中净化心灵，追求精神享受；健康的合唱作品可以影响人的性格、情趣、意志和素养，使人终身受益。

为了演出效果和舞台的形象，合唱团不仅要注意合唱作品的演唱，还要反复训练上台下台行走的姿势，以及舞台上的站姿和面部表情等，而这方面也是对形体和气质的很好训练。

《中共中央关于深化文化体制改革推动社会主义文化大发展大繁荣若干重大问题的决定》[1] 指出：要“用以爱国主义为核心的民族精神和以改革创新为核心的时代精神鼓舞斗志”。合唱有着震撼人心的艺术效果和强烈的感染力量，能使人陶醉其中并产生崇高的精神境界，能使人的精神面貌发生巨大变化，以饱满的热情投入到工作和学习之中。

优美的合唱音乐能净化人的灵魂，洗涤人的心灵，使队员们带着积极向上的精神面貌和欢快愉悦的心情去体验美好的学习生活，提升思想境界，建立正确的人生价值观。雄壮有力的合唱作品能激励、鼓舞人的斗志，使人力量倍增，增强克服困难、战胜困难的决心和勇气。经典的合唱作品，其旋律艺术性都高雅非凡，通过对其进行演唱与分析，不但可以提高演唱水平，还可以提升欣赏水平和审美情趣，提高对曲目优秀文化的感悟和理解，最终升华队员们的人文素养和文化修养。

四、合唱——思想政治教育的形式之一

当今社会经济、文化、教育各个方面都迅速发展，其中文化的发展对整个社会的发展起着至关重要的作用。党的十七届六中全会专门对国家的文化建设做出了部署和安排。高校要大力加强校园文化建设，就必须借助多种载体和形式，加强针对性，提高实效性。合唱，作为一种艺术表现形式，组织容易，参与面广，具有很强的育人功能。学校应大力开展合唱活动，充分发挥合唱的思想教育功能，促进学生的全面成长。

笔者认为，在各个机关、工厂、学校、企业都设立自己的合唱团，特别是在大学校园里，每个学院都应该有自己的合唱团，用合唱的歌声激发大家的热情，再将这种热情投入到工作和学习之中，唱高雅的歌，做文明的大学生，力争成为德智体美劳全面发展的“五好”青年和建设社会主义文化强国的主力军。

每当《黄河大合唱》、《爱我中华》这样的歌曲在我们耳边响起的时候，每个人心里的民族自豪感和爱国情怀都会油然而生。“风在吼，马在啸，黄河在咆哮、黄河在咆哮……”先辈浴血奋战守护的家园、赢得的和平，如今的我们理应铭记在心。“五十六个星座，五十六枝花，五十六族兄弟姐妹是一家……”五十六个民族的中华大家庭，有着极大的包容力和影响力。如今的时代呼唤“和谐”，而合唱正可以阐释其“和而不同”的精髓。若所有的人都只用同样的调子唱着同样的歌——此所谓“同”，这样并不高明，也不足够美妙。而在合唱中，正是需要有不同的声部之间用不同的方式来相互配合，从而产生出仅凭一种声部所无法达到的效果，用古语言之则是一种“五音共鸣，声在宫商之外”的境界，这样才是上品，也即是“和”之本意。

参考文献

[1] 中共中央关于深化文化体制改革推动社会主义文化大发展大繁荣若干重大问题的决定，2011

[2] 程毅．浅谈在合唱教学中如何对中学生进行德育培养［J］．教育学，2011（1）

[3] 曹理．曹理音乐教育文集［M］．上海：上海音乐出版社，2009

[4] 刘家华．音乐审美教育［M］．北京：人民音乐出版社，1993

[5] 龚琪．合唱与人格美的塑造［M］．上海：上海音乐出版社，2003

[6] 吴跃跃．音乐教育协同理论与素质培养［M］．长沙：湖南教育出版社，2001

后 记

近年来，在国家经济持续快速发展的进程中，高等教育也正经历着历史上前所未有的跨越式发展。作为西部地区规模最大、学科最全的重点综合大学，四川大学正致力于人才培养、学科建设、科学研究、国际合作、社会服务、管理体制机制改革的创新发展，努力创建国内一流国际知名的高水平研究型综合大学。在学校改革发展的奋斗目标引领下，四川大学学生工作者全面贯彻党的教育方针，深入推进中央16号文件精神的贯彻落实，紧密结合经济社会发展和大学生思想实际，全面分析、科学把握新情况、新问题、新要求，积极制定政策和措施，不断创新工作途径和方法，贴近实际、贴近生活、贴近学生，切实提高大学生思想政治教育的针对性、实效性和吸引力、感染力，在加强和改进大学生思想政治教育中进行了深入思考和有益探索，取得了一定成绩。为展示四川大学认真学习贯彻中央16号文件等中央和教育部精神取得的这些新成果，我们特组织选编了本论文集。

本论文集收录了四川大学优秀思政论文70余篇。论文作者均长期（或曾经）工作在学生工作第一线。文章论及了他们在大学生理想信念教育、学生党建、学生心理健康教育、学生管理、学生就业指导、学生成长成才支持等方面积累的宝贵工作经验，以及顺应社会和学校发展新要求进行的可贵探索，对进一步推动四川大学学生思想政治教育工作发展具有较好的理论指导和实践借鉴意义。

高度重视大学生思想政治教育是我们党的优良传统和重要政治优势。在日益复杂多变的新时期，进一步加强和改进大学生思想政治教育任重而道远。因为我们深知，不断变化的国际国内政治经济发展形势，不断变化的各具特点的青年大学生，让我们的学生工作面临诸多新情况、新问题。高校学生思想政治教育始终是挑战和机遇并存，规范和创新并举。本书的结集出版仅为引玉之砖，希望更多有识之士关注高校学生思想政治教育工作，激励并推动大学生思想政治教育取得新的更大的进步，共同为培养德智体美全面发展的社会主义合格建设者和可靠接班人，为推进我国高等教育事业的更好更快发展，办好人民满意的高等教育，作出新的贡献！

本书的编辑出版，得到了四川大学出版社的大力支持，谨此表示衷心感谢！

由于成书时间仓促，不足之处在所难免，敬请广大读者批评指正。

编　者

2012 年 10 月